THE HISTORY OF HAWAII
夏 威 夷 史

［美］拉尔夫·辛普森·凯肯德尔　赫伯特·E.格雷戈里　著　　王世杰　译

中国出版集团公司
华文出版社

图书在版编目（CIP）数据

夏威夷史 /(美) 拉尔夫·辛普森·凯肯德尔,(美) 赫伯特·E.格雷戈里著；王世杰译. -- 北京：华文出版社, 2022.2
（华文全球史）
ISBN 978-7-5075-5173-0

Ⅰ.①夏… Ⅱ.①拉…②赫…③王… Ⅲ.①夏威夷—历史 Ⅳ.①K971.2

中国版本图书馆CIP数据核字(2021)第119996号

夏威夷史

作　　者：	[美] 拉尔夫·辛普森·凯肯德尔　赫伯特·E.格雷戈里
译　　者：	王世杰
选题策划：	华盛章世
插图供应：	029-85504182
责任编辑：	景洋子　佟玉梅
出版发行：	华文出版社
社　　址：	北京市西城区广外大街305号8区2号楼
邮政编码：	100055
网　　址：	http：//www.hwcbs.com.cn
电　　话：	总编室010—58336239
	发行部010—58336212
经　　销：	新华书店
印　　刷：	三河市燕春印务有限公司
开　　本：	710×1000　1/16
印　　张：	22
字　　数：	315千字
版　　次：	2022年2月第1版
印　　次：	2022年2月第1次印刷
标准书号：	ISBN 978-7-5075-5173-0
定　　价：	95.00元

版权所有　侵权必究

出版前言

随着中国开放的大门越开越大，关注世界各国尤其是西方国家文明的源流、发展和未来已经成为当下世界史研究的一个热点。为了成系统地推出一套强调"史源性"且在现有世界史出版物中具有拾遗补阙价值的作品，我们经过认真论证，推出了"华文全球史"系列，首次出版约一百个品种。

"华文全球史"系列从书目选择到译者的确定，从书稿中图片的采用到人名地名的规范，都有比较严格的遴选规定、编审要求和成稿检查，目的就是要奉献给读者一套具有学术性、权威性和高质量的世界史系列图书。

书目的选择。本系列图书重视世界史学科建设，视角宽阔，层级明晰，数量均衡，有所突出。计划出版的"华文全球史"中，既有通史，也有专题史，还有回忆录，基本上是世界历史著作中的上乘之作，填补了国内同类作品出版的空白。

人名地名规范。本系列图书中人名地名，翻译规范，重视专业性。在人名翻译方面，我们坚持"姓名皆全"的原则，加大考据力度，从而实现了有姓必有名，有名必有姓，方便了读者的使用。在注释方面，书中既有原书注，完整地保留了原著中的注释；也有译者注，体现了译者的研究性成果。

书中的插图。本系列图书的一个重要特点是书中都有功能性插图，这些插图全方位、多层次、宽视角反映当时重大历史事件，或与事件的场景密切相关，涉及政治、军事、经济、社会、外交、人物、地理、民俗、生活等方面的绘画作品与摄影作品。功能性插图与文字结合，赋予文字视觉的艺术，丰富了文字的内涵。

译者的确定。本系列图书的翻译主要凭借的是一个以大学教师为主的翻译团队，团队中不乏知名教授和相关领域的资深人士。他们治学严谨，译笔优美，为确保质量奉献良多。

"华文全球史"系列作为一套具有较高学术价值的优秀的世界历史丛书，对增加读者的知识，开阔读者的视野，具有积极的意义。同时要看到，一方面很多西方历史学家的观点符合事实，另一方面不少西方历史学家的观点是错误的，对于这些，我们希望读者不要不加分析地全盘接受或全盘否定，而是要批判地吸收外国文化中有益的东西。

华文出版社
2019年8月

前 言

本书的主要目的是简述夏威夷的发展史，简述夏威夷成为美国不可分割的一部分的过程，以及夏威夷成为具有独特社会背景和经济背景的一个准州的过程。全书采用了主题法，但没有打乱事件的时间顺序。每一章都围绕某个人、某件事或某条时间线展开叙述，其他人物事件围绕中心主题展开，以使读者的注意力集中在夏威夷历史上的杰出人物、决定性事件和重大运动上。为这类作品选取历史事件时，没有一位作家的意见会与另一位作家相似。本书作者根据自己的研究，同时结合参与这一主题讨论的学者们的评论和建议，做出了自己的判断。虽然本书主要供学校的学生使用，但我们相信，渴望了解夏威夷历史的广大读者也会从中获益。

在此，有必要简述一下本书的写作过程。根据1921年和1923年颁布的法律，夏威夷允许立法机构任命一个历史委员会。历史委员会的任务之一是编写和出版一本关于夏威夷历史的教科书。夏威夷准州州长华莱士·R.法灵顿任命了历史委员会的委员，包括夏威夷在美国国会的代表约拿·库希奥·卡拉尼亚诺勒、夏威夷准州前州长乔治·R.卡特和夏威夷大学历史学院教授K.C.利布里克。1922年1月，约拿·库希奥·卡拉尼亚诺勒去世后，阿尔伯特·皮尔斯·泰勒填补了空缺。历史委员会成立后，聘请了拉尔夫·辛普森·凯肯德尔担任执行秘书。在上述历史委员会委员的指导和授权下，法律要求的"夏威夷历史教科书"最终出版。

本书前三章由波利尼西亚毕晓普博物馆民族学和历史学馆馆长赫伯特·E. 格雷戈里撰写，其余章节由历史委员会执行秘书、文学硕士拉尔夫·辛普森·凯肯德尔撰写。

在编写这部历史书的过程中，使用的资料主要来自夏威夷档案馆、乔治·R. 卡特图书馆①、夏威夷历史学会图书馆，以及毕晓普博物馆的馆藏。非常感谢负责管理这些资料的官员和服务人员的慷慨帮助。

凭借国会的拨款，历史委员会能够从美国、英国和墨西哥的国家档案馆，以及从美国的非官方收藏中获得大量重要的文献资料。书中的许多插图都是特别为这部著作拍摄的照片。历史委员会的委员们不吝时间提出了建议。在很大程度上，本书得益于历史委员会委员们的兴趣、对史实的了解和准确判断。夏威夷大学前历史学院讲师G. V. 布卢协助编写了本书的第二十七章和第三十章。夏威夷历史领域的其他工作者也对本书的编写提供了很大帮助，尤其是W. D. 亚历山大和托马斯·G. 瑟鲁姆。本书的两位作者也非常感激各界人士的帮助。篇幅所限，无法一一提及为本书提供帮助的人士。

各章节末尾的问题与练习题都是由火奴鲁鲁卡鲁韦拉学校的西尔玛·K. 墨菲女士编写的。随后是与章节主题相关的参考书籍和专题文章。附录中包含夏威夷地方政府概要及补充的、具有历史价值的数据统计表。②

---

① 现在隶属夏威夷儿童宣教协会。——原注
② 原著中，各章节末尾都有一些问题和练习题，因不影响阅读，所以出版前删除了。（本书中除原注外，均为译者注，不再另行说明）

目 录

001 **第 1 章**
太平洋及其岛屿

013 **第 2 章**
波利尼西亚人的祖先

029 **第 3 章**
波利尼西亚人的习俗和信仰

043 **第 4 章**
詹姆斯·库克发现夏威夷群岛

053 **第 5 章**
卡美哈梅哈成为夏威夷群岛的莫伊

063 **第 6 章**
皮毛商和探险家

071 **第 7 章**
卡美哈梅哈完成征服

079	第 8 章
	卡美哈梅哈的统治

091	第 9 章
	新教传入夏威夷群岛

103	第 10 章
	檀木时代

111	第 11 章
	夏威夷王国的外交关系

121	第 12 章
	文明的进步

137	第 13 章
	天主教传教团

147	第 14 章
	美国、英国和法国承认夏威夷王国独立

159	第 15 章
	卡美哈梅哈三世组建政府

169	第 16 章
	卡美哈梅哈三世解决外交难题

179	第 17 章
	捕鲸时代

187	第 18 章
	早期农业项目

| 197 | **第 19 章**
新国王卡美哈梅哈四世与新政策 |

| 207 | **第 20 章**
夏威夷王国末代国王卡美哈梅哈五世 |

| 217 | **第 21 章**
选举国王 |

| 227 | **第 22 章**
1840 年到 1874 年夏威夷王国的变化 |

| 237 | **第 23 章**
互惠条约及其影响 |

| 247 | **第 24 章**
戴维·卡拉卡瓦的统治 |

| 257 | **第 25 章**
君主制的终结 |

| 269 | **第 26 章**
夏威夷群岛成为美国的准州 |

| 279 | **第 27 章**
夏威夷准州政府和美国政府 |

| 289 | **第 28 章**
工业发展 |

| 297 | **第 29 章**
多民族问题 |

305	第 30 章 新时代的旧问题
313	附录 夏威夷群岛的统治者
323	译名对照表

第 1 章

太平洋及其岛屿

精彩看点

浩瀚的海洋——太平洋的边界——太平洋的水深——陆边岛——大洋岛——火山岛——珊瑚岛——瓦胡岛——富纳富提岛——纽埃岛——太平洋岛屿附近的气候

太平洋是地球上最大的大洋，面积相当于大西洋的两倍、印度洋的四倍、北冰洋或南冰洋的九倍。太平洋从南到北长约八千海里，沿着赤道，最宽的地方约九千海里。从地图上看，太平洋的面积比所有陆地加起来还要大，占整个地球表面积的三分之一多。

太平洋周围一部分是陆地，另一部分是海水。太平洋东面和东北面是陆地，从合恩角延伸到南美洲、中美洲、墨西哥、美国、加拿大和阿拉斯加，距离相当于地球周长的三分之一。1914年，巴拿马运河通航前，由于美洲大陆的阻隔，太平洋和大西洋是完全隔开的。太平洋北面仅五十四英里[①]宽的白令海峡将太平洋和北冰洋连接了起来。太平洋西北面与亚洲大陆相接。千岛群岛、堪察加半岛、日本岛、台湾岛等岛屿形成了太平洋西北面与亚洲大陆的边界。在太平洋西边，太平洋海域和印度洋海域通过菲律宾群岛、婆罗洲岛、西里伯斯岛、苏门答腊岛、爪哇岛和澳大利亚之间的诸多海峡相连接。在太平洋南面，两片巨大海域将太平洋和南冰洋连在一起，一片位于澳大利亚和新西兰群岛之间，宽一千二百英里，另一片位于新西兰群岛和南美洲之间，宽五千英里。

太平洋不仅非常宽广，还非常深。有一处海域位于一片巨大盆地中，四壁陡峭，海底凹凸不平。有几处海域的水深可达二万五千英尺[②]。菲律宾群岛的棉兰

[①] 英里是英制长度单位，一英里约等于一千六百零九米。
[②] 英尺是英制长度单位，一英尺约等于零点三米。

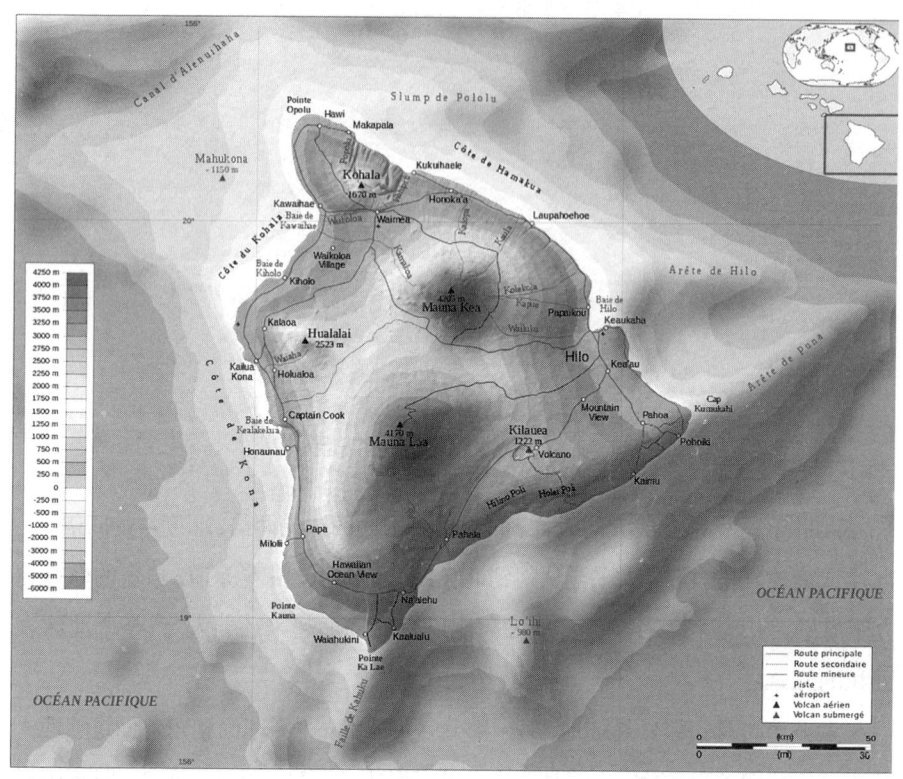

冒纳凯阿火山示意图

老岛附近的水深达三万二千零八十八英尺。整个太平洋的平均深度达一万英尺，这意味着将高达一万三千八百二十三英尺的夏威夷群岛最高峰冒纳凯阿火山放置在太平洋的任何地方，都会被水淹没。然而，在美洲、亚洲、澳大利亚及其周围岛屿附近的大陆海滨，太平洋水深不到一千英尺。

大片陆地从太平洋深陷的底部向上隆起，但大部分陆地没有伸出海面。其中一部分陆地形成了珊瑚礁，刚刚露出水面，涨潮时会消失，退潮时裸露可见。还有一些凸出海面的陆地形成了岛屿。

太平洋上的岛屿数目不详。航海用的地图上都标出了已知的岛屿，但几座岛屿的位置和大小至今存疑。一些岛屿从未有人踏足，一些岛屿至今没有被发现。

学校使用的地图上只显示了太平洋上的几座岛屿，许多远离大陆和较大岛屿的小岛都被省略掉了。地图上没有空间显示构成诸如夏威夷群岛、塔希提岛和汤加群岛的所有小岛。斐济群岛由四百七十座小岛组成,土阿莫土群岛拥有同样数量的岛屿,菲律宾群岛的岛屿数量超过七千座。整个太平洋可能有三万座岛屿,比其他大洋中的岛屿总数还要多。太平洋可以称为"岛屿之洋"。

太平洋上的岛屿大小不同、形状各异。一些岛屿是突出的岩石或低矮的山脊,如莫洛基尼岛、考拉岛、莫科利岛。一些岛屿是低平的地块或马蹄形小岛,面积有几百英亩,如莱桑岛和帕米拉岛。许多岛屿的大小如瓦胡岛或毛伊岛,还有一些岛屿地势低平,或地势崎岖且多山。太平洋上的很多岛屿比夏威夷群岛的任何岛屿都大。爪哇岛的面积是夏威夷群岛的十倍,新喀里多尼亚岛的面积与马萨诸塞州一样大,婆罗洲岛的面积比得克萨斯州还要大。

太平洋上成千上万的岛屿有几种不同类型。一些岛屿,如智利海岸附近的鲁滨孙·克鲁索岛、毗邻华盛顿州的温哥华岛、亚洲海岸附近的日本群岛,以及被狭窄的托雷斯海峡与澳大利亚隔开的巴布亚岛,都是陆边岛。陆边岛由相同种类的岩石组成,岛上有许多植物和动物,与临近的或曾经相连的大陆上的植物

智利海岸附近的鲁滨孙·克鲁索岛

社会群岛上的山脉

和动物相同。其他岛屿，如新西兰群岛、新喀里多尼亚岛、斐济群岛、帝汶岛、婆罗洲岛和菲律宾群岛，原本是大陆或大陆的一部分，由于周围的陆地沉入海中被分割成了岛屿。

太平洋上的大部分岛屿是大洋岛。构成大洋岛的岩石和岛上的动植物与北美洲、南美洲、亚洲和澳大利亚不同。大洋岛包括夏威夷群岛、马克萨斯群岛、土阿莫土群岛、南岛、库克群岛、社会群岛、汤加群岛、萨摩亚群岛、埃利斯群岛、吉尔伯特群岛、马绍尔群岛、卡罗林群岛，以及散布在这些群岛之间和之外的许多小岛。

大洋岛有两种类型——火山岛和珊瑚岛。火山岛由熔岩形成，熔岩从海底的火山口喷出来，扩散到海底形成岩堆。熔岩不断从地球内部喷出，岩堆逐渐升高，最后露出水面。不断喷出的熔岩使岩堆变成巨大的岩体，即火山。熔岩停止流动后很久，火山仍然保持原貌。一些火山岛只有一座火山，也有一些火山岛由几座火山喷发形成。形成太平洋火山岛的岩石是玄武岩，与世界其他地区形成火山岛的岩石不同。

珊瑚岛由石灰岩组成。石灰岩是海洋中许多小动物的全壳或碎壳、藻类及海洋植物形成的。在构成石灰岩的动物中，珊瑚最多。上升到海面的地块形成了珊瑚岛。珊瑚附着在地块上，开始延伸并向上生长，逐渐触及水面。珊瑚也会附着在大陆、陆边岛和火山岛的边缘形成珊瑚礁，与海岸相接，并且向海洋伸展一段距离。珊瑚岛并不是到处都有，因为珊瑚只能生活在温暖、水深较浅和清澈的盐水中。新西兰群岛和阿留申群岛周周都没有珊瑚，因为那里的海水温度太低。此外，淡水或浑水河口附近也没有珊瑚。

珊瑚自身形成珊瑚礁，退潮时裸露可见。但珊瑚不会形成珊瑚岛，因为离开水珊瑚就会死。海浪会破坏珊瑚礁，将破碎的礁石堆积得很高。涨潮时，珊瑚礁的顶部露出水面，从而形成一座岛屿。海浪不仅会将大块的礁石撞碎，还会将珊瑚和贝壳磨成沙子。沙子在风的吹拂下堆成沙丘，使珊瑚岛变得更高、更大，为植物提供生长的土壤。受海浪和风影响形成的岛形状多样，有的是笔直狭长的岛屿，有的是圆形或马蹄形的岛屿。但这些岛屿都是低岛，最高不超过海平面二十或三十英尺。

太平洋中一些珊瑚礁下面的海底上升时，会带着珊瑚礁一起上升，从而形成了由珊瑚和贝壳构成的岛。这类岛屿在海平面上的高度可达一百英尺甚至更高，被称为凸珊瑚岛。

一些大洋岛上的自然条件相对较好，适宜人类居住。作为人类居住的地方，三种大洋岛极不相同。珊瑚岛和凸珊瑚岛的土壤是由分解的石灰岩构成的。火山岛的土壤由熔岩分解形成的火山灰和沙泥构成。珊瑚岛上降水较少，凸珊瑚岛上雨水充沛，火山岛上雨水最多。三种岛上的植物、昆虫和地面层也不尽相同。

瓦胡岛是一座典型的火山岛。很久以前，瓦胡岛上活跃的火山已经被风侵蚀，或被风切割成了山谷和山脊，以科奥劳岭和怀阿纳埃岭为代表。戴蒙德角、庞奇鲍尔和科科角曾是活跃的火山，与过去相比，现在的形态没有发生太大改变。

露兜树

　　瓦胡岛上的山脉可以阻挡潮湿的信风，在迎风面产生大量降水。但由于山脉不够高或不是相连的，无法阻挡信风前往火奴鲁鲁、珍珠港和埃瓦的背风面。岛上的山谷很宽，可以开垦出大片农田种植芋头。多数山谷中流淌的小溪为农田提供了足够的水。瓦胡岛海岸附近是椰子林。山谷和不同海拔的山脊上生长着很多树木，如木槿树、桃金娘树、石栗树、寇阿相思树和露兜树。其他一些植物可以食用、制作服装、建造房屋或独木舟、制作炊具或农具、用作药品等。瓦胡岛上有四百多种开花植物。森林里的鸟类可以食用，羽毛可以用来做装饰品。珊瑚礁与海岸相接，是进入主要山谷的通道，也是各类船的安全登陆点。溪口的浅水是天然的鱼塘。暗礁和暗礁以外的海域为岛上的居民提供了丰富的海产品。在与瓦胡岛类似的岛屿上,一定数量的人可以舒适生活,要么住在村庄里,要么散居在各处,靠打猎、种地和捕鱼生活。

太平洋中的大多数火山岛都适合人类居住。在古代或现在的火山岛上,如塔希提岛、萨摩亚群岛、马克萨斯群岛、夏威夷群岛、所罗门群岛、波纳佩岛和库赛埃岛上曾居住着很多人。与珊瑚岛或凸珊瑚岛相比,火山岛处在更先进的发展阶段。

富纳富提岛是一座珊瑚岛,也是成千上万点缀在太平洋上的典型珊瑚岛之一。富纳富提岛是一座环状珊瑚岛,由一个中央潟湖和绕湖的二十九座形状奇特的小岛组成,总面积为三百三十四英亩,最高点仅高于海平面十六英尺。构成小岛的岩石是珊瑚块和风化后的珊瑚砂形成的石灰岩。硬岩石上的土壤是一层分解的薄石灰岩。富纳富提岛上没有河流,饮用水来自浅浅的微咸水井或低洼处的雨水。此外,富纳富提岛海拔很低,无法拦截雨云,只有海上普遍降水时岛上才会下雨。因此,富纳富提岛每年都会发生旱灾,甚至一年发生好几次。岛上

库赛埃岛的避风港

的土壤很薄，缺少多种植物生长必需的植物霉菌。因此，岛上只有几种生长在沙子和岩石裂缝中的树和灌木。适合造独木舟的树一般比较矮小。椰子树可以用作建筑材料。露兜树为人们提供了做面包的面粉，以及做绳索、琴弦、席垫和衣服的纤维。岛上的居民通过挖掘沟渠、开垦泥田并采取防止水土流失的措施，种植了一些农作物，如芋头和芭蕉。岛上的海产品和海鸟很多。在组成吉尔伯特群岛、马绍尔群岛和土阿莫土群岛的小珊瑚岛上，好几个家庭可以生活。一些小珊瑚岛上有多个居住区，岛上人口超过一百人。但大多数珊瑚岛上没有人居住，如莱桑岛、约翰斯顿岛和帕尔迈拉岛。许多珊瑚岛上从未有人居住过，不仅因为食物短缺，还因为岛屿太低，暴风雨来临时，海浪会冲过陆地摧毁庄稼，淹没岛上的居民。

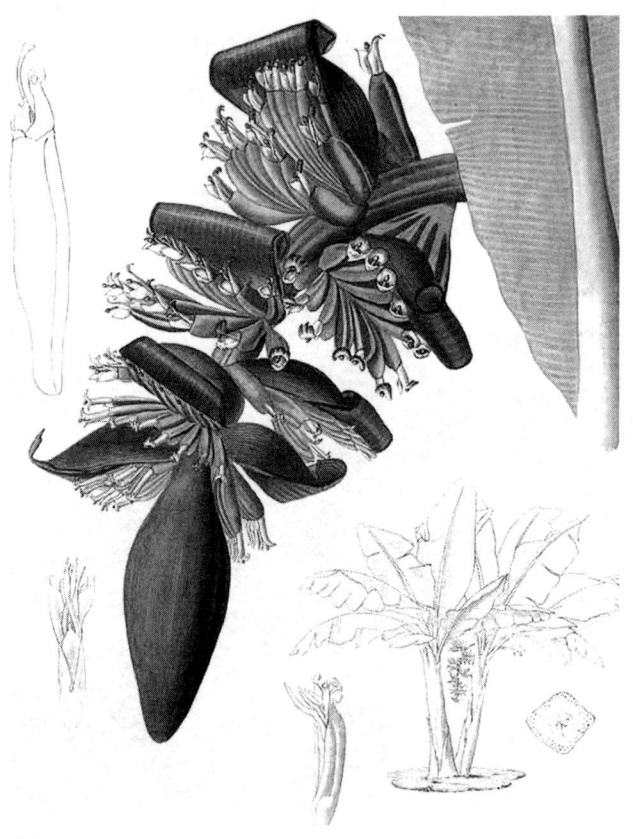

芭蕉

纽埃岛是一座凸珊瑚岛，长十四英里，宽十英里，周围是临海的悬崖。纽埃岛由几块高地或台地组成，高地一块比一块高，最高的高地高于海平面二百英尺左右。岛上到处是石灰岩。整座岛由珊瑚、贝壳和上升到现在位置前长在珊瑚礁上的植物形成。土壤是分解的石灰岩，虽然很薄，但很肥沃，利于植物生长。岛上降水充沛，但雨水很快会通过洞穴和石灰岩裂缝流入地下。岛上居民的饮用水是雨水或洞穴中的微咸水。由于干旱少雨，纽埃岛上的树木种类很少。但因为土壤肥沃，所以树木一般长得很茂盛。岛上有适合造小型独木舟的阔叶树，主要植物是露兜树和椰子树。露兜树和椰子树可以食用，也可以用作衣料和建筑材料。此外，纽埃岛上的鱼和其他海产品十分丰富。

凸珊瑚岛有瑙鲁岛、洛亚蒂岛、瓦瓦乌岛和马卡泰阿岛等。从其他岛屿引进食用植物成功后，凸珊瑚岛可以养活很多人口。

大洋岛的特征之一是岛上的气候与大陆和许多陆边岛的气候不同。大洋岛周围的海水不会像陆地和陆地附近的海水那样温暖或寒冷。因此，在广阔的海洋和大洋岛上，气温不会升得很高或降得很低。同样，大洋岛上的冬季和夏季温度相差不大，每月的气候也相差无几。墨西哥与夏威夷同纬度的地方和澳大利亚与拉帕岛同纬度的地方都是冬天寒冷，夏天炎热。

太平洋上所有大洋岛的年平均气温几乎都是70°F，只有斐济群岛向西延伸的地区平均气温达到80°F。阿留申群岛和新西兰群岛以南的岛上，冬季冷得令人难受。

因为大风经常不间断地吹过广阔的海面，所以太平洋上的风比世界上其他地方的风更有规律、更稳定。太平洋不同地区的风向不同。在穿过中途岛北纬约30°和白令海附近北纬60°之间的海域，风通常从西边吹来，被称为"西风"。从北纬30°到赤道附近之间的海域，风从东北方向吹来，并且一年中的三百多天里，大风非常规律且很稳定，被称为"东北信风"。沿着赤道，风通常从东边吹来。从赤道附近到南纬30°是东南信风，再往南是强劲的西风带，被水手们称为"咆哮西风带"。

在两条信风带上，风有时会从与往常相反的方向吹来，带来被夏威夷人称为

"科纳风暴"的天气。有时，风会变成飓风或台风。大多数飓风发生在马绍尔群岛、中国和萨摩亚群岛西部与西南部之间的地区，即发生在密克罗尼西亚和美拉尼西亚及印度洋西部地区。在波利尼西亚，冬季有时也会出现飓风。飓风极具破坏性，会摧毁房屋，将树木连根拔起。飓风和飓风之后的巨浪卷过没有树木、建筑物和居民的低矮珊瑚岛，吞没珊瑚岛沿岸的独木舟。飓风和飓风形成的洋流会携独木舟朝一定方向航行。

太平洋上的大多数岛屿位于信风带内，年平均温度低于80°F。

地图显示，太平洋上的所有火山岛、珊瑚岛和凸珊瑚岛几乎都位于温度和降水适合人类居住的信风带地区。

太平洋上的大洋岛数量众多，一般分为波利尼西亚群岛、美拉尼西亚群岛和密克罗尼西亚群岛。每个群岛包含火山岛、珊瑚岛和凸珊瑚岛，岛上有不同的植物和动物，以及不同的人种。夏威夷群岛包括波利尼西亚群岛最北端的岛屿。

第 2 章

波利尼西亚人的祖先

精彩看点

太平洋岛民——波利尼西亚人——从亚洲到波利尼西亚群岛的路线——先驱航海家——漫长的航行——没有使用指南针——星星导航——船的种类——食物——椰子树——太平洋岛屿上的种族

太平洋岛民来自亚洲。在人类早期历史上,居住在波利尼西亚群岛、美拉尼西亚群岛和密克罗尼西亚群岛上的原住民祖先曾在亚洲大陆建立了家园。澳大利亚、爪哇岛、婆罗洲岛和菲律宾群岛的第一批居民也来自亚洲。亚洲人到达太平洋岛屿的路线是通过岛屿、半岛和海峡标记出来的。从亚洲向南沿马来半岛到苏门答腊岛、爪哇岛、婆罗洲岛、西里伯斯岛、摩鹿加群岛,再到巴布亚岛和澳大利亚,可以从一座岛航行到另一座岛,沿途还能看见陆地。面积较大的岛由面积较小的岛连接在一起。与从毛伊岛到拉奈岛或从瓦胡岛到莫洛凯岛一样,从一座岛前往另一座岛的途中充满困难和危险。但天气好的时候,即使是圆木或筏子也可以安全航行。

太平洋各岛屿之间相距很远。位于巴布亚岛或新几内亚岛和斐济群岛之间的美拉尼西亚群岛的各岛之间相距不远,两三天内,乘原始的独木舟就可以从一座岛到达另一座岛。但在斐济群岛东部、东北部和东南部,各岛之间隔得很远,大多数岛又小又矮,从远处根本看不到。太平洋上的大部分群岛与一些孤岛和最近的邻岛相距一百到三百英里。复活节岛距甘比尔群岛最外围的岛一千一百英里,夏威夷群岛距可作停泊点的最近陆地范宁岛九百英里。要走过如此遥远的距离,不仅需要能抵得住汹涌波涛的船,还需要有储存几个星期甚至几个月食物的办法,以及航海技术高超的英勇水手。人类早期历史上既没有这样的船,也没有这样的人。因此,一万多年前,爪哇岛、菲律宾群岛和澳大利亚已经有人居住，但直到二千年前，波利尼西亚群岛的许多岛上才首次出现了人类，一些岛上的居民甚至是近五百年内才出现的。波利尼西亚群岛很可能是世界上最后一片被人类占据的可居住地区。值得注意的是，夏威夷群岛与美洲、亚洲及太平洋其他岛屿相距甚远，但在大型帆船时代之前，夏威夷群岛已经被人类发现了。

没有人知道早期波利尼西亚人为什么会航行到西太平洋附近岛屿及偏僻且遥远的太平洋中部和东部岛屿，但可能与世界其他地区原始人迁徙的原因相同。为了躲避战争，一些人不得不前往其他地方寻找居住地。有时，风暴潮汐会淹没低岛，毁坏岛上的食用植物和房屋，迫使岛民遗弃农田和村庄前往其他地方。一小群人的迁徙可能是无意识的，如船被大风吹向大海，船上的人漂流在海上，直到看见陆地。有计划的迁徙一般是为了寻找新居住地，从而更好地捕鱼，为不断增加的人口寻找更多食物。也有证据表明，许多迁徙仅仅是热爱冒险的

波利尼西亚人与他们的独木舟

波利尼西亚妇女的舞蹈

结果，是一种寻找新事物的探险活动。发现新岛屿后，冒险者返回家乡，带着家人和其他人前往新岛屿居住。

因热爱冒险发现新岛屿、渔场、食用植物和更适合人类居住的定居地是波利尼西亚人及其所有分支迁徙的显著特征之一。

现在，勇敢的探险家从亚洲前往波利尼西亚群岛的路线已经不得而知。波利尼西亚群岛的亚洲移民数量众多，并且在几个世纪内不断向其他地区蔓延。此外，探险家、先遣人员和大部分移民采用的路线往往不同。从爪哇岛到斐济群岛向东延伸的路线上，部分波利尼西亚人留在了新赫布里底群岛的富图纳岛（埃罗南岛）、所罗门群岛的伦内尔岛和翁通爪哇群岛（豪勋爵群岛）上。在卡罗林群岛的努库奥岛上，波利尼西亚人的定居点表明，可能有一条通往北方的路线。通过这条路线，人类从马绍尔群岛、吉尔伯特群岛和埃利斯群岛来到了萨摩亚群岛，可能还来到了夏威夷群岛。一些热爱冒险的人通过一条更北的路线，可能经过马里亚纳群岛或卡罗林群岛直接到了夏威夷群岛。在萨摩亚群岛和塔希提岛等地定居下来后，人们开始勘探附近岛屿。

一些波利尼西亚人将以前的居住地称为夏威基。在波利尼西亚人心中，夏威基是一个记忆模糊、遥远的地区。波利尼西亚人将夏威基的一些事物带到了新居住地，认为死后，自己的灵魂会回到夏威基。很久以前，第一批移民离开夏威基，但关于他们的记录已经丢失了。新教时代初期，太平洋地区开始出现移民。众所周知，8世纪和9世纪，人类在赤道两侧发现了八十五座相距很远的岛屿和群岛。

新西兰毛利人发现，约1400年，自己的祖先到达了赤道两侧的岛屿。毛利人的祖先从早期航海者口中了解了赤道两侧的岛屿，于是带着家人前往新岛屿，同时带着甘薯、芋头、家族神像、药用植物和家畜。毛利人的祖先发现，新西兰群岛已经被来自不同地方的本族人占领，位于新西兰群岛东部五百英里巨浪汹涌的海面之外的查塔姆群岛早已有人定居。

早在13世纪，人类就已经熟知太平洋的地理概况，熟悉太平洋岛屿上的山脉、火山、河流、暗礁和森林，知道降雨量大和降水量少的地区，以及风和洋流的方向。这一切发生在克里斯托弗·哥伦布发现美洲、瓦斯科·努涅斯·德·巴尔沃亚发现太平洋和斐迪南·麦哲伦横渡太平洋来到菲律宾群岛之前。

在欧洲航海家冒险前往新大陆之前，波利尼西亚人已经在广阔的太平洋小岛之间航行了，航程长达数千英里。在卡罗林群岛和复活节岛上，波利尼西亚人的定居点相距近九千英里。夏威夷群岛和新西兰群岛相距三千八百英里。波利尼西亚人的船多次从塔希提岛前往新西兰群岛，全程长二千二百英里。然而，很多相隔很远的地区和分布其间的岛屿不仅早已为人所知，还有人定居，岛上种有芭蕉、椰子、山药、面包果和芋头等食用植物。早期冒险家很可能还去过美洲西海岸。

一些探险者的航行众所周知。在早期航行中，从相距二千四百英里的夏威夷群岛到塔希提岛的四次航行被记录了下来。"尤恩佳"号是12世纪的一艘海盗船，从萨摩亚群岛航行到了汤加雷瓦环礁，随后抵达了土布艾岛，然后通过土阿莫土群岛航行到了塔希提岛。此次航行全程约四千英里，大部分时候是逆风航行。"土奎霍"号从拉帕岛出发，在中途没有停泊点的情况下，经过二千五百英里的航行后，发现了拉帕努伊岛，即后来的复活节岛。萨摩亚一位叫迦理迦的酋长发现了拉罗汤加岛,并将拉罗汤加岛建成一个聚居地。"丹吉亚"号的十三次航行航程总计超过一万八千英里。

在没有指南针和航海日志的情况下,波利尼西亚人轻易越过了海洋。白天,航海者根据太阳位置、鸟的飞行、云的形状和颜色航行。有暴风雨的时候,航海者根据盛行风前的波浪流向航行。懂得云、彩虹和风的人颇受其他人敬重,享有很高的威望。太平洋岛屿上的一些居民绘制了简单的航海图,用图框中延伸的平行树枝表示信风带上波峰的趋向,用适当位置上摆放的小石块或珊瑚块表示岛屿数量和位置。

在远离陆地的航行中,星星是航海者的向导。许多航行可能是在可以看见星星的夜晚开始的。在一年中的某些时候,星星会在地平线上停留一段时间。天狼星出现的时候,是最适合航海的时候。波利尼西亚航海家熟悉重要星星的位置,知道星星每月的位置变化。波利尼西亚人发现并命名了五颗行星,并且熟知五颗行星出现的时间和位置。在已知的十三颗"独木舟舵手星"①中,波利尼西亚人熟悉天狼星、轩辕十四星和昴宿星团及其出现的月份、到达天顶的时间、上升与下降时间等。在北半球,航海家一般根据毕宿五星航行。北极星的位置固定不变,全年都可以看见。赤道上空东西带中的星星常被用作航行向导。

在夏威夷,一个学习航海的年轻人曾学习将天空看作一个标着"导航星星路径"的圆柱。在圆柱上,一条路径从北极星通往南十字星座,线路以东的天空是"凯恩神的亮光路",西边是"卡纳罗阿神的路径"。一条穿过太阳冬天位置的东西线是"凯恩神的暗光路",另一条穿过太阳夏天路径南界的线是"卡纳罗阿神的暗光路"。界限里边是可以用作导航的星星,外边是"陌生星星"。通过学习,这位年轻人了解到,从南边前往塔希提岛时,会看到新的星星,经过赤道后,北极星会消失。在夏威夷罗亚②的传说中,向东航行的航海家马卡里用伊奥山谷和毕宿五星做向导,抵达了夏威夷群岛,然后根据南十字星座,从夏威夷群岛到

---

① "独木舟舵手星"是古代波利尼西亚人用来指引方向的星星。在远航时,驾驶大型独木舟的人依赖现在称为天狼星、轩辕十四、昴宿星团等的星星辨别方向。
② 夏威夷罗亚是古代夏威夷传说中的英雄。夏威夷罗亚发现了一些岛屿,返回家乡后带领家人和其他八名航海家到达了这些岛屿。后来,这些岛屿被命名为夏威夷群岛。

达了塔希提岛。

在各岛屿之间航行时,波利尼西亚人主要乘三种船,即单独木舟、浮架独木舟和双体独木舟。最简单的独木舟是用石扁斧凿空的又短又窄的原木,但很少有人使用这种独木舟,因为这种独木舟很容易倾覆,除了在潟湖和浅水区捕鱼外,几乎不适合其他用途。在有大树的地方,人们通常会建造长度超过五十英尺的独木舟。一些毛利人的独木舟长一百多英尺,宽五英尺,能载一百三十人及足够的食物,并且可以在海湾内航行,也可以逆流而上沿河岸航行。

浮架独木舟是一种小而窄的独木舟,在波利尼西亚人乘的船中很常见,只要系上外伸浮架就能航行,并且不容易倾覆。如果精心建造,即使在波涛汹涌的大海上,浮架独木舟也可以进行安全的长途航行。

双体独木舟由两叶并排放置的独木舟组成,两叶独木舟相距几英尺,由横木杆或居于中间的平台固定在一起。双体独木舟就像一个木筏,可以在两叶独木舟上划桨前行,也可以架设桅杆航行。大型双体独木舟平台上建有遮阳挡雨的罩篷,甚至还建有茅草屋,用途与现代蒸汽船上的船舱类似。双体独木舟非

波利尼西亚人的家庭,他们身后是浮架独木舟

常适合航海。较大的双体独木舟可以容纳二百多个人,以及家畜和长途航海所需的食物。卡美哈梅哈双体独木舟的一叶独木舟是用单个原木做成的,长一百零八英尺。

许多浮架独木舟和双体独木舟配备了露兜树或椰子树树叶制成的船帆。船帆固定在永久性或临时性架设的桅杆上。就长距离航行而言,浮架独木舟比双体独木舟更快、更安全,因为双体独木舟裂开后无法继续航行。

正是借助浮架独木舟和双体独木舟,传统的战争远征与和平迁徙才得以进行。在波利尼西亚人的生活中,独木舟扮演了非常重要的角色。独木舟既是从一座岛前往另一座岛的唯一交通工具,也是捕鱼不可缺少的工具。几乎每个波利尼西亚人,无论男女老少,都能驾驶独木舟钓鱼、打仗或参加多达一百艘独木舟的划舟比赛。但要想用石扁斧、石凿和椰子纤维绳索建造一只适合航海的大型独木舟,只有经验丰富的工匠才能做到。波利尼西亚人中有专门负责造舟和专门建造船体、船帆和浮架的匠人。一些酋长将造独木舟的人养在自己家里,其他人可以雇用这些人。对岛民来说,独木舟意义重大。因此,每艘独木舟都有自己的名字。知道了这一点,一些与伐木、整材、建舟和下水有关的仪式或颂唱也就不足为奇了。

到达新岛屿后,波利尼西亚人的祖先一定对岛上贫乏的食物感到惊讶和失望。与世界其他地区相比,波利尼西亚群岛上的食用植物明显不足。第一批踏足美洲的人发现了玉米、马铃薯及许多树木和藤本植物的果实。亚洲和印度尼西亚的早期移民发现了野生稻米、椰子、面包果和芋头。早期移民很容易得到所需食物。然而,初登夏威夷群岛、塔希提岛、萨摩亚群岛和其他岛屿的波利尼西亚人发现,岛上几乎没有能够充饥的植物,既没有小麦、大麦、黑麦或玉米做成面粉,也没有大米、芋头、面包果、甘薯、木瓜、苹果、甘蔗或肉质水果。一些岛上生长着一种果实很小的椰子树。在一些海拔较高的岛上,波利尼西亚人的祖先也许发现了一种芭蕉树和山药。现在,人们很少食用波利尼西亚群岛上的本地食用植物。

蔓露兜、巨朱蕉、马齿苋、黄槿的叶子和嫩枝、露兜树的种子等,都是可以

蔓露兜

吃的。一些蕨类植物的根茎或芽和海藻等也可以吃。在南太平洋,有一种叫"塔头"的荨麻果实可以食用。在一些海拔较高的岛上,也许还生长着悬钩子、越橘和野苹果。很多波利尼西亚人会食用棕榈树的种子和"塔希提栗子"的果实。但即使在自然条件较好的岛上,这些植物能提供的食物也很少。其中,蕨类植物的根茎和海藻是最好的食物。

波利尼西亚人的祖先主要依赖的食用植物是露兜树。对最早到达波利尼西亚群岛的移民来说,露兜树是主食,就像后来夏威夷群岛上的芋头和马克萨斯群岛上的面包果一样。新西兰群岛北部的波利尼西亚遍布露兜树,甚至在珊瑚岛贫瘠的土地上,在人类进入太平洋之前,大片露兜树林就已经存在。露兜树种子的果仁可以食用,成熟的果实可以煮成糖蜜。露兜树最大的用途是制作一种面包。将露兜树果实的柔软部分捣碎后晒干，然后压成硬块，食用时加水揉成团并烘烤，就可以做成一种容易消化、有益健康的食物。这种食物可以长时间保存而不变质。

在波利尼西亚群岛的许多岛屿上，大片"塔希提栗子"林春天开出圆锥形的白色芳香小花，秋天结出扁平的肾形果实。果实烘烤后是富有营养的食物。

同样，波利尼西亚群岛上可以供人类食用的动物很少。过去，在世界上任何地方，对人类有用的动物很少。波利尼西亚人的祖先到达波利尼西亚群岛之前，岛上只有蝙蝠，可能还有老鼠。虽然岛上有鸟、昆虫、蜗牛，但没有牛、猪、羊、鹿或其他适合人类食用的野生动物。鱼和其他海洋生物是波利尼西亚人的祖先的主要肉食。波利尼西亚人的祖先几乎吃遍了所有种类的海洋生物，经常用钩子、网和叉捕鱼。波利尼西亚人的祖先使用了各种各样渔栅。在新西兰群岛，人们在河上建了渔梁或水坝，以捕捉生活在潮汐水域中的鳗鱼。在夏威夷群岛和其他地方，人们会用石头围成鱼塘。

最早的波利尼西亚移民可能很快得知，露兜树、海藻和其他植物的根、茎、叶及果实不能为他们提供足够的食物。想要避免因人口增加引发的饥荒，就必须找到更多植物性食物。早期波利尼西亚移民意识到，其他岛屿上可能也没有足够的食物。因此，他们传消息给随后要来的新移民，让他们必须带上原住地的植物种子或幼苗。在寻找新居住地时，波利尼西亚移民乘独木舟带来了一些农作物的种子。于是，他们将原住地的食用植物引入了新家园。

波利尼西亚人的祖先很熟悉椰子树。也许很早以前，椰子树就被引进波利尼西亚群岛了。毫无疑问，最先到达波利尼西亚群岛的移民一路上带着椰子作为食物。到达一座陌生岛屿后，他们种下了没有吃完的椰子。几千年前的波利尼西亚人已经熟知椰子的用途。在太平洋热带地区，椰子树是最有用的植物。成熟或未成熟椰子的果肉可以直接食用，发芽的椰子和树上的绿芽也可以吃，未成熟椰子的水是一种常见的饮料，椰子仁磨碎后可以制成一种甜食。椰子树不仅为波利尼西亚人的祖先提供了丰富的优质食物，还提供了屋架、侧墙和屋顶所需的材料。椰子树的叶子可以做成篮子、睡垫和衣服，树枝纤维可以做成渔线

椰子树的植株及果实

和绳索,椰果的外壳可以做碗和其他食物器具,干燥的椰壳可以用来生火,树干可以用来做桨、棍棒和长矛,椰果汁可以做成药,椰子油可用于烹饪和涂抹身体。如果太平洋岛屿上没有其他植物,那么早期移民会用椰子树养活自己,用椰子树制成必要的衣服和搭建住所,用椰子树干捕鸟和鱼。

海边的椰子树生长得最好。海边除了沙子和珊瑚岩的碎片,几乎没有什么土壤。在海边,来到无人居住岛屿的移民只能自己建居住点。居住点一般会建在方便利用海生食物并靠近停泊独木舟的地方,但这些地方很少有椰子树。因此,早期移民必须栽种椰子树，悉心照料椰子树幼苗，以免椰子树幼苗被强风和巨浪连根拔起。正是由于早期移民的辛勤劳动，椰子树才成了数万太平洋岛民的主要食物。

波利尼西亚人的祖先引进的另一种食用植物是面包果树。面包果树的原产地是向西延伸到亚洲的岛屿。面包果树有二百多个品种，生长在不同的地方和不同类型的土壤上。面包果树枝干高大，树叶阔茂，树脂可以堵塞木舟的缝隙，树干可以建房子、凿木舟或制作生活用具。面包果树最大的益处是用作食物。在塔西提岛、马克萨斯群岛、拉罗汤加岛、萨摩亚群岛和赤道以南海拔较高的其他岛上，面包果是常见的食物，人们每天都吃。面包果树和椰子树一样，必须种植在降水充足、土壤适宜的地方，幼苗期须精心照料。

在太平洋岛民中，芋头是非常重要的食物之一。与椰子树和面包果树一样，芋头由早期移民引入波利尼西亚群岛。芋头是芋头植物含淀粉的块茎，即根茎。芋头植物的叶子也可以食用。芋头烘烤后可作为蔬菜食用，但最常见的用途是制作芋粉酱。芋粉酱是波利尼西亚群岛许多岛民的主要食物。种植芋头时，需要精心改良土壤。芋头生长过程中需要投入大量劳动。波利尼西亚群岛的许多岛上种有芋头，其中，夏威夷群岛上种植的芋头最多。

很早以前，甘薯和山药就被引进到波利尼西亚群岛，然后从一座岛上传到了另一座岛上。太平洋上所有岛屿几乎都知道并且或多或少种植甘薯和山药。在夏威夷群岛，甘薯田地曾经和芋头田地一样常见。在新西兰群岛，面包果树和芋头并不多，甘薯成了一种非常重要的食物。

波利尼西亚人的祖先很快发现，波利尼西亚群岛上很少有可以食用的动物，于是引进了狗、猪和其他家禽。波利尼西亚人的祖先认为，这些动物非常有用，从而将其作为重要食物从一座岛上带到了另一座岛上。但各岛上猪的数量并不多。在一些岛上，猪仅供部落酋长食用或仅在节日时食用。狗的数量相对多一些。待食用的狗一般用面包果、椰子、山药和水果喂养。与野禽相比，波利尼西亚群岛上的家禽似乎不太受欢迎。

在太平洋岛屿上，椰子、海藻、露兜果、许多植物的嫩芽和叶子、几种海生食物都可以生吃，但大多数食物的价值只有通过烹调才能体现出来，并且一些未煮熟的食物是有毒的。很久以前，不管是植物还是动物，所有食物都只能在自然状态下食用，因为人类不懂得使用火。

在人类发现生火方法前，唯一已知的火是火山和闪电中的火。需要火的时候，人们会将火从一个地方运到另一个地方。在陆地或独木舟上，人们必须确保火一直燃着。如果火熄灭了，就必须从源头重新取火。因此，人类最伟大的发现之一就是钻木取火。波利尼西亚人以一种特殊方式利用了这一发现，即发明了火犁。火犁是一块被牢牢固定住的木头。波利尼西亚人用另一根木棍的尖端在木头上来回快速摩擦，直到形成一个凹槽。将摩擦产生的木屑收集在凹槽的一端，用尖棍末端快速摩擦，直到看见木屑冒烟。轻轻吹一吹冒烟的木屑，直到出现火苗。在火苗上面放上干燥的刨片、树叶或细枝，火可以继续燃烧，也可以再生。

钻木取火为发现更多烹调方法开辟了道路。波利尼西亚人的祖先没有金属或陶制器具，也不知道在水中煮食物，但知道浅炊坑。浅炊坑类似许多波利尼西亚人至今仍在使用的地下烤炉。许多家庭都有自己的浅炊坑，但一些地方的岛民会共用一个浅炊坑。人们会挖一个浅坑，在浅坑里填满小石头和柴火。石头变热后，将面包果、芋头或甘薯放进去，盖上叶子，上面再放一些加热过的石头，最后用绿叶和泥土将整个浅炊坑密封起来。这样烤过之后，食物就可以吃了。烤熟的面包果和芋头也可以用来制作芋粉酱。在波利尼西亚群岛的一些岛上，人们会将芋粉酱藏在坑中保存一年或更长时间。农作物歉收时，这样做可以保证人们有食物可以吃。有时，人们会将鱼放在浅炊坑的石头或余烬上烘烤。大多数时候，人们会在浅炊坑里烘烤肉食。将仔细清洗过的生肉与热石头一起裹在叶子里，然后放在烫石头上，用叶子、加热过的石头和泥土依次覆盖烫石头。用这种方式烘烤一条狗或一头猪大概需要四个小时。

移居到一座岛屿后不久，岛民主要依靠引进的食物为生。二千多年来，波利尼西亚人的植物性食物主要是椰子、面包果、芋头、山药、芭蕉和甘薯。马克萨斯人、塔希提人和萨摩亚人的主要食物是面包果，新西兰毛利人的主要食物是甘薯，夏威夷人的主要食物是芋头和甘薯，正如中国人的主要食物是大米，而盎格鲁-撒克逊人的主要食物是谷物面粉一样。波利尼西亚人主要靠这些植物性食物和鱼类为生。

波利尼西亚人的祖先可能知道马和牛。但这类大型动物不能通过独木舟从一个地方运到另一个地方。因此，波利尼西亚群岛上没有可以用来拉运石头和木材、耕种土地的动物。人们通过步行或乘船旅行，靠人力搬运需要搬运的货物。此外，种植作物和清除杂草等工作只能依靠手工完成。

聚居在太平洋岛屿上的种族主要有三类，即波利尼西亚人、密克罗尼西亚人和美拉尼西亚人。

波利尼西亚人的血统不是很纯正，即不是相同祖先的后裔，就像英国人、法兰西人和美国人一样。波利尼西亚人是一个混血种族，由来自不同地方、不同时期的不同种族组成。在太平洋岛屿上，很多来自不同种族的移民杂居在一起。在波利尼西亚群岛的本地人中，存在明显差异的有四种人。波利尼西亚人自己也承认差异，并且有描述这些差异的专用词语。被称为"典型波利尼西亚人"的人生活在波利尼西亚群岛的所有岛屿上，但其中大多数人生活在波利尼西亚群岛南部。"典型波利尼西亚人"与白种人相似，很多方面与欧洲人相似，但不像美拉尼西亚人，与黑人更是截然不同。

密克罗尼西亚人也是一个混血种族。一些密克罗尼西亚人像波利尼西亚人，但大多数密克罗尼西亚人具有日本人、菲律宾人和美拉尼西亚人的混合特征。在马绍尔群岛、卡罗林群岛和马里亚纳群岛上，不同岛屿上的密克罗尼西亚人之间存在很大差别。据说，密克罗尼西亚人缺乏波利尼西亚人的礼貌和好客，但都是勇敢的战士、技术熟练的渔夫和航海家，能用树皮和树叶制作精美的席垫和衣服。然而，作为农民和园丁，密克罗尼西亚人远不如波利尼西亚人和美拉尼西亚人技术熟练。

在身体、语言和习俗方面，美拉尼西亚人之间存在很大差异。但作为一个种族，美拉尼西亚人与波利尼西亚人和密克罗尼西亚人完全不同。美拉尼西亚人的外貌很像黑人，肤色有棕色的也有黑色的，头发卷曲的甚至是成簇的。美拉尼西亚人是凶猛的战士，曾经有吃人肉的习惯，在一定程度上比其他太平洋岛民凶狠。此外，美拉尼西亚人没有波利尼西亚人聪明，但他们的雕刻品和装饰品非常精美。

第 3 章

波利尼西亚人的习俗和信仰

精彩看点

波利尼西亚文明——波利尼西亚人的房屋——塔帕布——个人装饰——花园——波利尼西亚语——诗歌——传说故事——唱歌跳舞——运动——教育——劳作——波利尼西亚人的信仰——酋长——祭神场所——第一批夏威夷人

从第一位移民来到波利尼西亚群岛到詹姆斯·库克到访波利尼西亚群岛，可能已经过去了二千年。太平洋岛屿上的移民数量一直在增加，直到约八十万波利尼西亚人生活在许多适合居住的岛上后，岛民数量才趋于稳定。波利尼西亚人分布很广，无法组成一个政府统治下的国家。由于各岛上的居民相隔不远，同时长期与世界其他地区的人隔离，波利尼西亚人形成了一个民族或一个群体。世界上没有一个民族与波利尼西亚人长相相似或习俗相仿。

很多移民陆续来到波利尼西亚群岛，带来了原住地的思想和习俗，并且以更适合新家园的方式改变了原来的思想和习俗，由此诞生了波利尼西亚文明。波利尼西亚文明的形成非同寻常，因为波利尼西亚文明是由丝毫不懂如何利用金属的民族创造的。

波利尼西亚人没有铁器和陶器，也没有驮畜。波利尼西亚人的工具、武器和其他器具都是用石头、木头、贝壳、动物牙齿或骨头制成的。硬木或尖端坚硬的软木可以制成长矛和鱼叉。石具可以制作刻有石头或牙刀图案的碗和盒子。建造独木舟的匠人的工具箱里装着石斧、石凿、贝壳或骨头、珊瑚做的锉子和锉刀，以及珊瑚或粗鱼皮做的抛光器。纤维做的绳索代替了螺丝和钉子。

波利尼西亚人虽然生活在"石器时代"，但学会了利用身边的一切东西，并且在建造房屋、制作衣服及耕种田地方面展示出了高超的技巧。在艺术、管理和宗教思想方面，波利尼西亚人也达到了很高水平。

波利尼西亚人的房子

波利尼西亚人的房子非常适合热带气候。房子主要是睡觉的地方。做饭、洗衣和其他家务活动通常在户外进行。

波利尼西亚人的房子一般建在树林中，宽约十英尺，长约二十英尺，并且通常建在离地面几英尺高的石头平台上。平台向外延伸，越出墙壁，形成凉台。有时，几户家庭会住在一所大房子里。还有一些房子供公众集会用。房子的主体是用柱子支撑的茅草屋顶。一些房子侧面也盖了茅草屋。很多房子没有围墙。房内的地板是铺有垫子的石台，房内没有用隔墙分开的小房间。屋架的材料是椰子树、面包果树或其他树木的树干，树干用纤维绳索巧妙地绑扎固定在一起。屋顶上通常铺的是椰子树、露兜树或面包果树的叶子，树叶固定在竹棒或木槿杆上。在夏威夷群岛，房子屋顶上铺的是茅草。在新西兰群岛，由于木材丰富，适合作屋顶的材料稀缺，人们习惯用石扁斧加工成的厚木板建造房屋。

大部分波利尼西亚人居住在低热带岛屿和海拔较高的火山岛沿岸，对衣服的需求量很少。男人的腰布、女人的短裙、在礁石上钓鱼或在熔岩上行走时穿的凉鞋是波利尼西亚人的日常衣物。但出于爱美本能，波利尼西亚人缝制了既漂亮又实用的裙子、斗篷和头饰等。

女人们通常穿的衣服是几片布。一片几码长的布包在腰间,延伸到膝下,其他几片布一片放在另一片上面,从脖子前后垂下来,塞在腰部形成腰带,使胳膊可以随意活动。这种衣服是为了满足女人们的爱好设计的。男人们的衣服和女人们的衣服很相似,只是裙子有时会塞在腰部。下雨的时候,衬垫代替了布料。很多波利尼西亚人会穿用树叶或纤维制成的裙子。早期波利尼西亚移民做衣服的材料是波利尼西亚群岛上的一些植物。

用露兜树做衣服时,波利尼西亚人会从露兜树幼株上摘下适当长度的叶子,然后将叶子放在火上烘烤,软化叶子边缘和中脉的锯状刺,让叶子变得柔韧。随后,波利尼西亚人会将叶子泡在海水中一个星期或更长时间,然后在阳光下晒白柔韧的叶带,剥掉粗糙的边缘。接下来,将叶带绕着固定在地上的木桩来回拉动,使叶带变得光滑。最后,将加工完成的叶带团成球,保存在干燥的地方待用。加工后的露兜树叶子编结起来可以制成衣服或毯子。

早在抵达波利尼西亚群岛前,波利尼西亚移民就已经会用树的内层树皮制作塔帕布或纸布,并且知道塔帕布比衬垫和树叶更适合做衣服或床单。任何有合适树木的地方都可以加工塔帕布。一些岛上没有合适的树木,另一些岛上的几种树木有内层树皮,可以制成纸衣服。在夏威夷群岛,人们可以使用马马基、奥洛阿和阿卡拉①做衣服。但在波利尼西亚群岛的植物中,只有面包果树和构树的内层树皮可以制成塔帕布。面包果树和构树是波利尼西亚移民从遥远的西部地区带到波利尼西亚群岛上的。构树是制作塔帕布最好的材料。波利尼西亚移民将构树插枝从一个地方带到另一个地方,通过精心栽培,在大多数太平洋岛屿上种了构树。在新西兰群岛,制作塔帕布的植物并不茂盛,当地人一般用亚麻做衣服。

制作一块普通的粗平塔帕布很难,需要高超的技巧。一些波利尼西亚人熟练掌握了制布技巧,能用灰色、红色、棕色、蓝色和黄色等颜色染制塔帕布,印制美丽的图案,使古老的夏威夷塔帕布变得更加珍贵。

---

① 马马基、奥洛阿和阿卡拉都是植物。马马基是一种荨麻科植物,阿卡拉是一种灌木或攀藤。——原注

除了缝制日常衣物，波利尼西亚人还喜欢制作各种各样的个人装饰品。很多波利尼西亚人喜欢文身，同时发现了许多美化衣服的方法。他们用人的头发做成头饰，非常喜欢把花作为个人装饰品。波利尼西亚人对羽毛的喜爱超过了其他所有民族。夏威夷羽毛斗篷可以与波斯地毯相媲美，堪称人类杰作。

　　与此同时，波利尼西亚人还是优秀的园丁。波利尼西亚人将波利尼西亚群岛上的本地植物作为食物和药品，用植物制作衣服，并且引进了许多比本地植物更优良的新植物。他们种植的甘薯和芋头足以养活很多人。这意味着他们已经非常了解波利尼西亚群岛的土壤、水和天气，知道什么时候耕种和怎样耕种土地。开垦一块芋头田地并不容易，不仅必须清除土地上的石块和灌木，还要将土地建成梯田，并且每块梯田上必须建有埂子。为了供水，岛民必须沿山谷两侧挖沟渠，让水沿山坡上的石砌水沟蜿蜒而行，顺着木制水槽越过沟壑灌溉农田。农田象征着古代夏威夷人的智慧和勤劳。

　　波利尼西亚语柔和悦耳，很少有刺耳的声音，约有二万多个单词。对一个语言还没有凝练成文字的民族来说，在日常生活中，波利尼西亚人使用的单词非常多。这些单词和构成的词组能够表达各种复杂意义。

　　波利尼西亚人没有保存语言的文字。然而，令人惊讶的是，几千年来，分散在各岛上的波利尼西亚人竟然一直使用一种语言，并且将语言完整保留了下来。波利尼西亚人非常注意单词的使用和发音。儿童从小会接受培训，学习如何使用正确的词语描述事物、表达思想。通常情况下，没有学会准确使用语言的年轻男子不能在公共场合发言。受过良好训练的部落酋长、军队将领和祭司是真正伟大的演说家，他们的口才备受其他人推崇，也是他们作为领导者不可或缺的才能。口才差的人一般不会成为酋长。

　　波利尼西亚人高度重视诗歌。在所有节日和仪式上，波利尼西亚人会朗诵诗歌。诗人非常受人尊敬。

　　波利尼西亚人的特征之一是喜欢讲故事。白天和夜晚，一群男人、女人和孩子围在一起，听关于神、英雄和其他地方的故事。讲故事的是一群特殊的人。除了编造和背诵故事外，讲故事的人几乎什么也不做。此外，除了人们熟知的故

波利尼西亚人的"呼拉"

事，还有一些故事是用阿力伊①或酋长才能理解的特殊语言讲的。人们经常花很多时间猜谜语，并且根据古老童话或神秘故事中描述的方式玩游戏。

波利尼西亚人的大多数故事与世界其他地方的故事不同。除了鲨鱼、鲸鱼、海龟和鸟类的故事，波利尼西亚故事中几乎没有关于其他动物的故事。一些故事是关于禁地的，一些故事是关于少女的。最常见的故事是关于半神半人的，外形像毛伊②，可以做人能做的事，同时拥有超自然力量。许多故事描绘了大自然的美丽、花的颜色、云的形状、山的力量和大海的景色。夏威夷故事中的很多内容与瀑布、森林、彩虹、火山和珊瑚礁上的浪花有关。

在讲故事的过程中，诞生了颂歌。夏威夷群岛的"奥立"是一个故事，像颂歌一样朗诵。"梅莱"也是一个故事，通过唱颂方式讲述。"呼拉"是一种伴有手势和优美颂歌的故事。颂歌和跳舞同时进行。几乎所有波利尼西亚人都会跳舞和颂歌，但每座岛上的跳舞和颂歌类型不尽相同。夏威夷人和萨摩亚人喜欢跳

---

① 阿力伊是夏威夷古代社会世袭的酋长或贵族阶层。
② 在夏威夷人的传说中，夏威夷群岛的发现者以儿子的名字命名了毛伊岛。随后，夏威夷人将夏威夷群岛的半神命名为"毛伊"。

舞,马克萨斯人和塔希提人喜欢颂歌。白人到达波利尼西亚群岛前,波利尼西亚人中没有人知道我们现在听到的波利尼西亚音乐。

户外运动备受波利尼西亚人关注,尤其是游泳。很多波利尼西亚儿童能长距离游泳,还擅长潜水,以及做人身冲浪与板上冲浪。

摔跤是一种男女皆宜的常见娱乐方式。波利尼西亚人经常举行摔跤比赛。比赛时,酋长和重要人物坐在围栏区域一端,担任裁判。比赛开始时,几个身穿腰布的男子上场,每人主动提出希望挑战的对手。分好组后,选手们一对一依次进行比赛。获胜者可以得到围观者的欢呼和掌声,失败者也会毫无怨言地接受结果。摔跤比赛是波利尼西亚人娱乐活动的一部分。

此外,波利尼西亚人还喜欢掷矛、滑行和滚球。在掷矛过程中,参赛选手抓住掷向自己长矛中的一支,挡住掷来的其他矛,然后找机会用长矛回掷对手。比赛时,空中飞满长矛,参赛者必须冷静、快速地投掷、接住、挡开和躲闪长矛,以防意外受伤。在夏威夷,人们最喜欢的运动是沿着长满草的山坡滑下,以及用乌卢梅卡石球滚球。

最初,来到太平洋岛上的白人对波利尼西亚人的智力感到惊讶,并且发现许多波利尼西亚人曾在学校教师的指导下接受了教育。在学校里,即将成为酋长或首领的青年学习天文学、法律、地理、历史和语言。除了日常学习,波利尼西亚青年还必须接受培训,成为战士和演讲者,掌握鱼的习性、树木的生长期、鸟的飞翔及云的运动和形状等。在波利尼西亚群岛的一些岛屿上,每个年轻人都学过一些技艺,最后成了房屋建造者、木头雕刻者、渔夫、水手或农夫。新西兰群岛设有专业学校教授年轻人各种技艺。

波利尼西亚人知道全神贯注于手头工作和一次只做一件事的重要性。在凿独木舟、雕刻石雕或学习背诵部落历史时,波利尼西亚人会远离家人和朋友,甚至一连好几天不吃东西。

波利尼西亚人干活很利索。现在有一些报道称,受过训练的工人执行任务的技巧和速度令人惊讶。1812年,马克萨斯群岛一个叫戴维·波特的人一天内建了两座住宅、一座帆布制造间、一座箍桶间、一间病人房、一间烘焙房和一间警卫房。有时，四千多个波利尼西亚人联合起来组装材料并建造房屋，每个人都精通自己从事的特定工作，各小组之间竞争激烈，想看看谁能在最短时间内建造出最完美的房子。

在没有马或机器帮助的情况下，波利尼西亚人似乎不可能完成一些工作。然而，波利尼西亚人建造的房屋的平台或墙中，常常有几吨重的石头。复活节岛上的石像有二十英尺到七十英尺高，波利尼西亚人靠人力将一些高大的纪念石碑运到指定地点，并且为立起来的纪念石碑戴上了沉重的石帽。

波利尼西亚儿童从小受到的教育是坚强、无所畏惧。在战争、航海和运动中，波利尼西亚人表现出的力量和勇气值得钦佩。但有时，波利尼西亚人惊人的力量会引发一些残暴行为。

好客和礼貌是所有波利尼西亚人的共同特征。波利尼西亚群岛的一些岛上制定了法律，强迫少数不好客的人好客。"不要无礼地盯着路过的旅行者看。你必须叫客人进来，必须宰杀自己的猪，给客人的碗里盛上美味的食物。凡不遵守法律的人，就会被带到公共地点接受众人的羞辱。任何人不能隐藏自己犯下的罪，酋长有权没收犯罪者的土地作为惩罚。"

对波利尼西亚人来说，宗教信仰是日常生活的一部分，就像建造房屋平台的石头或建造独木舟的木头一样，或像饮食一样。宗教信仰和体力劳动是波利尼西亚人日常生活的组成部分。出生、死亡和劳动既有宗教意义，也有肉身意义。要完成一项工作，就必须举行宗教仪式，就像必须持有适当工具一样。

自然界中的事物都有自己的生命。陆地、海洋、石头、星星和其他自然物体会生长、变化和移动，就像树木、动物和人类一样。毛利人的"兰吉"，即天堂，是有思想、有生命的存在，具有一定的意识形态特征。毛利人认为，塔希提岛上的造物主"塔阿罗阿"具有人的形态。

波利尼西亚人意识到了自然界的运转规律，如昼夜交替、星星在天空中移动、种子生长成植物、海浪随风而起等，并且用宗教信仰解释了自然规律。波利尼西亚人相信大自然的各种力量，认为每一种力量都来自独特的生命个体且彼此和谐作用。

每个人、每个神灵、每个动植物、每块石头、每颗星星、每座山，都与自己的同类不同，因为自然界存在数量和种类不同的马纳，即灵力。受人尊敬的酋长的权力和权威是马纳，并且酋长的部分马纳是从似神祖先那里继承来的。祭司的马纳通过预言未来和人们的行动展现出来。通过学习和接近神灵的仪式，祭司获得了马纳。演说家、诗人、教师、渔夫、独木舟建造者、房屋建造者和农夫的马纳通过自身的技艺展现出来。据说，不公正的统治者、不诚实的祭司、技术不熟练的工人等，由于自己的卑鄙行为失去了马纳，或者根本没有马纳。一些武器和工具也具有马纳。没有马纳的独木舟航行速度很慢，没有马纳的鱼钩钓不到鱼。对毛利人来说，溪流、山脉和湖泊都有马纳，因而成为美丽的地方，能够保护、慰藉和带好运给生活在其中的人们。

波利尼西亚人并没有区分我们现在所说的自然和超自然。对他们来说，世间万物，如神、人、动物、天体、岛屿、风、雨、岩石、山脉、山谷和海等，都是相关的，都是一代代的"天空之父"和"大地之母"的后裔。

波利尼西亚人的宗教承认神圣的、圣洁的、美好的事物与行为，以及邪恶的、普通的、低劣的事物和行为。为了标明差异并确保差异被人们接受，波利尼西亚人确立了塔普，即禁忌制度。酋长是塔普，因为酋长代表神圣的造物主。与崇拜有关的一切都是塔普。在一些岛屿上，酋长非常神圣，踩到酋长的影子可能意味着死亡。在波利尼西亚群岛，举行宗教仪式的场所都是塔普，除了专门负责仪式的人，其他人不能随意进入这些场所。宗教仪式是塔普。举行宗教仪式时，所有人必须停止劳作。将捕获的鱼敬奉给神明前，鱼一直是塔普。酋长或祭司如果想将一些东西占为己有，就会将这些东西标记为塔普。邪灵和不洁之物也是塔普，绝不能碰，否则会带来灾祸或导致死亡。一般来说，女性的地位低于男性。因此，塔普禁止女性享受男性可以自由享受的某些食物和乐趣。

波利尼西亚人崇拜的核心人物是集领袖和祭司职责于一身的酋长。人们认为，酋长是神生的，相信酋长代表神统治普通民众。通过酋长，人们可以接近诸神。而诸神也可以通过酋长对人们讲话。由于酋长与诸神关系密切，神圣的酋长能防止干旱、饥荒、农作物歉收和其他自然灾害。一旦灾难降临，人们就会认为是酋长的粗心或罪行导致的。因此，酋长必须聪明、强壮、慷慨，必须照顾好自己，人们必须确保自己的酋长过上安全、舒适的生活。从出生起，酋长就被视为神圣的。酋长享用特殊的食物，拥有特殊的伴侣，居住在特殊的地方。

在波利尼西亚群岛，各岛上酋长的地位不尽相同。一些岛上的酋长掌管着岛上所有人民和土地。酋长非常神圣，任何人不能碰酋长的身体和衣服，也不能进入酋长的房子。酋长走出房屋时，看见酋长的人必须停止工作，脱掉衣服，保持低头，直到酋长走过去。在其他一些岛上，酋长的权力相对较小；还有一些岛上的酋长只是首领，宗教仪式由祭司执行。

波利尼西亚人相信，肉体死亡后，人的灵魂仍然活着，并且有力量帮助或伤害自己的家人。人死后的灵魂仍然是活在世上的家族或部落的成员。在波利尼西亚群岛的一些地方，去世的人的一件遗物代表其灵魂，尤其是人的骨骸。死人的骨骸受到塔普保护。为了防止受到伤害，骨骸一般藏在山洞、岩洞或茂密的丛林中，或藏在任何人都无法进入的地方。很多波利尼西亚人的埋葬地点已经不为人知。波利尼西亚人的头部是身上最神圣的部位，一般藏在特殊地方受到特别保护。

波利尼西亚群岛的每座岛上都有祭神场所。一些岛上的祭神场所四周有封闭的围墙。祭神场所有祭司的房屋和举行仪式的地方，墙上和屋内有神像，近旁有供放祭牲骨头的地方。在夏威夷群岛，祭神场所被称为"海奥斯"，即神殿。在

"海奥斯"

第3章 波利尼西亚人的习俗和信仰

"海奥斯"里面举行仪式有许多目的，如准备战争、丰收后祭神，以及治愈统治者的疾病等。每个祭神场所都有不同形式的祈祷、颂歌和献祭。

波利尼西亚人相信，世界上存在一位地位高于其他所有神和酋长的神，毛利人称其为"伊欧"。伊欧非常神圣，只有祭司才能说出伊欧的名字，或者只有在远离人类的森林深处才能说出伊欧的名字。

在波利尼西亚群岛，虽然不同岛上的居民都是不同种族的后裔，但他们的习俗和信仰非常相似。一些不同岛上的居民甚至有共同的祖先。受人尊敬的英雄奥洛帕纳的后裔是毛利人和夏威夷人。毛利人和夏威夷人存有长达二十七代人的记录。

然而，正如英国、日本或美国的某个地区，人们说话的方式、使用的工具、玩的游戏等都存在差异，在波利尼西亚群岛，不同岛上的居民彼此不同。夏威夷群岛的"阿洛哈"、新西兰群岛的"阿啰哈"、马克萨斯群岛的"卡奥哈"和萨摩亚群岛的"阿洛法"都是问候词"你好"的不同变体。马克萨斯群岛和夏威夷群岛的房子是长方形的，萨摩亚群岛和汤加群岛的房子是椭圆形的。马克萨斯

汤加群岛的原住民与他们的房子

人和毛利人的房屋柱子是用木头凿刻而成的。在马克萨斯群岛、新西兰群岛和夏威夷群岛，独木舟是用原木凿成的。在塔希提岛、萨摩亚群岛和汤加群岛，独木舟是用木板建造的。在不同的岛屿上，石扁斧、芋粉酱捣杵和石像的形状各不相同。在塔希提岛、萨摩亚群岛和汤加群岛，有腿的木碗很常见，但在夏威夷群岛很少见，在马克萨斯群岛根本找不到。在战争中，所有波利尼西亚人都使用矛、棍棒和弹弓。但在汤加群岛，弓箭是人们的主要武器。各岛上的居民几乎都使用螺号、鼻笛和鼓，但只有新西兰群岛和马克萨斯群岛上的居民使用木制喇叭。弓琴是夏威夷群岛和马克萨斯群岛居民的重要乐器。

波利尼西亚人喜欢拳击、摔跤和投掷飞镖。除了汤加人，所有波利尼西亚人都使用冲浪板。放风筝主要是毛利人儿童玩的游戏。用乌卢梅卡石球滚球、沿山坡滑下是夏威夷人玩的游戏。除了毛利人，所有波利尼西亚人都制作塔帕布，但使用的工具和压印或涂画在布上的图案不同。在波利尼西亚所有岛屿上，羽毛常被用来做衣服或装饰品，但制作方式不同。只有新西兰人和夏威夷人会缝制羽毛斗篷。波利尼西亚人都会用木头雕刻艺术品，但只有马克萨斯群岛和新西兰群岛的居民看重木雕艺术。在雕刻、绘画和岩画中，波利尼西亚人表现人类形象的方法不尽相同。马克萨斯人和毛利人喜欢吃人肉，并且将其他部落人的头颅作为装饰品保存。塔希提人、萨摩亚人和汤加人会猎杀其他部落的人，但不会保存头颅。夏威夷人不吃人肉，也不猎取头颅。每座岛屿的埋葬习俗也不一样。马克萨斯群岛和新西兰群岛设有常规学校。在波利尼西亚群岛的其他地方，教育还没有起步。

在人类尚未踏足波利尼西亚群岛前的数千年中，夏威夷群岛一直被植被覆盖，被珊瑚礁环绕。在人类出现前，夏威夷群岛可能已经存在。如果知道谁最早看到了冒纳罗亚山、哈雷阿卡拉火山、努阿努帕里大风口或怀梅阿峡谷，知道这个人来到夏威夷群岛的方式及前来原因，那么一定很有趣。然而，人类发现夏威夷群岛的日期、发现者的名字，以及发现者从何而来等，将永远不为人知。

据传，第一批定居夏威夷群岛的人是一小群波利尼西亚人，可能是乘独木舟来的。约500年，第一批夏威夷人到达了夏威夷群岛。此后六百多年中，他们及其后裔也许是夏威夷群岛的唯一居民。后来，更多移民来到了夏威夷群岛。1100年到1250年，新移民陆续从马克萨斯群岛、塔希提岛和萨摩亚群岛来到夏威夷群岛。

根据夏威夷群岛的传说，新移民的首领是帕奥。约1125年，帕奥带领三十八个人，包括他的亲戚和随从，从萨摩亚群岛或塔希提岛来到了普纳。事实上，帕奥等人精心准备了结实的船，储备了大量食物。他们中有一名领航员、一名航海家和一名天文学家。这些准备表明，帕奥试图找到一个新居住地。但没有证据证明帕奥事先知道夏威夷群岛的存在，他可能是偶然发现夏威夷群岛的。从1125年到1778年詹姆斯·库克重新发现夏威夷群岛，夏威夷群岛上一直没有出现过新移民。

因此，五百多年来，夏威夷群岛的居民可能一直与太平洋岛屿上的其他民族隔绝。约二十代人的时间里，夏威夷人的生活方式和其他岛上的波利尼西亚人非常相像，但由于没有与居住在遥远岛屿上的亲戚保持联系，夏威夷人开始有了不同于其他波利尼西亚人的习俗和信仰，以及不同类型的社会组织形式、颂歌和故事等。

第4章

詹姆斯·库克发现夏威夷群岛

精彩看点

寻找西北航道——詹姆斯·库克——发现夏威夷群岛——詹姆斯·库克第二次到访夏威夷群岛——詹姆斯·库克被奉为神——令人不快的事情——詹姆斯·库克之死

过去，没有人知道夏威夷群岛。直到18世纪中叶后，欧洲、美洲和亚洲的文明世界才发现了夏威夷群岛。我们有理由假定，16世纪或17世纪，几位西班牙水手或荷兰水手登上了夏威夷群岛，但他们没有将关于夏威夷群岛的信息带到欧洲。

事实上，当时，人们对太平洋、太平洋沿岸的陆地及其岛屿知之甚少。地理学家和科学家们有许多奇怪的想法。其中一种观点认为，北美洲有一条海峡，可以从欧洲直接航行到日本、中国和印度，而不必绕非洲或南美洲长途航行。很多人认为，找到北美洲的海峡非常重要，于是派许多探险队前去寻找。英格兰人对探索北美洲的海峡很感兴趣，因为找到北欧到亚洲的捷径将使英格兰人获得最大利益。领导探险队的欧洲探险家有马丁·弗罗比舍、约翰·戴维斯、亨利·哈德森和威廉·巴芬等。现在，美国北部海岸的地图上依然可以找到这些人的名字。欧洲探险家们试图找到大西洋一侧的海峡入口。后来，英格兰人决定派一支探险队进入太平洋，寻找北美洲的海峡。詹姆斯·库克被选中负责此次探险。

1728年，詹姆斯·库克出生在一个贫苦家庭。年幼时，他在英格兰东海岸的一家船运公司当学徒，开始了水手生涯。年轻的詹姆斯·库克勤奋好学，有幸获得了一次学习和获得航海经验的机会。很快，他晋升为商船队的大副。1755年，詹姆斯·库克自愿加入英格兰海军，成为一名普通海员并很快被提拔为大副。接下来的几年中，詹姆斯·库克驾驶过不同的船。在法印战争中，他前往美洲服役。

1763年到1767年，他一直在勘测纽芬兰海岸。1768年，他被任命为探险队指挥官，前往塔希提岛观察金星凌日，然后探索南太平洋。于是，在太平洋和南半球，他开始了一段历时十年的探险经历。在海洋发现史上，詹姆斯·库克享有盛誉。

在第三次探险中，詹姆斯·库克接到的命令是先前往社会群岛，然后在北纬45°的地方调转航向，前往美洲海岸，接着沿美洲海岸向北行驶，寻找所谓的海峡。根据命令，1777年12月月初，詹姆斯·库克指挥"决心"号和"发现"号，从社会群岛的波拉波拉岛出发，向北航行。1778年1月18日黎明时分，詹姆斯·库克在船的东北侧发现了一座岛屿。不久，他在这座岛屿的西面发现了另一座岛屿。这两座岛屿就是瓦胡岛和瓦胡岛。1778年1月19日，当詹姆斯·库克指挥的船接近瓦胡岛海岸时，几叶独木舟驶出来迎接他们。詹姆斯·库克写道："每叶舟上有三到六人。独木舟靠近时，我们竟然惊奇地发现，独木舟上的人说的是塔希提

航行中的"决心"号

岛和我们刚刚到访过的其他岛上的语言。我们说了几句话后，独木舟驶了过来，但独木舟上的人无论如何都不愿意上我们的船。我们将一些铜质奖章绑在绳子上，送给了独木舟上的人。作为交换，独木舟上的人将一些小鲭鱼绑在绳子上送给了我们。随后，我们给了独木舟上的人一些小钉子和铁片。作为交换，独木舟上的人给了我们更多鱼和一个甘薯。这是一个明确的信号，表明独木舟上的人有物物交换的观念，或者至少有礼尚往来的观念。"

詹姆斯·库克的船绕瓦胡岛缓慢航行，然后停在了怀梅阿湾。接下来的几天，瓦胡岛上的居民近距离观察了来自海上的陌生客人。在航海记录中，詹姆斯·库克谈到了瓦胡岛居民的惊讶表情和对铁的兴趣。这两点清楚反映在夏威夷人对这一事件的描述中："在瓦胡岛的怀梅阿湾，洛诺神①第一次到来……晚上，洛诺神到了怀梅阿湾。天亮时，岸上的本地人看到了一个奇妙的东西，发出了巨大的惊叹声。一个人对另一个人说：'那个像长树枝的大东西是什么？'另一个人回答：'是滑入大海的森林。'人们议论纷纷，热烈地讨论着。于是，酋长命令一些人乘独木舟前去察看那个奇妙的东西。他们去了，到了船跟前，看见了贴附在船外面的铁，非常欣喜，因为他们看见了很多铁。"

1778年2月2日之前，詹姆斯·库克的船一直留在瓦胡岛和尼豪岛沿岸。英格兰水手忙着给水桶装水，同时与岛民做生意，用小件饰品和铁片换了大量猪、山药和其他食物。为了纪念自己的朋友兼赞助人桑威奇伯爵约翰·蒙塔古，詹姆斯·库克将整座群岛命名为桑威奇群岛②。最后，詹姆斯·库克航行到了美洲西北海岸，但没有看到东南方向的三座大岛。

1778年11月，詹姆斯·库克试图前往夏威夷群岛过冬。途中，他首先看到了毛伊岛。与瓦胡岛和尼豪岛上的居民一样，毛伊岛上的居民表现出了同样的交易意愿。确实，詹姆斯·库克发现，他上次到访的事情已经传遍夏威夷群岛。夏威夷群岛上的统治者卡拉尼奥普乌和一群随从，包括卡美哈梅哈，都来到了毛伊

---

① 洛诺神是夏威夷古代神话中掌管生育、农业、降雨、音乐与和平的神，是在世界被创造之前就存在的四位神之一，其余三位神是库神、凯恩神和卡纳罗阿神。
② 桑威奇群岛是詹姆斯·库克发现夏威夷群岛时，为夏威夷群岛起的名字。为了避免混淆，后文都用夏威夷群岛。

岛海岸附近。詹姆斯·库克花了近两个月时间,沿毛伊岛和夏威夷群岛的海岸航行,但一直没有登陆,尽管期间为了获得补给进行了几次海上易货贸易。1779年1月中旬,詹姆斯·库克率船绕夏威夷群岛南部航行。1779年1月17日,詹姆斯·库克的船在凯阿拉凯夸湾抛锚,随后立即被一群独木舟包围。詹姆斯·库克写道:"除了乘独木舟来到我们旁边的人,整个凯阿拉凯夸湾岸边布满了围观的人,几百条独木舟像鱼群一样围着我们的船周围游来游去。"

几位酋长和一位祭司立刻拜访了詹姆斯·库克的船,并且正式向詹姆斯·库克表示了敬意。一上岸,詹姆斯·库克就受到了酋长和岛民们的膜拜,随后被领到了祭神场所。岛民们通过隆重的仪式承认詹姆斯·库克是神。毫无疑问,一开始,詹姆斯·库克就被视为洛诺的化身,尽管英格兰人似乎并不了解这一事实。

1779年1月18日,詹姆斯·库克命人卸下了船上的天文仪器,将天文仪器放在一块被当地祭司设为禁地的甘薯地里。一部分水手上岸给水桶里装水,其他水手负责检修船。岛民们饶有兴趣地观察着水手们的一举一动,有时还会帮助水手们,并且陆续登上了詹姆斯·库克指挥的大船,每天运送大量猪和蔬菜上船。1779年1月25日,卡拉尼奥普乌从毛伊岛来到凯阿拉凯夸湾,以王者风范向詹姆斯·库克致意,并送给詹姆斯·库克一件华丽的羽衣斗篷和一个头盔作为礼物。随后,岛民们为客人提供了娱乐活动,包括拳击比赛和摔跤比赛。作为回报,詹姆斯·库克命人为岛民们表演烟火。

其间,英格兰人和夏威夷人之间的关系总体上非常融洽,卡拉尼奥普乌和詹姆斯·库克的关系尤其如此。在岸上指挥水手的詹姆斯·金也深受岛民们的欢迎。尽管如此,还是发生了一些令人不快的事情,部分是由于英格兰人的专横行为,部分是由于一些岛民随意拿走别人东西的习惯,但更多的是彼此对对方语言、习俗和习惯不了解导致的误解。也有可能是一些岛民产生了怀疑,认为詹姆斯·库克不是神。但双方负责人努力避免了冲突。1779年2月4日,詹姆斯·库克和詹姆斯·金收到卡拉尼奥普乌价值不菲的礼物后,乘船离开了。

1779年2月11日,詹姆斯·库克率船回到了凯阿拉凯夸湾。他的一艘船上的桅杆出现了裂痕,必须上岸修理。然而,詹姆斯·库克没有像之前那样受到岛民们的热情接待。很快,夏威夷人与英格兰人之间爆发了激烈的争吵。最后,1779年2月13日夜晚,岛民们拖走了詹姆斯·库克的一艘船,将船运到了凯阿拉凯夸湾的另一个地方,并且为了得到钉子将船砸成了碎片。1779年2月14日早上,詹姆斯·库克觉得事情很严重,采取了强硬措施,试图找回丢失的船。他首先封锁了凯阿拉凯夸湾,然后上岸到当地人的村落,目的是说服或迫使卡拉尼奥普乌登上"决心"号并留在船上,直到岛民们归还另一艘船或得到满意赔偿。在南太平洋,他曾使用过这种方法,并且从未失败过。起初,詹姆斯·库克的计划似乎会

卡拉尼奥普乌与他的部下

成功，但卡拉尼奥普乌的妻子和几位酋长劝说卡拉尼奥普乌待在岸上。卡拉尼奥普乌犹豫了。

很快，英格兰人和夏威夷人发生了争吵，最后动起手来。与此同时，在不知道封锁的情况下，一位酋长进入了凯阿拉凯夸湾另一边，被英格兰水手开枪打死了。消息很快传到了詹姆斯·库克所在的地方。岛民们包围了詹姆斯·库克。一位酋长"用一只有力的手抓住詹姆斯·库克，但只是想抓住他，并不是要杀人，因

一位酋长抓住詹姆斯·库克

詹姆斯·库克被夏威夷人杀害

为酋长认为,詹姆斯·库克是神,不可能死。詹姆斯·库克挣扎着要脱身,在快要跌倒的时候,发出了一声呻吟。岛民们立刻喊叫起来:'这个人呻吟!他不是神!'随后,岛民们立即杀死了詹姆斯·库克"。

在这起不幸事件中,除了詹姆斯·库克,还有四名英格兰水手和约二十个岛民丧生。岛民们带走了詹姆斯·库克和四名英格兰水手的尸体,然后按照夏威夷人的习俗处置了尸体。詹姆斯·库克的尸骨被分配给了各酋长和祭司们。

尽管发生了悲剧,但继任船长查尔斯·克拉克试图与夏威夷人和解,找回被杀害的詹姆斯·库克和英格兰水手的尸体。查尔斯·克拉克的努力成功了。虽然英格兰水手渴望复仇,但复仇会让局面无法控制。在第一次愤怒平息后,除了极少数夏威夷人,其他人似乎都真心悔过自己的所作所为,尽其所能恢复了双方先前的友好关系。查尔斯·克拉克寻回了詹姆斯·库克的大部分尸骨。1779年2月21日,他将詹姆斯·库克埋葬在了凯阿拉凯夸湾水下。葬礼仪式令人印象深刻,夏威夷人特地将詹姆斯·库克下葬的海湾设为禁忌之地。

1779年2月22日，查尔斯·克拉克做好了出发前的最后准备。当天晚上，"决心"号驶出了凯阿拉凯夸湾。查尔斯·克拉克写道："许多岛民聚集在岸上，我们经过时，他们满怀深情和善意地接受了我们最后的告别。"在瓦胡岛和瓦胡岛短暂停留后，"决心"号继续向北方航行，试图完成在大西洋的探索。

第 5 章

卡美哈梅哈成为夏威夷群岛的莫伊

精彩看点

过渡时期——卡美哈梅哈的重要性——卡美哈梅哈的出生与早期生活——战神的守护者——莫阔亥战役——争夺霸权——"碎桨法令"——外国人的援助——凯欧阿的部分军队被火山摧毁——普乌可霍拉神殿——凯欧阿之死

詹姆斯·库克发现夏威夷群岛时，夏威夷群岛分别由四位莫伊①统治。其中，最重要的莫伊是夏威夷岛的卡拉尼奥普乌和毛伊岛的卡赫基利一世。接下来的二十五年中，夏威夷群岛发生了一系列战争和谈判。通过战争和谈判，除了瓦胡岛，夏威夷群岛成了一个统一的王国，由卡拉尼奥普乌的侄子——卡美哈梅哈统治。这一时期，很多外国人来到夏威夷群岛，夏威夷人开始与欧洲和美洲建立了关系。

卡美哈梅哈的一生经历了夏威夷群岛的过渡时期。这段时期始于古代，终结于夏威夷王国的稳固期。从卡美哈梅哈的经历中，我们可以隐约看到夏威夷人的早期历史，同时展望夏威夷群岛的光明前景。卡美哈梅哈是夏威夷人的英雄。他成为英雄的部分原因是夏威夷岛的战略位置，但更多的是由于他与生俱来的力量和智慧。卡美哈梅哈建立了现代夏威夷王国②。他在欧洲和美洲人心中留下了深刻印象，他的品格对夏威夷王国的建立产生了重要影响。

约1737年的一个冬季夜晚，在夏威夷岛的科哈拉，狂风大作，暴雨骤至。在这样一个适合伟大人物出生的夜晚，卡美哈梅哈出生。卡美哈梅哈的具体出生日期无法确定。他的父母出身高贵。但他一出生就离开了母亲，被迫与父母分隔

---

① 莫伊即统治者。——原注
② 1810年，经过一场血腥战争，夏威夷群岛统一，卡美哈梅哈建立了夏威夷王国。1842年，美国首先承认夏威夷王国。1894年，夏威夷王国被夏威夷共和国取代。1898年，夏威夷共和国并入美国，成为美国的一个自治政区。

卡美哈梅哈

两地。他五岁时，被送回了夏威夷岛统治者阿拉帕努伊身边，随后在阿拉帕努伊身边长大。人们对卡美哈梅哈的青年时代所知不多，但可以肯定的是，卡美哈梅哈青年时期受到的训练使他后来取得了很高的军事成就。当时，卡美哈梅哈受到了著名战士凯库霍皮奥的教导。阿拉帕努伊经常带兵打仗。因此，年轻的卡美哈梅哈很可能从小就开始参加战争。

阿拉帕努伊生前，卡美哈梅哈一直生活在他身边。后来，卡美哈梅哈追随叔叔卡拉尼奥普乌南征北战。约1755年，卡拉尼奥普乌继承了夏威夷岛的统治权。1765年，卡赫基利一世成为毛伊岛的莫伊。卡拉尼奥普乌和卡赫基利一世野心勃勃、天生好战。正是在一场两者间的战争中，我们第一次清楚看到了作为战士的卡美哈梅哈。据说，约1775年，在毛伊岛战役中，卡美哈梅哈凭借自身的力量、作战技巧和勇气，将卡拉尼奥普乌从绝境中拯救了出来。

几年后，詹姆斯·库克到访夏威夷群岛。在英格兰人的船上，卡美哈梅哈待了几个小时。当时，卡美哈梅哈已经四十岁。多次见过卡美哈梅哈的詹姆斯·金说，卡美哈梅哈是他见过"最野蛮的人"。

詹姆斯·库克去世后一两年，在威庇欧，卡拉尼奥普乌召开了会议，宣布他的儿子基瓦劳为他的继承人，同时将战神库凯里莫库的守护权给了卡美哈梅哈。此

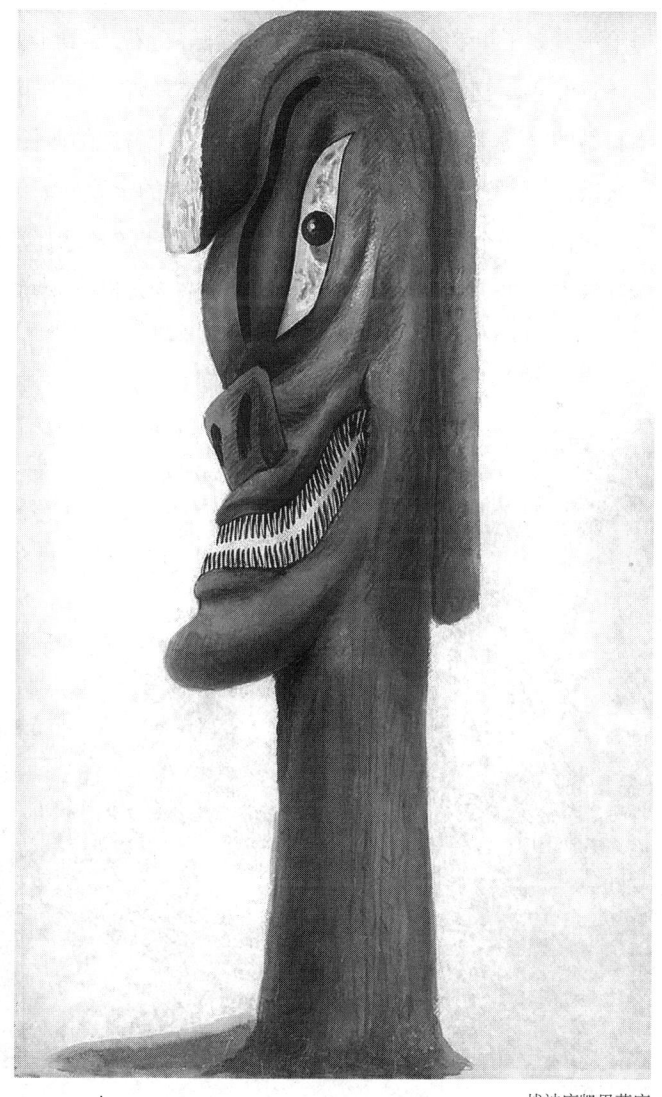

战神库凯里莫库

后不久，发生了一件事，似乎预示着基瓦劳和卡美哈梅哈之间的战争。夏威夷岛的岛民俘获了普纳的一个反叛酋长，决定将此人献祭。作为夏威夷岛的继承人，基瓦劳本来打算主持献祭仪式。但正当他准备敬献猪和水果的时候，卡美哈梅哈抓住了被俘的酋长，并且将其作为供品献上。虽然现在的人们给出了各种理由为卡美哈梅哈辩解，但当时，卡美哈梅哈的做法的确引起了巨大轰动。卡拉尼奥普乌建议卡美哈梅哈离开一段时间，但仍然守护战神库凯里莫库。因此，卡美哈梅哈带着妻子和弟弟回到了科哈拉，静静等待着，直到卡拉尼奥普乌去世。

1782年年初，卡拉尼奥普乌去世。没过多久，卡拉尼奥普乌的尸体被送到了南科纳的哈勒奥基韦，准备下葬。夏威夷岛上各地的酋长都来了，向死去的统治者致敬，并且按照惯例出席了新莫伊基瓦劳的土地分配仪式。基瓦劳的住所在夏威夷岛上一个叫卡乌的地方。他似乎受到了叔叔基瓦沃希利的影响。基瓦沃希利精力充沛，是夏威夷岛希洛地区的酋长。因此，科纳的酋长们担心在分配土

哈勒奥基韦

地时，自己会受到不公平待遇，其中五位酋长决定共同保护自己的利益，并且说服了卡美哈梅哈做他们的领袖。五位酋长分别是卡美哈梅哈的兵法老师凯库霍皮奥、基奥莫库、卡米亚莫库、卡马纳瓦和克阿韦阿胡鲁。从那时起，这几位酋长成了卡美哈梅哈的坚定支持者。

事态的发展如同几位酋长担心的那样，科纳的其他酋长们一直保持沉默，直到基瓦劳的弟弟凯欧阿对卡美哈梅哈的一些追随者发起攻击。很快，基瓦劳的军队和卡美哈梅哈的军队起了冲突，并且卡美哈梅哈的军队取得了胜利。基瓦劳被杀后，基瓦劳的叔叔基瓦沃希利被俘，但很快逃脱，并回到了希洛。

后来，此次冲突被称为莫阔亥战役，是卡美哈梅哈崛起的重要一步。莫阔亥战役后，夏威夷岛分裂为三部分，分别是卡美哈梅哈控制的科纳、科哈拉和哈玛库亚地区，基瓦劳的弟弟凯欧阿控制的卡乌，基瓦沃希利控制的希洛和普纳。

接下来的十年中，卡美哈梅哈进行了一场艰苦卓绝的战争，一直保持着自己的优势，进一步控制了夏威夷岛的其他地区和夏威夷群岛的其他岛屿。他的主要对手是凯欧阿和基瓦沃希利，以及夏威夷群岛西北部的毛伊岛统治者卡赫基利一世。这几位都是杰出的领导人，几乎和卡美哈梅哈一样强大。

起初，卡美哈梅哈袭击了希洛地区，但被基瓦沃希利打败。返回夏威夷岛北部后，卡美哈梅哈停在劳帕霍霍休整军队。一天，他乘战船从劳帕霍霍出发，试图袭击普纳海岸。独木舟向南疾驶时，卡美哈梅哈看到海滩上有一些渔民。于是，他独自跳上岸，前去攻击渔民。渔民们逃走了。卡美哈梅哈追赶渔民时，不慎将脚滑进了火山岩裂缝中，无法挣脱。一个渔民看见卡美哈梅哈被困住了，立即返回去用船桨打卡美哈梅哈的头。船桨很快成了碎片。渔民们逃走了。卡美哈梅哈挣脱后，回到了独木舟上。

后来，涉事的渔民被抓住并被带到了卡美哈梅哈面前。卡美哈梅哈不仅饶恕了涉事渔民，还给了他们每人一块土地，说自己攻击无辜的人是错误的。过了几年，卡美哈梅哈颁布了一条法令，旨在"确保路上的老人、男人、女人和小孩可以安全地躺在路边休息"，这就是著名的"碎桨法令"。

与此同时，外国贸易船开始造访夏威夷群岛。夏威夷群岛的酋长们纷纷从外国贸易船上购买枪支弹药和其他有助于作战的物品,还得到了几个外国人的帮助。一些外国人长期生活在夏威夷群岛的一些岛上。卡美哈梅哈的领土处在有利位置,获得了比其他酋长更多的援助,占据了巨大优势。

几年后,卡美哈梅哈和基瓦沃希利和解。基瓦沃希利派军帮助卡美哈梅哈攻击毛伊岛和瓦胡岛。凯欧阿非常愤怒,向希洛地区发起进攻。基瓦沃希利战败被杀。随后,凯欧阿入侵卡美哈梅哈的领地,劫掠威庇欧和怀梅阿地区。卡美哈梅哈立即返回夏威夷岛,将凯欧阿赶了出去。凯欧阿率军返回卡乌。1790年,凯欧阿的军队经过基拉韦厄时,火山爆发,约三分之一的士兵及其家人在火山灰烬和烟雾中丧生。许多人将这起事件视为火神佩莱站在卡美哈梅哈一边的证据。

1790年,基拉韦厄火山爆发摧毁了凯欧阿的部分军队。历史上,基拉韦厄火山仅仅爆发过两次,分别是1790年和1924年。

战争仍在继续。凯欧阿依然十分强大。在原有领地基础上,凯欧阿占领了基瓦沃希利的领地。因此,夏威夷岛几乎被凯欧阿和卡美哈梅哈平分。与此同时,卡美哈梅哈派一位使者前去拜访瓦胡岛著名的占卜师,试图找到夺得夏威夷岛统治权的办法。占卜师回答,卡美哈梅哈必须在卡韦哈伊岛的普乌可霍拉建一座神殿。于是,卡美哈梅哈将注意力转到了建造神殿上。"最高级别的酋长和普通百姓并肩工作,卡美哈梅哈亲自带头,往神殿所在地搬运石头。然而,卡美哈梅哈最喜欢的弟弟凯利迈凯是一个例外。"大家不准凯利迈凯在神殿所在地干活,因为按照传统,必须有一位首领不受卑贱劳动的污染,以确保宗教仪式正常进行。

普乌可霍拉神殿完工后,卡美哈梅哈的两位主要支持者克阿韦阿胡鲁和卡马纳瓦来到了凯欧阿的领地卡乌。虽然凯欧阿的追随者建议将克阿韦阿胡鲁和卡马纳瓦杀了,但克阿韦阿胡鲁和卡马纳瓦受到了凯欧阿的款待。克阿韦阿胡鲁和卡马纳瓦称,此次来访是劝凯欧阿到科纳与卡美哈梅哈和解。凯欧阿回答:"让战争结束吧!我同意了。我们去科纳。"

双体独木舟已经准备好。前往卡韦哈伊岛的航行开始了。一路上,凯欧阿停下来休息了好几次。最后一次休息时,凯欧阿沐浴以准备迎接即将到来的一切。他似乎已经预感到等待自己的命运。

火神佩莱

当凯欧阿一行人靠近卡韦哈伊岛岸边时,基奥莫库和一些士兵前来迎接凯欧阿等人。凯欧阿看见卡美哈梅哈站在远处,于是喊道:"我在这儿。"

卡美哈梅哈回答道:"上来,到这里来,我们一决高下。"凯欧阿准备上岸时,基奥莫库用长矛射中了凯欧阿。受伤的凯欧阿挣扎了一会儿就死了。凯欧阿所有的亲信都被杀了。随后,卡美哈梅哈结束了杀戮。被杀的人成了普乌可霍拉神殿祭坛上的祭品。

1791年夏天,凯欧阿被杀。他的领地立即被卡美哈梅哈控制。此后,卡美哈梅哈成了夏威夷岛无可争议的莫伊,同时朝着控制整个夏威夷群岛的目标迈出了一大步。

第 6 章

皮毛商和探险家

精彩看点

皮毛贸易——夏威夷群岛的商人——约翰·米尔斯和凯亚纳——第一批美国船——"奥洛瓦卢屠杀"——乔治·温哥华

詹姆斯·库克最后一次航行的最大收获是偶然发现了中国和美洲西北海岸之间的皮毛贸易。这一情况传入欧洲后，欧洲主要海洋国家的商人涌入太平洋，开始从事皮毛贸易。欧洲商人对美洲西海岸产生了极大兴趣。俄罗斯帝国占领了阿拉斯加。大不列颠王国①和西班牙的探险队前去探索美洲海岸，并在战略要地建立了定居点。欧洲各国在美洲的竞争导致了战争。美国、法兰西王国、大不列颠王国和俄罗斯帝国的贸易船访问了从阿拉斯加到加利福尼亚的所有海岸地区，购买当地皮毛售往中国，从中获得了巨额利润。在横渡太平洋的途中，很多欧洲贸易船和探险船造访了夏威夷群岛。

　　起初，夏威夷群岛因皮毛贸易闻名于世，并且在商业世界中占有重要地位。夏威夷群岛的地理位置非常优越，是往返于美洲海岸的各类船的停泊点。夏威夷群岛上丰富的自然资源和温暖的气候使其成为商人们休息和获取补给的理想场所。经常有船来夏威夷群岛过冬。1792年，一名拜访了夏威夷群岛的英格兰人写道："这些岛屿是多么令人愉快的发现啊！如果没有夏威夷群岛为商人们提供食物，让他们在这里过冬，美洲的皮毛贸易将会怎样呢？一艘贩卖皮毛的船仅需储备可以航行到夏威夷群岛的食物即可，因为夏威夷群岛上有大量猪肉和腌制猪肉的盐，还有代替面包的山药。"

---

① 1707年，英格兰和苏格兰合并为大不列颠王国，直到《1800年联合法案》通过后，大不列颠王国与爱尔兰王国合并。1801年，大不列颠王国被大不列颠与爱尔兰联合王国取代。

除了猪肉和山药，欧洲商人们还购买了夏威夷群岛上的其他产品，如甘蔗、椰子、芋头、芭蕉、甜瓜、盐、木材、淡水、葫芦、席子、羽衣和头盔，以及其他天然产品和制成品等。作为交换，欧洲商人们为夏威夷人提供了钉子、刀和其他铁制品。夏威夷人非常渴望得到铁制品，因为夏威夷群岛上没有金属。在夏威夷群岛上，各种各样的器具、布料和船舶用品也很抢手。

随着时间的推移，夏威夷人逐渐了解了不同物品的价值，开始拒绝用粮食换取以前他们乐意接受的一些小东西。1798年，一位拜访夏威夷群岛的商人描述了他与卡美哈梅哈达成的交易。他写道："我们达成了交易，我付钱买了四十五头猪，以及很多甘蔗和蔬菜。这些东西能放满与罗经柜①平行的后甲板，堆起来与甲板栏杆一样高。我们用一桶面粉换了十二头猪，用一桶沥青换了十头猪，用一个大沥青壶换了十一头猪，用帆布、大米、滑轮和索具付了余额。"1804年6月，一艘俄罗斯船造访了夏威夷群岛。俄罗斯船长写道："目前的一切都是珍贵的，因为这些海域有许多美国船。美国船总是停靠在夏威夷群岛，品尝岛上的食物。"俄罗斯船长还说，"在过去一年中，至少有十八艘不同的船到过凯阿拉凯夸湾。"

夏威夷群岛的酋长们注意到了欧洲商人手中的武器，非常渴望得到这些武器。许多欧洲商人向夏威夷人售卖火枪、大炮和弹药，鼓动夏威夷群岛的酋长们发动极具破坏性的岛际战争。

有时，一些白人军官和水手离开船，到夏威夷群岛的某座岛上定居。大多数白人为不同的夏威夷酋长服务，针对与外国人的关系为夏威夷酋长们提供建议，帮助处理当地事务。白人大多品性不好，对夏威夷人产生了不良影响。但后来，其中一些白人成了夏威夷人真正的朋友。

第一批访问夏威夷群岛的欧洲皮毛商中，有一位叫约翰·米尔斯的英格兰人。1787年秋，约翰·米尔斯来到夏威夷群岛，逗留了一个月。随后，他启程前往中国，并且带上了夏威夷酋长凯亚纳。凯亚纳十分想看看外面的世界。他身材魁梧，长相英俊，在中国广州受到了广泛关注。中国人送给凯亚纳许多物品，以为

---

① 罗经柜是位于船舵附近用于放置和保护船上罗经的柜子。

这些物品会在凯亚纳的家乡派上用场。约三个月后，约翰·米尔斯出发去了美洲海岸，带着凯亚纳和另外三个乘贸易船到过中国的夏威夷人。在这次航行中，凯亚纳到访了从阿拉斯加到温哥华岛的美洲海岸，于1788年12月回到了夏威夷群岛。随后，凯亚纳归附卡美哈梅哈，担任了好几年酋长，政绩卓著。

除了凯亚纳，还有许多夏威夷人乘贸易船去了中国、美洲海岸，甚至英国和美国。不久，人们发现夏威夷人是天生的水手。因此，许多夏威夷人得到了欧洲船主的雇用。

1789年到1790年冬，四艘美国船访问了夏威夷群岛。最早到达夏威夷群岛的美国船是"哥伦比亚"号，由罗伯特·格雷船长指挥。"哥伦比亚"号是第一艘环球航行的美国船。第二艘到访夏威夷群岛的美国船是"华盛顿夫人"号，由约翰·肯德里克船长指挥。后来，"华盛顿夫人"号多次造访夏威夷群岛。约翰·肯德里克船长与夏威夷酋长们很熟，主要向夏威夷酋长出售枪支和弹药。另外两艘到访夏威夷群岛的美国船是"埃莉诺拉"号和"美国公平"号。

"埃莉诺拉"号和"美国公平"号由西蒙·梅特卡夫船长和他约十八岁的儿子指挥。这两艘船一直在美洲海岸从事皮毛贸易。1789年秋末，"埃莉诺拉"号航行到夏威夷群岛过冬。在夏威夷群岛停留一段时间后，1790年2月1号，西蒙·梅特卡夫船长前往毛伊岛。在到达毛伊岛后的一天晚上，当地岛民偷走了"埃莉诺拉"号上的一艘小船，并且杀死了一名在小船上睡觉的水手。还有一些岛民企图揭掉船底的铜，使船沉没。作为惩罚，西蒙·梅特卡夫船长向岛民发起了攻击，烧毁了村庄。几天后，一位夏威夷酋长登上了"埃莉诺拉"号，提出愿意将小船和死去的水手送回来，但要得到一定报酬。过了几天，这位酋长带来了水手的尸骨和小船的龙骨，要求得到报酬，并要求西蒙·梅特卡夫船长继续像往常一样与当地人做生意。西蒙·梅特卡夫船长同意了。但有一天，毛伊岛的许多岛民乘独木舟出来交易时，西蒙·梅特卡夫船长向岛民们全力射击。枪里装的是球星弹、葡萄弹和钉子。一场可怕的屠杀开始了。一百多岛民惨死，许多岛民受伤。随后，"埃莉诺拉"号驶往凯阿拉凯夸海湾。这起事件被称为"奥洛瓦卢屠杀"。

几天后，西蒙·梅特卡夫船长的儿子指挥"美国公平"号抵达夏威夷岛海岸。"美国公平"号很小，船上只有六个人。曾被西蒙·梅特卡夫鞭打过的一位夏威夷酋长计划夺取"美国公平"号。计划进展很顺利，除了一个人，"美国公平"号上的其他人都被杀了。身受重伤但逃了出来的人是艾萨克·戴维斯。当时，夏威夷岛上还有其他白人。"埃莉诺拉"号的水手约翰·扬上岸去拜访夏威夷岛。卡美哈梅哈担心西蒙·梅特卡夫船长得知儿子的死讯及"美国公平"号的遭遇后会采取可怕的报复行动，就将约翰·扬留在了夏威夷岛上。后来，西蒙·梅特卡夫只好独自出海，并不知道"美国公平"号已经出事。

卡美哈梅哈没有参与夺取"美国公平"号的事件，他立即将约翰·扬和艾萨克·戴维斯保护了起来。约翰·扬和艾萨克·戴维斯几次试图逃跑，但都没有成功。很快，他们接受了现状。卡美哈梅哈对约翰·扬和艾萨克·戴维斯很友好。约翰·扬和艾萨克·戴维斯成了卡美哈梅哈真正的朋友，以及睿智忠实的顾问。最后，他们被任命为酋长，并且担任了重要职务。

与此同时，乔治·温哥华三次访问夏威夷群岛。由于皮毛贸易，西班牙和大不列颠王国因美洲西海岸发生了争执，差点儿爆发战争。最后，双方签订了条约。大不列颠王国派曾经参与过詹姆斯·库克最后一次航行的乔治·温哥华前往美洲西海岸，去执行与西班牙签订的条约。乔治·温哥华仔细考察了从阿拉斯加到加利福尼亚的海岸，继续寻找詹姆斯·库克没有找到的太平洋与大西洋之间的通道。他接到指示在夏威夷群岛过冬并完成对该群岛的调查。乔治·温哥华指挥的两艘船是"发现"号和"查塔姆"号。后来，补给船"代达罗斯"号来到夏威夷群岛。

1792年3月1日，乔治·温哥华到达夏威夷岛海岸。在凯亚纳的保护下，一个曾经被"发现"号带到英格兰的夏威夷人登上了夏威夷岛。另一个曾经在皮毛贸易船上待过的夏威夷人被带到"发现"号上担任口译。在夏威夷岛海岸待了几天后，乔治·温哥华没有见到卡美哈梅哈，于是继续前往其他岛屿。在瓦胡岛短暂停留后，乔治·温哥华又在瓦胡岛停留了较长时间。瓦胡岛统治者十二岁的儿子考穆阿利伊拜访了乔治·温哥华。在夏威夷群岛，乔治·温哥华对夏威夷人非常友好，送给夏威夷酋长们各种植物种子，但拒绝送枪支或弹药给夏威夷酋长们。

乔治·温哥华离开瓦胡岛约六个星期后，理查德·赫格特船长指挥的"代达罗斯"号抵达瓦胡岛的怀梅阿湾，目的是补给用水。在装水过程中，"代达罗斯"号上的水手遭到当地人袭击，理查德·赫格特船长和另外两名水手被杀死。随后，"代达罗斯"号前往美洲海岸与"发现"号和"查塔姆"号会合。

1793年，乔治·温哥华再次拜访夏威夷群岛。1793年2月12日，乔治·温哥华指挥"发现"号和"查塔姆"号勘察了夏威夷岛。为了完成对夏威夷岛海岸的考察，"查塔姆"号绕夏威夷岛南边航行，乔治·温哥华乘"发现"号绕夏威夷岛北边航行。在卡韦哈伊岛短暂停留后，"发现"号前往凯阿拉凯夸海湾。到达凯阿拉凯夸海湾前，卡美哈梅哈登上了"发现"号。早在詹姆斯·库克访问夏威夷岛时，乔治·温哥华就见过卡美哈梅哈。他说自己欣然发现，"卡美哈梅哈越来越成熟，已经没有年轻时的冷酷残暴，言行举止谦恭自如，思想开明、乐观、实际，尽显慷慨和善良品质"。与卡美哈梅哈一起的还有约翰·扬和其他一些夏威夷酋长。乔治·温哥华表示自己对客人的表现非常满意。

此次访问夏威夷群岛，乔治·温哥华渴望完成三个目标。第一个目标是在夏威夷群岛引进牛。为此，他从加利福尼亚带来了一些牛，将牛送给了卡美哈梅哈。第二个目标是实现夏威夷群岛不同岛屿之间的永久和平，这一目标很难实现。乔治·温哥华说服各夏威夷酋长就合理的条款达成一致，但夏威夷酋长们互不信任，无法聚到一起。第三个目标是让参与杀害理查德·赫格特船长的人受到惩罚。为此，乔治·温哥华访问了毛伊岛和瓦胡岛。卡赫基利一世及其顾问们似乎愿意按照乔治·温哥华的要求做。在瓦胡岛做了调查后，三名岛民因谋杀罪被处决。但被处决的岛民是不是凶手至今仍令人怀疑。

乔治·温哥华在夏威夷岛待了约三个星期，随后在毛伊岛、瓦胡岛和瓦胡岛短暂停留。他将两个被欧洲商船带到美洲海岸的夏威夷女孩送回了瓦胡岛。在夏威夷群岛，他尽量避免与夏威夷人发生冲突，夏威夷人也表现得非常友好。从乔治·温哥华的行动可以看出，他将卡美哈梅哈视为最有权势的统治者、一个值得信赖的人。此外，乔治·温哥华高度赞扬了约翰·扬和艾萨克·戴维斯。

1794年1月到1794年3月，乔治·温哥华第三次也是最后一次访问夏威夷群岛。其间，发生了一些有趣的事。在凯阿拉凯夸海湾，乔治·温哥华停留了几个星期，借机向卡美哈梅哈提出了很多宝贵建议，促成了卡美哈梅哈和妻子加休曼努的和解。随后，乔治·温哥华从加利福尼亚运来了一批牛，说服卡美哈梅哈十年内不杀一头牛。"发现"号和"查塔姆"号上的木匠建造了"不列颠尼亚"号的骨架。"不列颠尼亚"号是夏威夷岛建造的第一艘船，是卡美哈梅哈下定决心要完成的工程。卡美哈梅哈花了大量时间监督造船工作。

当时，夏威夷岛上的十几个白人参加了造船工作。其中，有一个叫博伊德的木匠，为卡美哈梅哈效力，承诺在船的骨架建好后完成剩下的工作。乔治·温哥华离开前不久，卡美哈梅哈及其主要顾问将夏威夷岛割让给了大不列颠王国，或将夏威夷岛置于大不列颠王国的保护之下，以抵御周围岛屿的攻击，但条件是夏威夷岛的宗教、统治者和社会制度不受英格兰人的干涉。然而，大不列颠王国没有接受夏威夷岛。

乔治·温哥华的来访给夏威夷人留下了深刻印象。夏威夷人尤其记得乔治·温哥华拒绝出售枪支和弹药，努力使夏威夷群岛各岛屿的酋长们和平相处。虽然乔治·温哥华的努力失败了，但他对夏威夷岛的关注无疑提高了卡美哈梅哈的威望，为卡美哈梅哈征服其他岛屿做了铺垫，给整个夏威夷群岛带来了和平。根据夏威夷人的传说，乔治·温哥华承诺从英格兰派牧师来给夏威夷人讲解新教。

第7章

卡美哈梅哈完成征服

精彩看点

毛伊岛国王卡赫基利一世——卡美哈梅哈与卡赫基利一世开战——卡赫基利一世攻击卡美哈梅哈——卡赫基利一世去世——凯奥库拉尼和卡拉尼库普勒之间的战争——夺取英格兰商船——意图攻占瓦胡岛——夏威夷岛的叛乱

卡美哈梅哈征服了夏威夷岛后，比以往任何时候都更渴望控制整个夏威夷群岛。但他面临一个巨大障碍，即毛伊岛统治者卡赫基利一世。卡美哈梅哈成为夏威夷岛唯一的统治者前，卡赫基利一世早已是毛伊岛、莫洛凯岛、瓦胡岛和瓦胡岛的统治者。卡赫基利一世比卡美哈梅哈年长，长期统治毛伊岛，曾与数次入侵毛伊岛的卡拉尼奥普乌交战。在一些战斗中，卡拉尼奥普乌惨败。最终，卡赫基利一世夺回了毛伊岛东部地区。此前，毛伊岛东部地区一直由卡拉尼奥普乌控制。

卡拉尼奥普乌去世后的几年中，卡美哈梅哈忙着与凯欧阿和基瓦沃希利争斗。卡赫基利一世趁机征服了瓦胡岛和莫洛凯岛，但他对被征服的岛民非常野蛮残暴。他的弟弟凯奥库拉尼娶了瓦胡岛的莫伊。于是，卡赫基利一世的影响力扩大到了瓦胡岛。在战争中，卡赫基利一世得到了弟弟凯奥库拉尼和儿子卡兰尼库普勒的帮助。在瓦胡岛时，卡赫基利一世派卡兰尼库普勒管理毛伊岛。这是1785年左右发生的事情。

1785年年底，卡美哈梅哈派一支军队前去征服毛伊岛东部地区。起初，这支军队取得了成功，但很快被卡兰尼库普勒派来的军队赶走了。

此后若干年中，夏威夷群岛迎来了短暂的和平。其间，夏威夷酋长们忙着巩固各自的地位，修复了之前的战争造成的破坏，同时与许多外国船进行贸易。

1790年，卡美哈梅哈召集了一支军队，入侵毛伊岛，并且在伊奥谷战役中击败了卡兰尼库普勒。毛伊岛军队几乎全军覆没，但卡兰尼库普勒和几位酋长逃到了瓦胡岛,与卡赫基利一世会合。卡美哈梅哈决定将战争推进到瓦胡岛。正计划时,有消息传来,称凯欧阿入侵并劫掠了卡美哈梅哈在夏威夷岛的领地。因此,卡美哈梅哈放弃了入侵瓦胡岛的计划,回到夏威夷岛与凯欧阿作战。

看到卡美哈梅哈陷入困境后,卡赫基利一世和凯奥库拉尼率部回到了毛伊岛,集结军队对夏威夷岛发动了进攻。凯奥库拉尼劫掠了威庇欧山谷,卡赫基利一世入侵了科哈拉地区。

为了击退卡赫基利一世的进攻,卡美哈梅哈召集了一支庞大的独木舟舰队,在夏威夷岛北部海岸击败了卡赫基利一世的军队。在这场战役中,双方使用了从皮毛商人手中购买的火炮。正是由于火炮方面的优势,卡美哈梅哈取得了胜利。约翰·扬和艾萨克·戴维斯专门负责指挥炮兵。当时,"美国公平"号很可能加入了卡美哈梅哈的舰队。这场战役发生在1791年春天,即凯欧阿死前几个月。凯欧阿死后,卡美哈梅哈成了夏威夷岛唯一的统治者。

接下来的几年中,在夏威夷群岛,和平重新占据了上风。夏威夷酋长们忙着与外国商船做生意,为争夺霸权储备物资。与此同时,乔治·温哥华三次访问夏威夷群岛,试图促成敌对双方之间的永久和平,但没有成功。其间,卡赫基利一世虽然年老体弱,但视察了治下的所有岛屿,命凯奥库拉尼管理毛伊岛,同时命卡兰尼库普勒管理瓦胡岛。最终,1794年夏,年迈的卡赫基利一世去世,他的领地被凯奥库拉尼和卡兰尼库普勒分割。卡兰尼库普勒继续统治瓦胡岛和莫洛凯岛,凯奥库拉尼依然控制着毛伊岛和瓦胡岛。

1794年下半年,凯奥库拉尼决定返回混乱的瓦胡岛。于是,他带着一支军队出发,先后在莫洛凯岛和瓦胡岛停下来休息。突然,卡兰尼库普勒派一支部队前来阻止凯奥库拉尼登陆,双方发生了冲突。但很快,通过私人会谈,凯奥库拉尼和卡兰尼库普勒解决了矛盾。不久,凯奥库拉尼绕瓦胡岛到达了怀阿纳埃岭,希望从怀阿纳埃岭出发前往瓦胡岛。在停下来休息时,凯奥库拉尼发现一些士兵正在密谋反叛。为了避免叛乱,他立即提议进攻卡兰尼库普勒的领地,征服瓦胡岛。他的提议达到了预期的效果,反叛阴谋被扼杀在了摇篮里。战士们聚集在凯奥库拉尼周围,征服瓦胡岛的进攻开始了。

火奴鲁鲁港

卡兰尼库普勒立即集结军队，准备迎击。与此同时，威廉·布朗指挥英格兰商船"豺狼"号和"李·博王子"号来到了火奴鲁鲁港。威廉·布朗曾多次访问夏威夷群岛，向当地酋长售卖枪支弹药。因此，夏威夷酋长们都很熟悉威廉·布朗。卡兰尼库普勒立刻向威廉·布朗请求帮助。于是，双方达成了一项协议。威廉·布朗得到了四百头猪。作为回报，他和部下答应帮助卡兰尼库普勒。几天后，约翰·肯德里克船长乘"华盛顿夫人"号驶进了火奴鲁鲁港。在夏威夷群岛，约翰·肯德里克船长也非常出名。当时，他可能也为卡兰尼库普勒提供了帮助。

凯奥库拉尼率军继续前进，打了两场战役。在第一场战役中，凯奥库拉尼取得了胜利。在1794年12月12日的第二场战役中，由于得到外国人的帮助，卡兰尼库普勒取得了决定性胜利。凯奥库拉尼和手下的几位酋长战死。

1794年12月13日，外国商船鸣炮庆祝胜利。由于疏忽，"豺狼"号上的一门礼炮装上了弹药，炮弹射穿了"华盛顿夫人"号，炸死了约翰·肯德里克船长和几名水手。约翰·肯德里克船长的遗体被安葬在瓦胡岛上。几天后，"华盛顿夫人"号启程前往中国。

战斗结束后，在支付作战费用时，威廉·布朗似乎和卡兰尼库普勒产生了分歧，但双方很快解决了分歧。随后，卡兰尼库普勒手下的几位酋长建议夺取"豺狼"号和"李·博王子"号。经过一番犹豫，卡兰尼库普勒同意了几位酋长的建议。1795年1月1日，卡兰尼库普勒派人将大量的猪送到了威廉·布朗的船停泊的海滩。英格兰水手忙着杀猪、腌制猪肉。另一些英格兰水手在远处取盐。瓦胡岛的岛民乘机夺取了"豺狼"号和"李·博王子"号，杀死了威廉·布朗，将所有英格兰水手囚禁了起来。

　　卡兰尼库普勒拥有了两艘大船，以及大量枪支和弹药。他以为自己有能力战胜卡美哈梅哈。卡兰尼库普勒和妻子登上了船，逼迫英格兰水手们驾船出海。随后，"豺狼"号和"李·博王子"号驶出了港口，停泊在瓦胡岛的怀基基过夜。夜间，英格兰水手起义，杀死了监视自己的卫兵，将卡兰尼库普勒及其妻子送上了岸，然后驶向夏威夷岛。在夏威夷岛，英格兰水手向卡美哈梅哈讲述了瓦胡岛上发生的事情。

　　卡美哈梅哈听完后，觉得征服夏威夷群岛的时机到了。于是，他召集了一支有史以来最庞大的军队。这支军队装备精良，训练有素，纪律严明。为了运输士兵，卡美哈梅哈组建了一支强大的独木舟舰队。

　　1795年2月，远征军从夏威夷岛出发，首先到达了毛伊岛。占领毛伊岛后，卡美哈梅哈率军占领了莫洛凯岛。随后，他率军来到瓦胡岛，在怀基基登陆。从莫洛凯岛到瓦胡岛的途中，凯亚纳是卡美哈梅哈军队的主要将领之一。然而，一段时间以来，凯亚纳的忠诚备受其他人怀疑。于是，凯亚纳带着亲信投奔了卡兰尼库普勒。卡兰尼库普勒的军队驻扎在努瓦努山谷。在努瓦努山谷，两军进行了决战。最终，卡美哈梅哈的军队大获全胜。卡兰尼库普勒军队中的数百人被杀死，许多人被赶下悬崖，摔死在了悬崖下面的岩石上。一些人从山侧逃走。卡兰尼库普勒在山里流浪了几个月后被俘，随即被杀死献祭给了战神库凯里莫库。

　　占领瓦胡岛后，卡美哈梅哈开始考虑征服瓦胡岛和尼豪岛。1796年2月，英格兰海军军官威廉·R.布劳顿恰好在怀基基。他说当时，卡美哈梅哈正准备攻

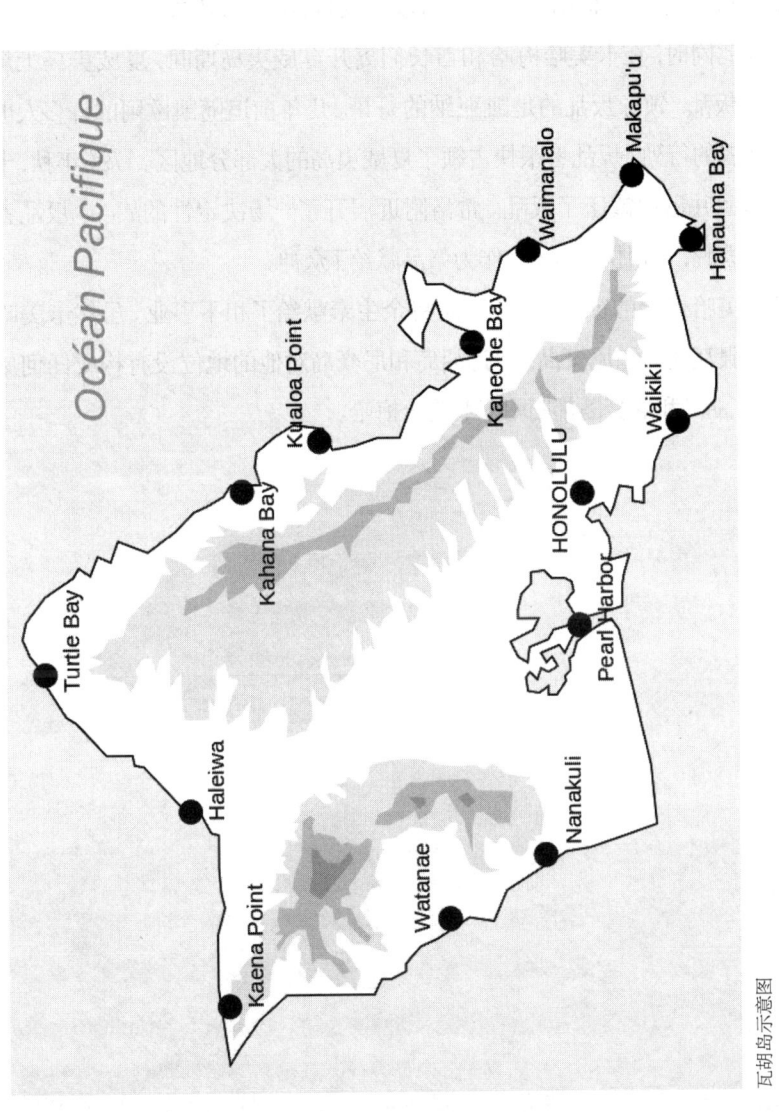

瓦胡岛示意图

打瓦胡岛。卡美哈梅哈迅速推进作战计划。1796年春，卡美哈梅哈率领独木舟舰队，打算从瓦胡岛前往瓦胡岛。但途中，独木舟舰队遇到了一场暴风雨，损失了很多独木舟。卡美哈梅哈不得不暂时放弃攻打瓦胡岛的计划。

  与此同时，在卡美哈梅哈和酋长们离开夏威夷岛期间，夏威夷岛上爆发了大规模叛乱。领导叛乱的是凯亚纳的哥哥。几年前追随凯欧阿的许多人也加入了叛乱者的行列。叛乱者很快占领了夏威夷岛的大部分地区。1796年秋，卡美哈梅哈返回并迅速镇压了叛乱。希洛附近展开了一场决定性的战斗。叛乱者的首领虽然逃脱，但很快被抓获，作为祭品献给了众神。

  卡美哈梅哈的征战结束了。他将余生奉献给了和平事业。虽然卡美哈梅哈没有征服瓦胡岛和尼豪岛，但瓦胡岛和尼豪岛对他的地位没有构成任何威胁。最终，瓦胡岛和尼豪岛都归附了卡美哈梅哈。

第 8 章

卡美哈梅哈的统治

第 8 章

精彩看点

社会状况——卡美哈梅哈鼓励发展农业——组建政府——纳税——虔诚的卡美哈梅哈——发展商业——瓦胡岛归附——俄罗斯人——卡美哈梅哈去世

卡美哈梅哈的征服战争结束时，夏威夷群岛的社会状况很糟糕。连年战争使很多人失去了生命，其中包括在战争中战死的士兵和死于饥饿的妇女儿童。1796年，一位拜访了夏威夷群岛的作家估计，在最近的战争中，卡美哈梅哈损失了近六千人。夏威夷群岛的各岛屿遭到了不同程度的破坏，很多农田被毁，农事活动受到了干扰。毛伊岛和瓦胡岛的情况比夏威夷岛更糟糕。1796年，卡美哈梅哈进军瓦胡岛前，杀死并毁掉了瓦胡岛上所有的猪。因此，瓦胡岛上的居民无力反抗卡美哈梅哈的军队。卡美哈梅哈的军队未能到达瓦胡岛，返回时，瓦胡岛上的情况比之前更糟糕，就像遭了饥荒一样。

在这种情况下，夏威夷人必须明白，战争已经结束，没有人能撼动卡美哈梅哈的统治。事实上，反对卡美哈梅哈的大多数酋长都被杀了。因此，卡美哈梅哈成了夏威夷群岛的最高统治者。他通过实践证明，自己是一个睿智、能干的统治者。

在卡美哈梅哈的统治下，夏威夷群岛迅速恢复了繁荣。历史学家塞缪尔·卡马克说，卡美哈梅哈"通过身体力行的行动鼓励酋长和平民发展农业。一些酋长和平民亲眼看见卡美哈梅哈在田间劳作。人们说'卡美哈梅哈是农夫、渔夫、布匠、穷人的恩人、孤儿的父亲'"。此外，卡美哈梅哈惩治了很多犯罪行为，恢复了社会秩序。夏威夷群岛的农业、渔业和其他行业得到了快速发展。

1798年，一位欧洲商人访问夏威夷群岛时发现，夏威夷群岛一片繁荣景

塞缪尔·卡马克

象。提到瓦胡岛时,他说:"大片农田里的作物长势旺盛……这里有本土农产品面包果、椰子、芭蕉、甘薯、芋头、山药、香蕉,还有从外国引进的西瓜、香瓜、南瓜、卷心菜和其他蔬菜。"

卡美哈梅哈最关注的事情之一是组建政府,确保自己的统治长治久安。征服夏威夷群岛后,夏威夷群岛上的土地和民众都属于卡美哈梅哈。按照惯例,卡美哈梅哈将土地分给了效忠自己的酋长们,但留下了一些有价值的地区作为自己的属地。随后,酋长们将土地细分给了自己的部下。这个过程使人想起了中世纪欧洲的封建制度。卡美哈梅哈将大部分土地分给了一直追随他的四位酋长,分别是克阿韦阿胡鲁、基奥莫库、卡米亚莫库和卡马纳瓦。四位酋长组成了一个顾问委员会,辅佐卡美哈梅哈。他们去世后,他们的儿子继承了他们的土地和职位。

卡美哈梅哈任命年轻的酋长卡拉尼莫库为首相兼财政大臣。在夏威夷群岛，除了卡美哈梅哈，卡拉尼莫库是最有权势的人。卡拉尼莫库非常忠诚，能力突出，赢得了"铁索"称号。此外，卡美哈梅哈任命了几位忠诚可靠的总督管理各岛屿。约翰·扬长期担任夏威夷岛的总督，基奥莫库担任毛伊岛的总督。

夏威夷群岛的所有人必须按能力纳税。税款主要是农产品或手工制品。"每个人都要交出自己的部分劳动成果。一些人缴纳了猪、鸡、狗、甘薯、席垫、葫芦及类似的农产品。猎人带来了稀有的羽毛和野禽，渔民带来了鱼。"后来，檀木成了夏威夷人的重要纳税物品。

卡拉尼莫库

晚年的卡美哈梅哈

卡美哈梅哈坚决维护夏威夷群岛的古老宗教。作为战神库凯里莫库的守护人,卡美哈梅哈非常注意自己的言行。同时,他指派祭司参加其他神的祭祀活动,新建了几座神殿,修缮了许多旧的神殿。卡美哈梅哈小心翼翼地遵守禁忌,尽管在他晚年,一些周期性的禁忌时间缩短了。据记载,卡美哈梅哈下令处死了几个违反禁忌的人。甚至在1817年,他还下达了类似的处决命令。卡美哈梅哈活着的时候,欧洲传教士还未踏足夏威夷群岛。来到夏威夷群岛的外国人并没有使卡美哈梅哈对新教产生兴趣。有人对卡美哈梅哈说,他信奉的神不是真神。卡美哈梅哈回答:"这都是我的神。借助神,我成立了政府。依仗神,我登上了王位。"

来到夏威夷群岛的外国人日益增多。卡美哈梅哈是外国人最早认识的统治者之一。卡美哈梅哈很幸运,很早就得到了约翰·扬和艾萨克·戴维斯的帮助。

在卡美哈梅哈的外国顾问中，约翰·扬和艾萨克·戴维斯非常重要。另外，还有几位顾问也值得一提，如G.霍姆斯、斯图尔特、博伊德、哈博特尔、乔治·贝克利、亚历山大·亚当斯和西班牙人弗朗西斯科·德·保拉·马林。乔治·温哥华的建议对卡美哈梅哈产生了重要影响。在夏威夷群岛上定居的许多外国人品行不端或一无是处，但卡美哈梅哈判断力敏锐，能够选出值得信赖的人。他用土地和其他物品慷慨奖赏了有能力的外国人。

外国商人很快了解到，卡美哈梅哈值得信任，能公平对待所有外国商人。在后来的战争中，卡美哈梅哈通过公平交易赢得了声誉，也让夏威夷群岛在征服战斗结束后，成了整个太平洋地区最重要的商业中心。可敬的是，与卡美哈梅哈

乔治·贝克利

打交道的人大多品德高尚。卡美哈梅哈对外国商人坦诚相待，坚决不允许外国商人欺骗自己。

皮毛商人是第一批大量来到夏威夷群岛的外国人，主要目的是购买鲜肉、蔬菜、木柴和水。随着时间的推移，夏威夷群岛上的其他产品也受到了外国商人的欢迎。一开始，夏威夷群岛的主要出口产品是盐，其次是用荨麻纤维制成的帆索或绳索，这种绳索对装备船非常有用。1800年后，夏威夷群岛的檀木贸易越来越重要。统治后期，除了出口本土产品，卡美哈梅哈还储备了大量外国商品，能向外国船提供火器、弹药、五金器具、布料和船用饰品等。有时，皮毛商人也需要这些商品。

第一批外国商人向夏威夷人换取粮食时，给了夏威夷人一些小饰品、铁片和其他不值钱的东西。随着对外国人越来越了解，夏威夷酋长们开始要求更有价值的物品。卡美哈梅哈征服战争期间，枪炮和弹药是主要的交易物品。卡美哈梅哈进口了大量枪支弹药，组建海军时购买了大量船用物品。当时，尤其是卡美哈梅哈统治后期，布料和许多其他非战争物品深受夏威夷人欢迎。卡美哈梅哈很早就知道白银的价值。据说，卡美哈梅哈去世前，通过贸易积累了二三十万西班牙银元。1805年，卡美哈梅哈用一艘在瓦胡岛建造的小纵帆船换了载重一百七十五吨的美国双桅船"莱利娅·伯德"号，后来又购买了几艘外国船。

起初，外国商人与夏威夷人之间的贸易一般在船上进行。夏威夷人通过独木舟运来猪和蔬菜。外国商船通常要去几座岛屿才能完成采购。瓦胡岛和尼豪岛上最易买到山药。尼豪岛西侧的一个海湾被外国商人称为"山药湾"。约1795年后，火奴鲁鲁港附近地区逐渐成为主要的贸易中心。外国商船经常从其他地方驶到火奴鲁鲁港获取补给。1804年，卡美哈梅哈定居在怀基基后，火奴鲁鲁港的重要性进一步凸显。夏威夷人在火奴鲁鲁港附近建造了石头仓库，用来存放外国货物。其他岛上的产品会运到瓦胡岛，供卡美哈梅哈使用或供应给外国商人。过了一段时间，一些大胆的外国商人将货物运到岸上，储存在仓库里或卖给当地人。檀木贸易开始后，夏威夷群岛的商业越来越繁荣。但直到卡美哈梅哈去世后，夏威夷群岛才建起永久性商行。

1796年，镇压了夏威夷岛的叛乱后，卡美哈梅哈在夏威夷岛上居住了好几年。看到夏威夷岛逐渐安定下来后，他再次将心思转到了征服瓦胡岛上。为此，他花了几年时间组建了著名的佩勒鲁独木舟舰队。佩勒鲁独木舟是大型的双体独木舟，每叶独木舟有一个平台、一张帆。据说，卡美哈梅哈命人建造了八百多叶佩勒鲁独木舟。一切准备就绪后，佩勒鲁独木舟舰队驶向毛伊岛。在毛伊岛，卡美哈梅哈停留了一年，然后前往瓦胡岛。

与此同时，被称为"蜗枯"的可怕瘟疫席卷了夏威夷群岛。许多夏威夷人死于非命。卡美哈梅哈也染病倒下了，最后幸免于难。瘟疫结束前，很多重要的酋长病死了。瘟疫发生在1804年。卡美哈梅哈不得不再次推迟征服瓦胡岛的计划，但一直为征服瓦胡岛做着准备。

当时，卡美哈梅哈身边有很多可以为他提供帮助的外国人，包括木匠、铁匠和其他工匠。卡美哈梅哈雇外国工匠建造小型单桅帆船和纵帆船。1809年年底，卡美哈梅哈的舰队拥有四十多艘在怀基基建造的帆船，以及双桅船"莱利娅·伯德"号。瓦胡岛的年轻统治者考穆阿利伊获悉卡美哈梅哈正在为征服瓦胡岛做准备时，立即召集军队进行防御。后来，考穆阿利伊和卡美哈梅哈进行了谈判。最后，考穆阿利伊终于明白，要么投降，要么被强大的邻居征服，别无选择。因此，1810年，考穆阿利伊乘一艘贸易船前往火奴鲁鲁，向卡美哈梅哈俯首称臣。考穆阿利伊得到允许保留瓦胡岛的社会制度。但从那时起，瓦胡岛每年要向卡美哈梅哈进贡，包括大量塔帕布、席垫、橘子、椰子、葫芦、矛枪、猪、扇子及其他物品。

一位俄罗斯冒险家扰乱了卡美哈梅哈的晚年生活。俄罗斯冒险家企图在夏威夷群岛上建一个定居点，并且使瓦胡岛脱离控制。约19世纪初，在阿拉斯加，得到俄罗斯沙皇特许的俄罗斯美洲皮毛公司获得了美洲皮毛贸易的垄断权。俄罗斯美洲皮毛公司很难获得供货，因此希望在加利福尼亚和夏威夷群岛建立贸易站。在夏威夷群岛和阿拉斯加的俄罗斯定居点之间，俄罗斯美洲皮毛公司开展了一些贸易。这些贸易主要在美国船上进行。1812年，在旧金山北部的加利福尼亚海岸，俄罗斯人建了一座要塞和一个定居点。1814年，俄罗斯美洲皮毛公司的负责人亚历山大·安德烈耶维奇·巴拉诺夫派一艘船到夏威夷群岛购买补给品。这艘船在瓦胡岛失事，但瓦胡岛的居民救了船上的大部分货物。

1815年年底，亚历山大·安德烈耶维奇·巴拉诺夫派格奥尔格·沙费尔乘一艘美国贸易船，试图找回失事船上的货物，如果可能，在夏威夷群岛建一个贸易站。格奥尔格·沙费尔受到了卡美哈梅哈的亲切接待，并且得到了允许可以随意旅行。他在瓦胡岛上待了一段时间，赢得了考穆阿利伊的信任。1816年春，亚历山大·安德烈耶维奇·巴拉诺夫派一些俄罗斯人和阿拉斯加印第安人乘两艘船前往瓦胡岛，协助格奥尔格·沙费尔建贸易站。

随后，格奥尔格·沙费尔去了瓦胡岛，得到许可在火奴鲁鲁附近登陆，圈出一块地开始建堡垒。当时，卡美哈梅哈还居住在夏威夷岛。管辖瓦胡岛的约翰·扬上报了格奥尔格·沙费尔的行动。卡美哈梅哈立即命卡拉尼莫库赶走俄罗

亚历山大·安德烈耶维奇·巴拉诺夫

乔治·贝克利驻守的堡垒

斯人。格奥尔格·沙费尔看到自己没有力量抵抗,带着人上船离开了火奴鲁鲁。随后,在约翰·扬的监督下,夏威夷人继续建造俄罗斯人没有完工的堡垒。约1816年年底,这座堡垒完工。乔治·贝克利船长被派去驻守这座堡垒。火奴鲁鲁现在①的堡垒街就得名于此。

离开火奴鲁鲁后,格奥尔格·沙费尔回到了瓦胡岛。当时,他试图说服考穆阿利伊脱离卡美哈梅哈的控制,宣布独立,置瓦胡岛于俄罗斯帝国的保护之下,允许俄罗斯人垄断夏威夷群岛的檀木贸易和其他贸易。显然,格奥尔格·沙费尔僭越了亚历山大·安德烈耶维奇·巴拉诺夫的指示。他将一艘船送给了考穆阿利伊。考穆阿利伊将一大片土地分给了格奥尔格·沙费尔。在考穆阿利伊属下的帮助下,格奥尔格·沙费尔等人在哈纳莱匆忙建了一堵矮墙,并且架起了火炮。1817年,格奥尔格·沙费尔等人在怀梅阿湾建了一座坚固的堡垒,在堡垒上升起了俄罗斯国旗。

---

① 本书根据1925年的英语版翻译而成,所以其中出现的"目前""现在"一般都指代1925年。

有一段时间，格奥尔格·沙费尔似乎可以在瓦胡岛为所欲为。但很快，美国商人说服了考穆阿利伊，说俄罗斯人不是朋友，而是危险的敌人。卡美哈梅哈也命考穆阿利伊驱逐格奥尔格·沙费尔等人。虽然发生了一些冲突，但一切终于结束了。

格奥尔格·沙费尔派一艘船将一份报告送给了亚历山大·安德烈耶维奇·巴拉诺夫，自己和其他人乘一艘漏水的船前往火奴鲁鲁。在航行途中，他遇到了很多困难。后来，格奥尔格·沙费尔从火奴鲁鲁乘美国船去了广州。另一个美国商人将格奥尔格·沙费尔的手下带到了加利福尼亚海岸。格奥尔格·沙费尔的做法遭到了亚历山大·安德烈耶维奇·巴拉诺夫、俄罗斯美洲皮毛公司和俄罗斯政府的谴责。

晚年，卡美哈梅哈一直居住在瓦胡岛，直到1811年回到夏威夷岛。在夏威夷岛的凯卢阿，他度过了剩下的岁月，于1819年5月8日去世。去世前，卡美哈梅哈病了很长时间，所有医生都束手无策。最后，他命人建了一座神殿。祭司对卡美哈梅哈说，只有献上人祭，他的病才会痊愈。但卡美哈梅哈不允许这样做，他说："他是我的禁忌。"卡美哈梅哈指的是王位继承人，即自己的儿子利霍利霍。卡美哈梅哈去世后，夏威夷人没有按照惯例献上人祭，但举行了统治者去世后的所有其他仪式。王位继承人利霍利霍离开了被死神玷污的地方，前往科哈拉，直到葬礼结束。准备埋葬卡美哈梅哈的尸体时，一位酋长带走了卡美哈梅哈的尸体，将其安放在一个洞穴中。洞穴位置至今无人知晓。

第 9 章

新教传入夏威夷群岛

精彩看点

利霍利霍、加休曼努和卡拉尼莫库——废除禁忌制度——柯夸奥卡拉尼的反抗——亨利·奥普卡哈亚和教会学校——组织夏威夷群岛传教团——抵达夏威夷岛——第一个传教站——第一批学校——书写和印刷——翻译《圣经》——传教的最初成果卡美哈梅哈生前，规定自己的儿子利霍利霍为王位继承人，将守护战神库凯里莫库的任务交给了侄子柯夸奥卡拉尼。利霍利霍执政后，被称为卡美哈梅哈二世。他是一位和蔼可亲的统治者，非常精明，但能力远逊卡美哈梅哈。卡美哈梅哈二世行事容易冲动，很长一段时间里受到了一些人的不良影响。卡美哈梅哈认识到了儿子的弱点，任命妻子加休曼努为库希纳·努伊，即共治者。这种安排赋予了加休曼努与卡美哈梅哈二世同等的权力。卡拉尼莫库继续担任卡美哈梅哈任命的职位。卡美哈梅哈二世继位后，一些之前被迫臣服卡美哈梅哈的酋长希望像以前一样，将夏威夷群岛分成几个部分；也可能是柯夸奥卡拉尼想推翻卡美哈梅哈二世的统治，成为夏威夷王国的国王。但加休曼努和卡拉尼莫库非常有权势，并且忠于年轻的国王卡美哈梅哈二世。在加休曼努和卡拉尼莫库的帮助下，卡美哈梅哈二世镇压了所有叛乱。此外，外国人也站在卡美哈梅哈二世一方。

卡美哈梅哈二世统治时期的第一件大事是废除了禁忌制度和夏威夷人的古老宗教。禁忌制度的最大特点是对饮食的限制，即禁止男人和女人一起吃饭，不允许女人吃猪肉、芭蕉、椰子和某些种类的鱼。有时，人们会偷偷违反禁忌。长期以来，禁忌制度一直受到一些外部因素的冲击，其中最重要的是不遵守禁忌的外国人对夏威夷人的影响，以及塔希提岛废除禁忌制度和偶像崇拜的影响。卡美哈梅哈去世前，许多夏威夷人，包括一些有名望的酋长，已经不相信夏威夷的神。

基奥普奥拉尼

卡美哈梅哈去世后不久,卡美哈梅哈二世、卡美哈梅哈的遗孀加休曼努和基奥普奥拉尼、卡拉尼莫库,以及大祭司赫瓦赫瓦一起讨论了禁忌问题。众人私下里达成一致,决定尽快废除禁忌制度,但必须确保卡美哈梅哈二世的权位稳固。在商议中,加休曼努和基奥普奥拉尼起了带头作用。她们的观点举足轻重,因为卡美哈梅哈二世的母亲基奥普奥拉尼是整个夏威夷王国级别最高的首长,加休曼努具有强大的政治影响力。

1819年8月,一艘法兰西军舰访问了夏威夷群岛。法兰西舰长明确表示自己站在卡美哈梅哈二世一边。其间,卡拉尼莫库和弟弟——瓦胡岛总督博基接受了法兰西舰船上天主教祭司的洗礼。卡美哈梅哈二世向法兰西舰长表示，如果不是出于政治考虑，他也会接受洗礼。

1819年11月1日，在加休曼努和基奥普奥拉尼的催促下，卡美哈梅哈二世迈出了决定性的一步。一场盛大的宴会开始了。卡美哈梅哈二世犹豫了一下，和加休曼努及基奥普奥拉尼坐在一起吃饭。众人惊奇地看着卡美哈梅哈二世，见没有灾祸降临到卡美哈梅哈二世身上，于是喊起来："禁忌完了！神是谎言！"现在，夏威夷人将男女坐在一起吃饭称为"埃诺阿"，即自由饮食，与"埃卡普"，即禁忌饮食相对。废除禁忌制度的命令立即传到了各岛上。卡美哈梅哈二世下令毁掉各岛上的神殿，烧毁神像。在大多数岛屿上，卡美哈梅哈二世的命令得到了执行，但一些神像仍然被相信古老宗教的夏威夷人藏了起来。

卡美哈梅哈二世

许多人将卡美哈梅哈二世废除禁忌制度的行为视为不虔诚的、邪恶的。其中,反对派的领导人是战神守护者柯夸奥卡拉尼。柯夸奥卡拉尼曾试图劝阻卡美哈梅哈二世不要走出这一步。后来,他将相信旧神的人聚集起来。其中几位祭司引用了夏威夷群岛的古老谚语:"虔诚的统治者将拥有王国,邪恶的统治者将永远贫穷。"卡美哈梅哈二世派两名顾问和母亲基奥普奥拉尼前往柯夸奥卡拉尼的驻地,看看能否和平解决这件事。卡美哈梅哈二世的尝试失败了。双方准备通过战斗明确夏威夷群岛的诸神是真是假。卡拉尼莫库率领的军队武器精良,更具优势。但柯夸奥卡拉尼的军队作战异常勇猛。战斗发生在夏威夷岛科纳的夸莫欧附近。最终,卡拉尼莫库率领的军队获胜。柯夸奥卡拉尼和妻子玛诺诺战死。柯夸奥卡拉尼的追随者要么被驱散,要么被俘虏。根据战斗结果,夏威夷人断定旧神是假的,自愿毁掉了神像和神殿。尽管如此,许多与旧宗教有关的信仰仍然留在了夏威夷人心中。卡美哈梅哈二世废除禁忌制度时,欧洲传教士正在前往夏威夷群岛的途中。随后,欧洲传教士为夏威夷人带来了新教。

许多夏威夷人在外国贸易船上做水手,其中一些人离开夏威夷群岛去了国外。1809年,来自康涅狄格州纽黑文的迦勒·布林特纳尔船长将一名叫亨利·奥普卡哈亚的夏威夷水手带到了美国。亨利·奥普卡哈亚注定要在夏威夷历史上扮演重要角色。他在迦勒·布林特纳尔船长的家里住了一段时间,其间经常参观耶鲁学院的建筑物。一天,在一栋建筑物的台阶上,有人发现亨利·奥普卡哈亚因为感到无知而哭泣。耶鲁学院的几位学生对亨利·奥普卡哈亚很感兴趣,主动提出如果亨利·奥普卡哈亚愿意学习,他们就愿意教他。亨利·奥普卡哈亚立即抓住了机会。接下来的几年,亨利·奥普卡哈亚住在不同人的家里,在纽黑文地区很有名。亨利·奥普卡哈亚头脑聪明,好提问题,具有夏威夷人特有的友好性格。很快,他的思想发生了转变。他成了一个热情的基督徒,渴望作为传教士返回夏威夷群岛。

亨利·奥普卡哈亚的事迹引起了人们对生活在美国其他几位夏威夷青年的关注。美国的夏威夷青年获得了类似的进步机会。1816年,在美国外国传教委员会的赞助下,包括亨利·奥普卡哈亚在内的四名夏威夷青年接受了教育,"以便

耶鲁学院

在适当的时候回到夏威夷群岛，有资格成为传教士或教师。"当时，美国外国传教委员会准备建一所教会学校，培养年轻人从事传教工作。1818年，在教会学校读书期间，亨利·奥普卡哈亚去世，但其影响依然存在。亨利·奥普卡哈亚的生活经历唤醒了传教士将夏威夷群岛新教化的渴望，也是传教士前往夏威夷群岛的最初原因。

在新英格兰新教教会的培养下，几个年轻人自愿申请前往夏威夷群岛传教。1819年10月15日，在波士顿，夏威夷群岛传教团成立。新成立的夏威夷群岛传教团有十七名成员，包括海勒姆·宾厄姆牧师、阿萨·瑟斯顿牧师、农场主丹尼尔·张伯伦、内科医生托马斯·霍尔曼、传教士兼教师塞尔曼·惠特尼和塞缪尔·拉格尔斯、印刷工以利沙·卢米斯及他们的妻子，此外还有三名夏威夷青年，分别是托马斯·霍普、威廉·卡努伊和约翰·霍诺利。1819年10月23日，夏威夷群岛传教团乘双桅船"撒迪厄斯"号从波士顿出发。除了夏威夷群岛传教团的成员，船上还有丹尼尔·张伯伦的五个孩子和瓦胡岛统治者考穆阿利伊的儿子休姆休姆。约六岁时，休姆休姆被一位美国船长带到美国接受教育。由于美国船长的粗心或挥霍，休姆休姆的教育经费很快被花光了。后来，休姆休姆沦为一名普通工人。1812年战争期间，休姆休姆加入美国海军，在战斗中受了伤。1817年，休姆休姆成为教会学校的一名学生。但休姆休姆的宗教信仰令人怀疑，没能成为夏威夷群岛传教团的一员。不过，人们希望休姆休姆的影响力对夏威夷群岛传教团有所帮助。

1820年3月30日，经过五个月的航行，"撒迪厄斯"号终于看到了夏威夷群岛。被白雪覆盖的冒纳凯阿火山高耸入云。在传教士们期待的目光中，冒纳凯阿火山下风景如画的东北海岸缓缓展开。夏威夷群岛传教团派人上岸，前去了解岛上的情况和统治者的位置。过了几个小时，有消息传来称："卡美哈梅哈已经去世——现在的国王是卡美哈梅哈二世——禁忌制度被废除了——神殿被毁掉了——神像被烧毁了——旧秩序的支持者在战斗中战死了。"1820年4月4日，"撒迪厄斯"号停泊在卡美哈梅哈二世的住地凯卢阿。夏威夷群岛传教团的负责人上了岸，向卡美哈梅哈二世和酋长们表示敬意，表明来夏威夷群岛的目的，希望可以在夏威夷群岛开展传教工作，将一部分成员留在凯卢阿，另一部分前往火奴鲁鲁。卡美哈梅哈二世和酋长们认真考虑了夏威夷群岛传教团负责人的建议。卡美哈梅哈二世决定让所有传教士住在凯卢阿。经过深入讨论后，卡美哈梅哈二世最终同意了夏威夷群岛传教团的传教计划。

卡美哈梅哈二世希望托马斯·霍尔曼和两个夏威夷青年留在凯卢阿。夏威夷群岛传教团同意了，并且任命了两位负责人。其中，阿萨·瑟斯顿是通过投票选出来的，负责凯卢阿的传教站。1820年4月12日，阿萨·瑟斯顿及妻子、托马斯·霍尔曼及妻子，托马斯·霍普和威廉·卡努伊上岸定居了下来，在夏威夷岛上设立了第一个传教站。夏威夷群岛传教团的其他成员去了火奴鲁鲁。一个星期后，传教士一行到达了火奴鲁鲁，受到了当地人和外国居民的热情接待，临时在岛上的小房子里住了下来。

几天后，"撒迪厄斯"号驶往瓦胡岛，以便将休姆休姆送回家。人们认为，塞缪尔·惠特尼和塞缪尔·拉格尔斯前往瓦胡岛是明智的，因为他们可以向考穆阿利伊转达夏威夷群岛传教团的问候，同时试探在瓦胡岛传教的可能性。塞缪尔·惠特尼和塞缪尔·拉格尔斯受到了考穆阿利伊的热情接待。一开始，考穆阿利伊就积极支持夏威夷群岛传教团，希望传教士在瓦胡岛上定居下来，并且承诺给予传教士大力支持。认真考虑后，塞缪尔·惠特尼和塞缪尔·拉格尔斯接受了考穆阿利伊的邀请。约1820年7月月底，塞缪尔·惠特尼和塞缪尔·拉格尔斯带着妻子来到了瓦胡岛，在怀梅阿湾设立了传教站。应卡拉尼莫库的迫切要求，以利沙·卢米斯前往卡韦哈伊岛传教。

在夏威夷群岛，第一批传教士开始了工作。起初，传教士需要口译人员的帮助。在凯卢阿居住了三个月后，阿萨·瑟斯顿可以用经文"我有来自上帝的信息给你"向卡美哈梅哈二世布道。这是夏威夷人第一次听到新教传教士布道。除了向夏威夷人传教，传教士们还为外国居民和来访船上的水手举行宗教仪式。

传教士们非常关注夏威夷群岛的教育情况。在不同的传教站，第一批学校开办。1820年年底前，不分年龄和性别，传教站的学校里约有一百名学生。凯卢阿学校的首批学生中包括卡美哈梅哈二世和几位酋长。传教士的妻子们在教学工作中起了重要作用。起初，传教士遇到了很多困难，因为夏威夷人不懂英语，传教士也不懂夏威夷语，双方必须通过翻译人员交流，并且学校里的学生人数并不多。但用夏威夷语印制书籍、培训本地教师后，夏威夷人的学习兴趣越来越浓厚。短短几年内，传教站学校里的学生增加到数千名。

当时，夏威夷语还没有被转化成书面语，夏威夷人也没有书写或印刷的书籍。因此，传教士必须学习夏威夷语，然后将夏威夷语转化成文字，编写教科书，翻译《圣经》，印刷在学校和宗教活动中使用的书籍上。所有这些需要花费大量时间和精力。1822年1月，第一本夏威夷语小册子问世，里面包含夏威夷语字母表、拼写方法和课文，是第一本供学校使用的正规教科书。后来，传教士对夏威夷语字母表和拼写方法做了细节方面的改变，但延续了最初使用的拼写方法。从那时起，夏威夷群岛传教团印刷厂开始印制教科书和宗教小册子。宗教小册子中包含《圣经》中的许多段落。但直到1824年，传教士们才开始正式翻译《圣经》。传教士们首先翻译和印刷了《圣经》中最重要的部分，1832年完成了《新约》的翻译工作。1839年5月10日，夏威夷语全译本《圣经》问世。

威廉·埃利斯

　　1822年，伦敦传教委员会抵达夏威夷群岛。与伦敦传教委员会一起来的还有威廉·埃利斯。在塔希提岛，威廉·埃利斯做了六年传教工作。塔希提岛的语言与夏威夷语非常相似。几个星期后，威廉·埃利斯已经能流利地说夏威夷语，成了第一个用夏威夷语布道的传教士。应夏威夷人和美国传教士的殷切邀请，伦敦传教委员会决定让威廉·埃利斯留在夏威夷群岛。

　　1823年，在美国传教委员会的激励下，大批传教士前来增援夏威夷群岛传教团。传教士人数的增加使夏威夷群岛的传教工作得以大规模扩展。1820年年底，凯卢阿的传教站因卡美哈梅哈二世迁往火奴鲁鲁被废弃。但现在，凯卢阿

威廉·埃利斯在夏威夷传教

的传教站重新被启用。希洛设立了夏威夷岛的第二个传教站。毛伊岛的拉海纳也设立了一个传教站。

从一开始，夏威夷群岛的酋长们就对传教士的工作非常感兴趣，尤其是教育工作。然而，虽然夏威夷群岛的酋长们愿意听传教士布道，但很难让他们对新宗教产生兴趣。第一批真正皈依新教的夏威夷人也许是卡美哈梅哈二世的母亲基奥普奥拉尼、夏威夷女酋长卡皮奥拉尼、卡瓦洛亚的酋长卡马克，以及一位新教名字叫巴蒂米厄斯但没有任何头衔的盲人。基奥普奥拉尼曾公开蔑视火神佩莱，并且是第一个受洗的夏威夷女性。1823年9月16日，在去世前一个小时，基奥普奥拉尼接受了洗礼。加休曼努对传教士一直很友好，但有一段时间，她对学习读写或听福音布道并没有表现出浓厚兴趣。约1824年年初，加休曼努逐渐对新教产生了兴趣。此后几年中，夏威夷群岛的传教士们受到了极大鼓舞。夏威夷群岛的新教教徒数量迅速增加,许多夏威夷人申请受洗或进入教堂。传教士们迟迟不肯批准夏威夷人的请求,想要确保皈依者的虔诚度。1825年7月10日,在拉海纳,盲人巴蒂米厄斯接受了洗礼。1825年12月5日,八名夏威夷人进入了火奴鲁鲁的教堂,其中包括加休曼努、卡拉尼莫库和其他几位酋长。

第 10 章

檀木时代

精彩看点

檀木贸易的重要性——檀木贸易的起源与早期发展——王室合同——卡美哈梅哈的政策——卡美哈梅哈二世的政策——檀木贸易的发展过程——檀木贸易的影响——捕鲸人的到来

夏威夷群岛因皮毛贸易广为人知。在夏威夷群岛的商业活动中，皮毛贸易占有重要地位。当然，夏威夷群岛并不是皮毛产地。欧洲商人来夏威夷群岛只是为了休息和获得补给。夏威夷群岛第一个真正盈利的出口产品是檀木。中国对檀木的需求很大。在中国，檀木主要被用作寺庙用香和制作家具。中国人愿意出高价购买檀木。19世纪的前二十五年中，就经济方面而言，夏威夷群岛的支柱产业是檀木。

从起源看，夏威夷群岛的檀木贸易是皮毛贸易发展的结果。没有人知道夏威夷群岛的檀木贸易是什么时候开始的，很可能是1790年前后，皮毛商人在夏威夷群岛上发现了檀木。当时，有人试图发展檀木贸易，但不知为什么没有成功。约1805年，夏威夷群岛的檀木贸易发展起来。1810年可以被视为檀木贸易在夏威夷群岛上占据主导地位的开端。和皮毛贸易一样，美国商人几乎垄断了夏威夷群岛的檀木贸易。

起初，檀木只是皮毛贸易中的一种附属品。外国商人先去美洲西北海岸收购当季皮毛，然后去夏威夷群岛，用皮毛交换檀木，接着去中国，用檀木交换茶叶、丝绸和其他商品，最后回到美国销售获利。这种做法持续了许多年。但1810年后不久，一些外国商人开始将檀木作为独立的贸易业务进行交易。乔纳森·温希普、南森·温希普和威廉·希斯·戴维斯很可能是最早从事檀木贸易的商人。

多年来，乔纳森·温希普、南森·温希普和威廉·希斯·戴维斯一直与俄罗斯人合作，在美国海岸从事皮毛贸易。三人曾多次访问夏威夷群岛，调查夏威夷群岛的商业发展情况。1811年秋，在前往中国的途中，三人在夏威夷群岛停了下来，给每艘载有皮毛的船上装了一定数量的檀木。六个月后，三人回到夏威夷群岛。1812年7月12日，三人与卡美哈梅哈签署了一份协议。根据协议，三人垄断了夏威夷群岛的檀木和棉花出口业务，为期十年。卡美哈梅哈同意砍伐檀木。作为回报，他会得到出售檀木净收益的四分之一，以现金或中国产品支付。

根据协议，乔纳森·温希普、南森·温希普和威廉·希斯·戴维斯将一船檀木运到了中国。但1812年，美国和英国爆发战争，阻止了乔纳森·温希普等人的檀木生意。战争期间，乔纳森·温希普和威廉·希斯·戴维斯居住在夏威夷群岛，并且在夏威夷群岛上设立了贸易站。尽管面临着英国军舰带来的危险，但乔纳森·温希普和威廉·希斯·戴维斯成功在中国、夏威夷群岛、南太平洋诸岛及美洲海岸的俄罗斯帝国和西班牙殖民地之间进行了有利可图的贸易。

威廉·希斯·戴维斯

檀木的花、叶及果实

檀木成了卡美哈梅哈的财富来源。卡美哈梅哈手中握着檀木贸易的绝对垄断权。在他的控制下，夏威夷群岛的檀木贸易逐渐兴盛。卡美哈梅哈在世时，其他酋长无权插手檀木贸易，也未能从檀木贸易中得到丝毫利益，甚至未能得到卡美哈梅哈的赏赐。卡美哈梅哈得到的中国、欧洲与美国商品和西班牙银元都存放在仓库里。在他去世前，这些商品大部分都没有使用过。在一定程度上，卡美哈梅哈的政策虽然保障了檀木供应，但限制了檀木销售，使希望分享檀木利润的酋长们心怀不满。

1816年，卡美哈梅哈购买了两艘帆船，一艘是原来由南森·温希普指挥的"信天翁"号，另一艘是英国船"福雷斯特"号。为了纪念加休曼努，"福雷斯特"号后来改名为"加休曼努"号。这两艘帆船都是用檀木支付的。"加休曼努"号由英国人亚历山大·亚当斯指挥。1817年，"加休曼努"号被派往中国，为卡美哈梅哈运送一批檀木。虽然航行很顺利，但广州的港口费和其他费用花费了檀木交易的大部分利润。从这次冒险中,卡美哈梅哈了解到了文明国家管理港口的做法,立即确定了火奴鲁鲁港口的一系列进出口费用。去世前,卡美哈梅哈再次用檀木购买了两三艘外国船。

卡美哈梅哈二世继位后,地位并不稳固。他发现赢得各派势力支持的最好办法是允许酋长们参与檀木贸易。他自己也想从檀木贸易中获得巨额利润。酋长们纷纷效仿卡美哈梅哈二世,开始砍伐檀木,购买外国商品,从未考虑过将来。在夏威夷群岛,购买外国船成了一种风气。卡美哈梅哈去世后的三年里,卡美哈梅哈二世和一些地位较高的酋长购买了至少八艘帆船,总花费超过三十万美元。他们还购买了大量欧洲、中国和美国商品。美国的贸易公司将船和货物运到夏威夷群岛,专门向夏威夷酋长们出售货物。

在购买任何东西时,卡美哈梅哈总是立即支付。但卡美哈梅哈去世后,卡美哈梅哈二世和酋长们经常付给外国商人大量期票,到期以檀木支付。竞争变得越来越激烈,在没有檀木的情况下,外国商人鼓励夏威夷酋长们赊账。在描述如何说服考穆阿利伊已经买了一艘船和货物后再买一艘船和货物时,一位外国商人写道:"我对待考穆阿利伊非常有耐心,毕恭毕敬,送了他漂亮的礼物,并且准备了丰盛的晚餐。经过一番周折,我成功卖掉了双桅船和货物。"考穆阿利伊给了外国商人一张价值七万七千美元的檀木期票。

檀木一般按重量进行买卖。檀木的重量单位是担,一担是五十公斤,重一百三十三又三分之一磅。檀木价格取决于木材质量和广州的市场状况。在夏威夷群岛,外国商人为每担檀木支付七到十美元,在中国出售时,每担檀木可获三四美元的利润。后来,檀木价格越来越低。外国商人不是用现金购买檀木,而是用自己定价的商品。这样一来,夏威夷人就不得不为外国商品支付高昂的价格。外国商人获得了两份利润,一份来自出售的货物,另一份来自购买的檀木。这些利润都来自夏威夷人。

卡美哈梅哈统治初期,夏威夷群岛较大岛屿上都有大量檀木。檀木一般长在山上。山上没有道路,也没有驮畜。因此,夏威夷人很难将檀木运到海边。一些旅行者描述了夏威夷人运输檀木的方式。1822年,一位旅行者来到夏威夷群岛,说檀木"从树林里运出来,是三四英尺长的圆木,直径两到七八英寸。岛上没有马车。男人、女人和小孩用头或肩膀将檀木运到海边,存放在大仓库里,准备装运……为了将瓦胡岛和其他偏远岛屿的檀木运到汉纳鲁拉港,夏威夷人雇了约十二艘大小帆船"。

在夏威夷群岛的一个地方,这位旅行者发现,酋长"心情很好……忙着称量海滩上的檀木,然后命人将檀木装到停在岸边的两艘船上。离酋长茅屋不远的地方有一间大仓库。仓库至少五十英尺长,三十英尺宽,约三十英尺高。仓库里堆放着准备装运的檀木。搬运工不分性别和年龄,都被雇来将檀木运到海滩上。酋长和随从指挥着搬运工。酋长的一个亲信站在称重机旁边,负责称重。称重机旁还有等待货物装船的美国船长"。

1823年,另一位旅行者游览了夏威夷岛,看到夏威夷岛上的人正在砍伐檀木。在希洛区,他看见酋长"和三四百人带着从山上砍伐的檀木回来了。每人携带两到三根长四到六英尺、直径约三英寸的檀木。檀木的树皮和细枝已经用小扁斧削去……运到海滩上的檀木直径约一英尺到一英尺半,长六英尺或八英尺,也有不超过一英寸厚、一英尺半长的木板"。

在科哈拉停留期间,一天清晨,这位旅行者和同伴被外面的喧闹声吵醒了,看到"许多人从怀梅阿湾运送檀木经过这个地区……约有两三千人,每人带着一到六根檀木,大小和重量不等。人们用朱蕉叶编的带子将檀木绑在背上,带子绕过肩膀,穿过腋下,系在胸前。到达海滩后,人们将檀木放在仓库里,各自回家了"。

几乎所有夏威夷人都参加了砍伐檀木和搬运檀木的行动,但从檀木贸易中获得的利润并不足以支付统治者购买船和外国商品的费用。因此,几年内,卡美哈梅哈二世和酋长们已经负债累累,但他们并不清楚自己的负债情况。后文会讲述他们是如何偿还债务的。

此外,檀木贸易对夏威夷群岛的平民产生了不良影响。夏威夷人被迫花大量时间砍伐和搬运檀木,无法像以前那样从事自己的工作。农业遭到了忽视,粮食产量锐减,导致了严重饥荒。在森林中砍伐檀木时,由于条件艰苦,很多人患上了疾病,最终失去了生命。

不计后果的砍伐毁坏了夏威夷群岛的大片森林。夏威夷人很少保护幼树或在伐木的地方重新栽树。几年后,檀木几乎从夏威夷群岛上消失了。一百年后,在全球贸易发展达到鼎盛的今天,夏威夷群岛上只剩下几片小树林。

随着檀木森林被破坏,夏威夷酋长们失去了一项重要的收入来源。但在檀木贸易没有完全结束前,捕鲸船来到了夏威夷群岛。最初到达夏威夷群岛的捕鲸人与几年前的皮毛商人一样,也是为了停下来休息,同时购买各种补给品,尤其是食物。约1820年,第一批捕鲸人来到夏威夷群岛。随后几年内,大量捕鲸船来到夏威夷群岛,为夏威夷人开辟了一条新的获利渠道,并且使夏威夷人与文明世界一直保持着联系。

第 **11** 章

夏威夷王国的外交关系

精彩看点

第一位外国代理人——与英国的关系——卡美哈梅哈二世访问英国——卡美哈梅哈二世和卡玛玛鲁王后去世——乔治·安森到达夏威夷群岛——任命英国外交领事——考穆阿利伊对瓦胡岛的统治结束——"海豚"号和"孔雀"号——第一份与外国缔结的条约

美国传教士来到夏威夷群岛的同一年,夏威夷群岛上代表外国政府的第一位代理人得到任命。1820年9月,美国总统詹姆斯·门罗任命约翰·科芬·琼斯为"美国商务和海员代理人",派约翰·科芬·琼斯监督美国商人与夏威夷人之间的贸易。约翰·科芬·琼斯是一位商人,曾多次到访夏威夷群岛,熟悉夏威夷人及其语言。对约翰·科芬·琼斯的任命表明了美国政府对夏威夷群岛商业利益的重视。

截至目前,夏威夷王国如果与外国存在某种官方关系,那么仅限于与英国的关系。卡美哈梅哈二世和夏威夷人都认为,卡美哈梅哈与乔治·温哥华的协议将夏威夷群岛置于英国的保护之下。1810年,在写给英国国王的信中,卡美哈梅哈重复了这一观点。夏威夷人有这样的想法并不奇怪。第一批来到夏威夷群岛的外国船由英国探险家詹姆斯·库克、乔治·温哥华和威廉·R.布劳顿指挥。此外,卡美哈梅哈的主要顾问是英国人,如约翰·扬、艾萨克·戴维斯、乔治·贝克利和亚历山大·亚当斯。

乔治·温哥华曾向卡美哈梅哈承诺,将派一艘配备了铜管炮的军舰保护夏威夷群岛。1810年,卡美哈梅哈提醒英王乔治三世这一承诺。1816年,新南威尔士总督写信说,接到来自英国政府的命令,要建造一艘军舰送给卡美哈梅哈。直到1822年,耽搁了很久之后,英国许诺的军舰才抵达夏威夷群岛。这艘军舰是一艘叫"摄政王"号的小纵帆船。为了表示感谢,卡美哈梅哈二世给英王乔治四世写了一封信,说:"我父亲征服了整个夏威夷群岛。我继承了夏威夷王国的王位。请允许我将夏威夷群岛置于最杰出的国王的保护之下。"

虽然与英国存在政治关系,但卡美哈梅哈二世无法忽视夏威夷群岛的美国人。首先是美国皮毛商人,其次是美国传教士,最后是美国捕鲸人。卡美哈梅哈二世可能怀疑美国人对夏威夷群岛有所企图,而且很害怕俄罗斯人。出于这些原因,卡美哈梅哈二世希望自己身处险境时,英国政府能给予帮助。与此同时,卡

乔治四世

美哈梅哈二世很想出国旅行，去看一看许多夏威夷人曾经去过的国家。1823年秋，卡美哈梅哈二世宣布访问英国。人们认为，返回夏威夷群岛前，卡美哈梅哈二世还会访问美国。

前往英国前，卡美哈梅哈二世举行了酋长会议，指定自己的弟弟考伊柯奥乌利为法定王位继承人，同时规定，在他离开期间，由加休曼努和卡拉尼莫库共同掌管夏威夷群岛。

卡美哈梅哈二世乘英国捕鲸商人瓦伦丁·斯塔巴克的帆船"艾格勒"号启程前往英国。船上除了卡美哈梅哈二世与妻子卡玛玛鲁王后，还有瓦胡岛总督博基及妻子库伊尼·莉莉哈、酋长基库纳奥、卡皮赫、曼努亚，以及约翰·扬的儿子詹姆斯·扬，以及法兰西人约翰·里夫斯。起初，卡美哈梅哈二世并没有打算带上约翰·里夫斯。但出发时，约翰·里夫斯登上了船。于是，卡美哈梅哈二世允许约翰·里夫斯留在船上。约翰·里夫斯曾经担任过一段时间的翻译。

1823年11月27日，"艾格勒"号从火奴鲁鲁港出发。1824年5月22日，"艾格勒"号抵达英国朴次茅斯。听说尊贵的客人来了，英国政府立刻命弗雷德里克·宾负责接待。在伦敦，卡美哈梅哈二世一行人引起了轰动，并且受到了盛情款待，受邀参观了许多名胜古迹，包括公园和威斯敏斯特大教堂。一天晚上，卡美哈梅哈二世等人坐在科文特花园剧院的皇家包厢里，观看了戏剧《皮萨罗》。

1824年6月10日，曼努亚患上了麻疹。几天内，卡美哈梅哈二世等人都患上了麻疹，并且病情严重。在英国医生的照顾下，除了卡美哈梅哈二世与卡玛玛鲁王后，其他人都康复了。卡玛玛鲁王后肺部感染，于1824年7月8日去世。当时，人们以为卡美哈梅哈二世会很快康复。但卡美哈梅哈二世因妻子的去世悲痛不已，导致病情恶化，于1824年7月14日去世。

麻疹阻止了卡美哈梅哈二世与英王乔治四世见面。但不久，在温莎城堡，夏威夷人受到了热情款待。英王乔治四世向夏威夷人表达了对卡美哈梅哈二世和卡玛玛鲁王后去世的悲痛，以及对夏威夷群岛的兴趣。在宴会上，英王乔治四世说，夏威夷政府应该管理岛上的内部事务，英国政府将保护夏威夷群岛免受外国人的威胁。为了表示对夏威夷人的尊敬，也为了削弱美国在夏威夷群岛上的影响力，英国政府下令将卡美哈梅哈二世和卡玛玛鲁王后的遗体安放在棺椁中，用配有四十六门大炮的护卫舰"布隆德"号护送棺椁到火奴鲁鲁。指挥"布隆德"号的是英国陆军军官乔治·安森。乔治·安森是诗人乔治·戈登·拜伦的堂弟。

1825年5月4日，"布隆德"号抵达拉海纳，两天后抵达火奴鲁鲁。卡美哈梅哈二世和卡玛玛鲁王后去世的消息早已传到夏威夷群岛上。但卡美哈梅哈二世和卡玛玛鲁王后的遗体归来时，夏威夷人号哭不止，这是夏威夷人表达悲痛的方式。博基等人告诉了加休曼努、卡拉尼莫库和其他酋长及民众国外旅行时发生的一切。博基建议夏威夷人努力学习英国的文明和新教教义。

乔治·戈登·拜伦

1825年5月7日，在卡拉尼莫库的住所，乔治·安森受到了隆重接待。随后，他发表了演说，表达了英王乔治四世对夏威夷人的美好祝愿。他还分发了许多礼物，送给卡拉尼莫库一块金表，送给加休曼努一个银茶壶，送给即将继位的考伊柯奥乌利一套制服，以及佩剑、帽子和羽毛。

1825年5月11日，卡美哈梅哈二世和卡玛玛鲁王后的遗体从"布隆德"号卸下。沉重精致的棺椁由铅、红木和橡木制成，上面覆盖着深红色的天鹅绒，镶嵌着大量镀金钉子和装饰品，重约两千二百磅，分别装在两辆马车上。马车上盖着黑色的塔帕布，用作灵车，由四十位酋长护送。马车首先将遗体拉到教堂，举行了新教葬礼，然后将遗体送到房子里存放，直到陵墓建成。

1825年6月6日，夏威夷酋长们举行了全国会议，拥立考伊柯奥乌利为国王，称卡美哈梅哈三世。由于新国王只有十二岁，夏威夷群岛继续由加休曼努和卡拉尼莫库掌管。酋长们决定让卡美哈梅哈三世接受新教教育，并且制定了土地分配原则，即土地应该由父亲传给儿子，而不是在每个统治者死后交到新国王手中重新分配。这条原则最初是由卡美哈梅哈提出的，但卡美哈梅哈二世背离了这条原则。乔治·安森出席了此次会议，向酋长们提出了有关治理国家的建议。他还表示赞同美国传教士的工作。

1825年6月7日，"布隆德"号来到希洛。经过勘测后，乔治·安森将希洛的港口命名为"拜伦湾"。乔治·安森还参观了基拉韦厄火山，并且进行了各种科学观察。返回英国前，他在凯阿拉凯夸海湾建了一座纪念碑，以纪念詹姆斯·库克。

卡美哈梅哈二世一行人在英国时，英国政府任命理查德·查尔顿为外交领事，负责英国在夏威夷群岛和社会群岛的利益。与约翰·科芬·琼斯一样，理查德·查尔顿也是一名商人，曾多次到访夏威夷群岛。"布隆德"号到达夏威夷群岛前不久，理查德·查尔顿回到了火奴鲁鲁。

卡美哈梅哈二世在英国期间，夏威夷群岛发生了巨大变化。瓦胡岛正式并入夏威夷王国。卡美哈梅哈曾允许瓦胡岛作为一个独立国家继续存在，但需要向夏威夷王国纳贡。卡美哈梅哈二世继位时，担心考穆阿利伊会试图独立，就像他在俄罗斯事件中做的那样。卡美哈梅哈从未去过瓦胡岛。但卡美哈梅哈二世决定访问瓦胡岛,确保考穆阿利伊的忠诚。1821年7月,卡美哈梅哈二世去了瓦胡岛。这次旅行非常疯狂且鲁莽,卡美哈梅哈二世经历了种种危险,但得到了考穆阿利伊的隆重接待。考穆阿利伊将所有财产交给卡美哈梅哈二世支配。卡美哈梅哈二世宣称考穆阿利伊是瓦胡岛的朝贡国王。但返回时,他将考穆阿利伊作为囚犯带走了。在瓦胡岛,考穆阿利伊被迫娶加休曼努为妻,仍然具有国王头衔。但从那时起,他不再拥有任何实权。

1824年5月,考穆阿利伊去世。他将瓦胡岛留给了卡美哈梅哈二世,但条件是,瓦胡岛的酋长们继续拥有原来的土地。卡美哈梅哈二世派一位无能的总督管理瓦胡岛。很快,瓦胡岛的酋长们发动了叛乱,拥立休姆休姆为国王。叛乱者几乎没有获胜的机会,经过几次战斗后被彻底击败。随后,瓦胡岛与夏威夷群岛的其他岛屿一样,成了夏威夷王国的一部分。粗暴的酋长凯基奥埃瓦被任命为瓦胡岛总督。

夏威夷群岛的檀木贸易几乎完全掌握在美国人手中。结果,夏威夷酋长们欠了美国商人一大笔钱。随着时间的推移,美国商人发现,收取到期欠款的难度越来越大。与此同时,美国捕鲸船变得重要起来。第一批美国捕鲸人几乎与美国传教士同时到达夏威夷群岛。随后,到达夏威夷群岛的美国捕鲸船逐年增加。1826年春,近四十艘美国捕鲸船来到火奴鲁鲁,载有货物近二百万美元。在夏威夷群岛上,许多美国水手行为不检,给捕鲸船和夏威夷政府造成了麻烦。最后,美国捕鲸船的船长们呼吁美国政府派一艘军舰到夏威夷群岛,监督美国水手的言行。

1826年春,为了响应美国捕鲸船船长们的呼吁,约翰·珀西瓦尔指挥的美国军舰"海豚"号受命来到夏威夷群岛,停留了约三个月。在某些方面,"海豚"号给夏威夷群岛造成了更多伤害。但在监督美国水手和其他方面,约翰·珀西瓦尔为捕鲸人提供了很多帮助。此外,约翰·珀西瓦尔和夏威夷酋长们讨论了檀木债务问题。夏威夷酋长们同意将所有债务视为国家债务,承诺尽快偿还债务。

1826年秋,美国单桅纵帆船"孔雀"号来到夏威夷群岛,停留了约三个月。"孔雀"号的指挥官托马斯·琼斯对夏威夷人很友好,大力支持美国传教士们

捕鲸船捕鲸的场景

的工作，同时保护了美国捕鲸船的利益，并且再次向夏威夷酋长们提出了债务问题。双方召开了会议，充分讨论了债务问题。美国商人提出了索赔要求，但其中一些要求没有得到夏威夷酋长们的同意。最终，夏威夷酋长们承认了十五万美元或二十万美元的债务，同意砍伐檀木偿还债务。随后，夏威夷酋长们通过了一项规定，要求岛上的每个男人缴纳半担檀木或四枚西班牙银元，每个妇女缴纳相对较少的檀木或西班牙银元，作为偿还债务的税收。

为了维护两国之间的和平与友谊，同时保护美国在夏威夷群岛的商业，1826年12月23日，托马斯·琼斯代表美国政府，与夏威夷政府签订了一份条约。这份条约是夏威夷政府与外国政府协商签订的第一份条约，虽然从未得到美国政府的承认，但被夏威夷王国遵守多年，直到两国缔结了另一份条约。

第12章

文明的进步

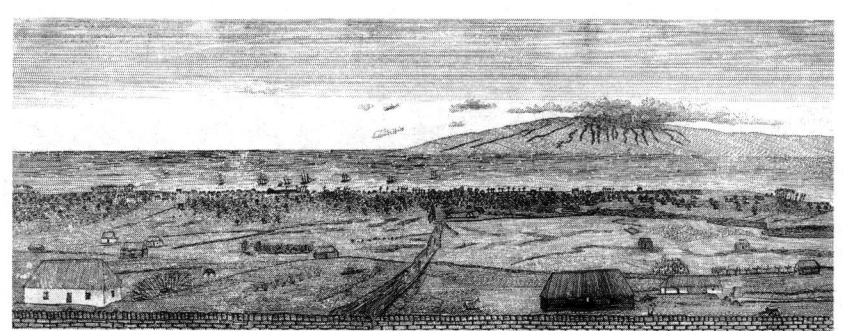

为法律和秩序而战——博基的结局——加休曼努去世——伟大的复兴——教育的进步——拉海纳鲁纳神学院——法律的完善——《宪法》——商业的发展

新教传入夏威夷群岛后的二十年中，夏威夷群岛发生了巨大变化。发生变化的主要原因是新宗教与新教育带来的影响。此外，商业发展和工业发展也对夏威夷群岛的进步做出了重要贡献。

美国传教士来到夏威夷群岛前的许多年里，夏威夷群岛上一直有外国商人和外国居民，但外国人并没有改变夏威夷人的生活状况。一些优秀的人向夏威夷人介绍了许多文明的生活方式，但也有一些不入流的人对夏威夷人产生了不良影响。从整体上看，外国人并没有对夏威夷人产生有利影响。每年，许多水手离开捕鲸船来到岛上。过去人们常说，外国水手前去捕鲸时，将良心抛在了脑后。无论如何，大多数外国水手非常粗鲁，在公共场合的行为极不体面。1822年，夏威夷政府颁布的第一部成文法律就是为了遏制外国水手的恶行。外国水手的言行举止对夏威夷人产生了很不好的影响。法律内容如下：

> 鉴于近来岛上出现的骚乱，以及秩序混乱、居民受扰等现象，皆因外国水手的任性妄为所致，国王特此下令，今后，任何船上的水手，一旦被发现制造骚乱或扰乱治安，将被立即拘捕，直到每名罪犯支付三十美元的保释金。船长已被告知，所有擅离职守的水手将被交给各自的指挥官。未经国王许可，外国水手不得留在岸上。

> 奉国王之命，约翰·里夫斯写
> 1822年3月8日制定于瓦胡岛

为了维护王国的和平与安宁，国王特此下令：居住在岛上的外国人如果骚扰陌生人，或以任何方式扰乱治安，一经投诉，将被拘禁在堡垒里，随后立即将其驱逐出去。

> 奉国王之命，约翰·里夫斯写
> 瓦胡岛传教团印刷厂印制

1825年左右，在传教士的指导下，夏威夷酋长们颁布了一些非常严苛的法律，试图遏制外国水手日益猖獗的恶行，尤其是火奴鲁鲁和拉海纳地区。有时，许多外国水手得到了船长的支持，试图用暴力手段阻止这些法律的实施。在很大程度上，外国水手的敌意是针对传教士的。1825年10月、1826年10月和1827年10月，捕鲸船上的水手们威胁到了传教士威廉·理查兹的生命安全。1827年，外国水手向威廉·理查兹的房子发射了几枚炮弹。1826年1月，约翰·珀西瓦尔指挥的"海豚"号上的水手袭击了卡拉尼莫库的房子和火奴鲁鲁的传教场所。尽管发生了很多暴力事件，但夏威夷酋长们依然坚持自己的立场。1827年12月，卡美哈梅哈三世颁布了一系列严苛的成文法。

1825年，博基从英国回来后，重新担任瓦胡岛的总督，同时被任命为卡美哈梅哈三世的私人监护人。1827年，卡拉尼莫库去世后，博基似乎滋生了接替卡拉尼莫库的野心，甚至对加休曼努及其拥有的权力产生了妒忌。由于加休曼努支持传教士，博基转而支持反对传教士的外国人。于是，博基结交了一些行为不检的外国人，养成了放荡和挥霍的恶习，并且试图影响卡美哈梅哈三世，取代加休曼努。约1829年年初，在怀基基，博基召集了大批追随者，企图发动叛乱。最终，他被人说服放弃了叛乱计划。然而，博基已经负债累累，陷入麻烦中无法自拔。

1829年年底，一艘从澳大利亚来的船给夏威夷人带来了一条消息，称南太平洋的一座岛上盛产檀木。博基认为这是一个摆脱债务的机会，于是装备了两

威廉·理查兹

艘船——"卡美哈梅哈"号和"贝克特"号,带领近五百名随从,于1829年12月2日从火奴鲁鲁出发,前去寻找盛产檀木的岛屿。1830年8月,"贝克特"号载着二十个幸存者回到夏威夷群岛。"卡美哈梅哈"号再也没有回来。现在看来,"卡美哈梅哈"号应该在海上失事了,博基及其大多数追随者都遇难了。与此同时,疾病和饥饿吞噬了"贝克特"号上的大多数人。

在动荡不安的年代里,加休曼努是夏威夷王国的实际掌权者。她大力支持传教士,赞扬传教士为夏威夷群岛的教育和文明进步做出的所有贡献。1832年6月,在火奴鲁鲁附近马诺阿山谷的家中,加休曼努去世。随后,卡美哈梅哈的女儿伊丽莎白·基瑙掌权,称加休曼努二世。当时,尽管夏威夷酋长们严格按照法律行事,但许多外国人的恶行依然存在。不过,夏威夷群岛的情况逐步得到了改善。加休曼努二世竭力奉行加休曼努在世时颁布的政策,但她缺乏加休曼努的领导能力或政治影响力。一些人开始反对加休曼努二世。随后一两年内,夏威夷群岛的情况越来越糟糕。卡美哈梅哈三世逐渐受到了反传教人士的影响。

1833年春,二十岁的卡美哈梅哈三世宣布自己成年,打算亲自执政。很多人认为,卡美哈梅哈三世可能会任命一位反传教人士取代加休曼努二世,但卡美哈梅哈三世并没有这样做,甚至承认了加休曼努二世的地位。1833年以后,夏威夷群岛的情况逐渐好转。

传教士们感受到了夏威夷群岛变化带来的影响。对传教士们来说,加休曼努在世时的强大影响力对他们帮助很大。但加休曼努去世后,传教士们发现,传教工作越来越困难了。由于遭到了各方面的反对,夏威夷群岛教堂里的教徒数量逐渐减少,新的教徒也越来越少。许多教会学校被废弃了。但这一切只是暂时

青年时期的卡美哈梅哈三世

的。1825年到1840年，先后有六批传教士从美国来到夏威夷群岛，增援夏威夷群岛传教团，并且在所有岛上设立了新传教点，大力开展传教和教学工作。传教士们的积极努力取得了丰硕成果。统计数据显示，在夏威夷群岛传教团到达夏威夷群岛的前十七年中，夏威夷群岛的教堂只接纳了一千二百五十九人，但接下来的三年中，教堂接纳了二万多人。这一数据体现了夏威夷群岛新教的复苏。随后，夏威夷群岛的新教迅速复苏并发展。

到达夏威夷群岛后不久，传教士们开办了学校。教会学校很快受到了夏威夷人的欢迎。聪明的学生学会阅读后，被派到邻近的乡村地区开办学校。一位传教士生动描述了教会学校的扩展方式："一个叫穆奥的年轻人曾经的工作是给毛伊岛总督霍阿皮利点烟斗。他是一个非常聪明的学生。霍阿皮利派穆奥去普纳地区当教师。穆奥担任了一个重要职位，并且创办了一所学校。夏威夷群岛的学生一旦学有小成，就会被派往邻近村庄担任教师。穆奥继续培养教师，直到普纳地区的每个村庄都配备了一名教师。从夏威夷岛到瓦胡岛，类似的做法一直进行着。"

1826年，夏威夷群岛约有四百名本地教师。传教士到达夏威夷群岛十年后，夏威夷群岛三分之一的人口入学接受了教育。大部分学生学会了阅读，部分学生学会了写作，少数学生学会了算术基本原理。夏威夷群岛早期的教会学校有一个特点，即除了少数儿童，其他学生都是成年人。1829年，在瓦胡岛上，只有约十分之一的学生是儿童。因此，教师们不得不花很多时间教想学书写的成年人写作，很少关注儿童教育。在自己学会阅读前，父母不希望孩子上学。夏威夷群岛的儿童也很难管教，不像现在的儿童那样喜欢上学。

约1832年，夏威夷群岛早期的学校体系得到了最大发展。当时，对学习感兴趣的大多数夏威夷人得到了本地教师可以传授的所有知识。人们至今还记得，约1833年，夏威夷人反对传教士的情绪高涨，教会学校因此逐渐减少。教会学校虽然没有被全部废弃，但许多校舍完全荒废了。教会学校逐渐衰败。

但1833年前，传教士们逐渐完善了夏威夷群岛的教育制度。首先，从1828年开始，传教士们努力将夏威夷儿童吸引进学校，在不同的传教站为夏威夷儿

拉海纳鲁纳神学院

童开设课程。1829年12月,传教士们出版了第一本儿童读物,并且将儿童读物分发给了学校的每个儿童。传教士们设法引起夏威夷酋长和家长们对儿童教育的关注。1835年,毛伊岛总督霍阿皮利颁布了一部法律,规定所有四岁以上的孩子必须上学。

与此同时,传教士们将更多时间花在了教育工作上。在所有传教站,传教士们设立了培训班,为普通教会学校培训教师。美国外国传教委员会从美国派教师前往夏威夷群岛,负责培训教师的工作。

此外,在夏威夷群岛,传教士们成立了一所神学院和几所寄宿学校,对聪明上进的青年进行更全面的培训。夏威夷群岛第一所重要学校是毛伊岛的拉海纳鲁纳神学院。1831年9月,拉海纳鲁纳神学院开学,洛林·安德鲁斯担任院长。

为了稳固拉海纳鲁纳神学院的教学，传教士们付出了很多努力。可喜的是，几年内，拉海纳鲁纳神学院有了坚固的教学楼和完善的教学设备。此外，美国外国传教委员会派了几位传教士来拉海纳鲁纳神学院担任教师。1839年，拉海纳鲁纳神学院的工作人员包括三名传教士、一名传教士教师和一名印刷工，约有六十名学生。人们期望拉海纳鲁纳神学院成为"夏威夷群岛教育的摇篮"。在很大程度上，拉海纳鲁纳神学院的发展史印证了这一期望。

1836年，在希洛地区，戴维·B.莱曼创办了一所男子寄宿学校。希洛地区非常重视手工业和农业。希洛寄宿学校的主要目标之一是为拉海纳鲁纳神学院招收男性学生。1838年，提图斯·科恩在希洛办了一所女子寄宿学校。这所学校持续了约八年。对夏威夷女性来说，最重要的学校是毛伊岛怀卢库的女子寄宿中心学校。1837年，乔纳森·S.格林指导创办了怀卢库女子寄宿中心学校，办学目的之一是培养一批年轻女性，使其成为受教育年轻男性的选择对象，为建立新教家庭树立良好榜样。

因此，1840年，传教士们确立了包括三类学校在内的教育体系。第一类是前面提到的寄宿学校；第二类是部分用于教师培训，部分用于儿童教育的传教站学校；第三类是分散在夏威夷群岛，由本地教师授课的普通学校。1835年到1840年，普通学校有了很大进步。拉海纳鲁纳神学院的毕业生和传教站学校培训的教师都成了出色的教师。夏威夷群岛的许多地方建了舒适的校舍，引入了更完善的教学课程，包括阅读、写作、算术、地理和宗教历史。1840年，夏威夷群岛的学校里约有一万五千名学生，并且大部分是儿童。

与此同时，传教士们还创办了三所具有特殊性质的重要学校。第一所是火奴鲁鲁专门为年幼的酋长提供教育的学校，由阿摩司·S.库克及其妻子管理，应年长酋长的要求为其提供帮助。这是一个家庭学校，有十几个学生。1839年，阿摩司·S.库克和妻子担任年幼酋长的家庭教师。1840年春，他们开始在一间新建的房子里教学。后来，这所学校最初的学生中有五个学生成了夏威夷王国的重要人物，其中有四个男孩和一个女孩。随后，阿摩司·S.库克开始接纳其他儿童。这所学校被称为王室学校，至今依然存在。

1833年1月，在火奴鲁鲁，瓦胡岛慈善学校开学。创办瓦胡岛慈善学校的目的是教育与夏威夷女性结婚的外国居民的子女。资助学校和建校舍的资金是白人居民和外国船长募捐的。最初，受托管理瓦胡岛慈善学校的人中有美国和英国的领事及几位商人。瓦胡岛慈善学校的第一位教师是美国传教士安德鲁·约翰斯顿。多年来，瓦胡岛慈善学校是夏威夷群岛唯一供说英语的孩子学习的学校，学生来自西班牙属加利福尼亚殖民地、堪察加半岛、俄罗斯东部、亚洲和一些太平洋岛屿。经过多年发展，瓦胡岛慈善学校成了火奴鲁鲁现在的波胡凯纳学校。

1841年，经过几年讨论，传教士们最终投票决定，在火奴鲁鲁附近的普纳侯建一所学校，为自己的孩子提供教育。丹尼尔·多尔任普纳侯学校的首任校长。1842年，在一座有土坯墙和茅草屋顶的建筑中，普纳侯学校开学。普纳侯学

丹尼尔·多尔

校是夏威夷群岛最重要的学校之一。几年后，除了传教士的子女，普纳侯学校开始接纳其他人的子女。1849年，普纳侯学校得到了夏威夷政府特许，1853年被授予"瓦胡学院"的名称，多年来一直很出名。最近，这所学校恢复了早期"普纳侯学校"的名称。

卡美哈梅哈一世统治时期，制定了他认为合适的法律。最著名的法律是"碎桨法令"。卡美哈梅哈二世统治时期和卡美哈梅哈三世统治早期，酋长委员会变得越来越重要。新法律一般经酋长委员会讨论通过，然后由国王和首相批准。

印刷机传入夏威夷群岛前，夏威夷群岛的法律主要通过口头传播，由官方特别指定的传令官发布。即使是引进印刷术后，口头颁布法律的方式依然没有消失。1824年，在拉海纳，加休曼努以口头公布方式颁布了一系列法律，包括禁止谋杀、偷窃、打架，以及禁止以工作或游戏方式亵渎安息日等，并补充说："学校成立后，所有人都要学习书写。"1822年3月，夏威夷王国颁布了第一部成文法。这部法律与外国水手制造的骚乱有关。1825年，夏威夷王国印刷颁布了一部法律，其中包含火奴鲁鲁港口的进出口制度。1827年，卡美哈梅哈三世印刷颁布了另一部法律，禁止各种犯罪行为。此后，夏威夷王国的大部分法律通过印刷颁布，并且不断进行了修改和完善。

外国人到达夏威夷群岛前，夏威夷群岛几乎不受法律约束，现有法律非常简单，因为夏威夷人的生活并不复杂。但外国商人大量涌入夏威夷群岛后，尤其是外国人来夏威夷群岛定居后，夏威夷王国的国王和酋长们认为有必要制定法律，解决非夏威夷人造成的新问题。一些外国人反对夏威夷王国颁布的法律，甚至声称自己不会遵守夏威夷王国的法律，夏威夷王国的国王和酋长无权要求外国人遵守法律。多年来，在夏威夷群岛，外国人制造了很多麻烦。1830年到1840年，夏威夷王国的独立性似乎开始依赖夏威夷人和外国人之间的关系，即使是品行高尚的外国人，有时也会觉得夏威夷政府非常混乱和武断。

夏威夷王国的国王和酋长们想有所作为，但缺乏知识和经验，不知道如何妥善处理新问题。他们试图弄清楚外国政府管理国家及组织文明政府的方法，并且从外国船长、旅客和商人口中得到了许多合理建议。1836年，夏威夷政府给美国外国传教委员会写了一封信，请求派一位教师指导夏威夷政府处理政务。最终，1838年，夏威夷王国邀请威廉·理查兹做夏威夷群岛的教师和翻译。威廉·理查兹接受了邀请，从夏威夷群岛传教团辞职，开始履行新职责，给夏威夷酋长们做了一系列关于政府管理的讲座。从那时起直到1847年去世，威廉·理查兹一直为夏威夷人及其统治者的利益服务。当时，对夏威夷王国来说，威廉·理查兹的工作至关重要。

1839年，卡美哈梅哈三世和酋长们向前迈出了一大步，通过了《权利宣言》和一部关于财产和税收的法律。文件宣布，"国家制定的法律如果只是为了保护统治者的利益，而不是人民的利益，就是很不合理的。颁布法律的目的是使酋长们变得更富有，而不考虑人民的生活条件，也是很不合理的。所有夏威夷人的人身安全和一切财产均受法律保护。除了法律明文规定,任何人不能剥夺他人的任何财产。违反法律的酋长将没有资格继续担任酋长。总督、官员和一切土地代理人同样不得违反法律。"

1839年前,夏威夷平民几乎没有任何权利。他们占有的土地、财产和劳动都要服从酋长的安排。

1840年10月8日,卡美哈梅哈三世颁布了一部正式的《宪法》,其中包括1839年的《权利宣言》和颁布的法律。根据1840年的《宪法》,卡美哈梅哈三世自愿放弃了以前拥有的部分绝对权力。《宪法》规定,夏威夷王国的行政权应该掌握在国王、首相和四位实际上是国王代理人的总督手中,立法权归酋长委员会和人民选出的代表所有。国王和首相是酋长委员会的成员。起初,由人民选举产生的代表很少。选举代表是新的观念,夏威夷人花了很长时间才适应选举制度。立法机构每年举行一次会议,酋长委员会和人民代表分开或在一起开会,视情况而定。新法律必须由立法机构通过,并由国王和重要大臣批准。新设立的最高法院由国王、首相和酋长委员会选定的四名法官组成。下级法官由各岛的总督任命。

1820年到1840年,夏威夷群岛的贸易和商业有了显著发展。1820年,檀木贸易是夏威夷群岛的主要贸易。但接下来的十到十五年里,檀木贸易逐渐消失了。檀木贸易消失的最主要原因很可能是捕鲸人的到来。约1820年,日本沿海出现了一个极具价值的抹香鲸渔场。一两年内,大批捕鲸人从美国来到夏威夷群岛。一些捕鲸人来自英国和其他国家。当时,日本沿海的抹香鲸渔场对外国人不开放,夏威夷群岛是捕鲸人休息和获取补给的最佳地点。1840年,夏威夷群岛的财政收入主要依赖捕鲸。其间,每年有五十到一百艘捕鲸船到访夏威夷群岛的各个港口。

起初,捕鲸人只购买鲜肉、蔬菜、木材和淡水。过了一段时间,夏威夷群岛的商店营业,开始供应其他商品,如面粉、衣服、五金、帆布等。为了进行必要的维修工作,夏威夷群岛建了一个修船厂。因此,大量外国商人、木匠和技工陆续来到夏威夷群岛。

其间，夏威夷群岛和美洲海岸之间的贸易额大幅增长。记录显示，美国、欧洲和中国的商船装载大量货物，将部分货物卖给了捕鲸人，部分卖给了夏威夷人，部分出口到了加利福尼亚、俄勒冈、俄罗斯人的定居点和太平洋上的其他岛屿。加利福尼亚和俄勒冈等地也进口商品，部分在当地销售，部分出口到美国、欧洲和中国。为了进行商业活动，夏威夷人在火奴鲁鲁成立了几家商行。

夏威夷群岛文明进步的另一个事实是，虽然存在许多令人沮丧的情况，但夏威夷人很重视开发当地的自然资源。在夏威夷群岛，早期航海家留下的牛和羊数量激增，皮革和羊皮成为夏威夷群岛的重要出口商品。1840年，夏威夷群岛出现第一个甘蔗种植园。夏威夷人努力生产丝绸和咖啡。1840年春夏，夏威夷群岛的商品出口额如下：山羊皮，一万美元；其他皮革，一万八千五百美元；盐，二千二百二十五美元；烟草，三百美元；糖，一万八千美元；糖浆和糖蜜，七千三百美元；库奎油，五百美元；竹芋粉，一千七百美元；船舶用品，一万六千五百美元。

对比1820年和1840年的火奴鲁鲁，火奴鲁鲁的发展充分说明了夏威夷群岛当时的发展概况。从现有文献资料可以清楚了解到，1820年，火奴鲁鲁的居住地只是一个混乱的村落，靠近港口，有五六座欧洲风格的木头或石头建筑，以及三四家店铺，全部人口约三千或四千人。

1840年，火奴鲁鲁居住地的人口翻了一倍，约有六百名外国居民，还有许多用木头、石头或土坯建成的建筑物，茅草屋也得到了改善。火奴鲁鲁的镇子一直向怀基基延伸到传教站。努瓦努和普纳侯地区开始出现村落。一套完整的街道系统逐渐建立起来，火奴鲁鲁港口沿岸地区的环境也得到了改善。1836年到1839年，夏威夷群岛印刷出版了英语报纸《夏威夷群岛公报》。1840年6月，《波利尼西亚人报》出版。1840年10月，《波利尼西亚人报》的编辑发表了一篇关于"火奴鲁鲁的改善和变化"的文章。文中写道："过去一年是充满活力的一年。街道加宽、修直和开通了，房屋和商店建起来了，旧房屋拆除了，公共工程开始了。现在，一切都呈现出欣欣向荣的样子……外国人和夏威夷人身上出现了一种进取精神。我们猜想，这是夏威夷群岛越来越繁荣的体现……横穿镇子的

19世纪30年代的火奴鲁鲁

宽阔大道将成为美丽的街道。四轮马车、两轮马车等越来越多，镇子也变得越来越热闹。夏威夷女性开始热切地讨论时尚问题。人们对丰富多彩的现代物品的需求逐渐增加。"

《波利尼西亚人报》的编辑列出了大量商店、公共建筑、贸易和职业，包括四座教堂、七所学校、一间图书馆或阅览室、两间海员医院、一座政府大楼、法兰西领事馆、英国领事馆和美国领事馆，以及四家批发商店和二十家零售商店、两家宾馆、两家酒馆、十二家酒吧、两间台球室、七座保龄球馆，还有各种各样的商人、工匠和普通技工等。

第13章

天主教传教团

精彩看点

天主教传教团——天主教传教团在火奴鲁鲁港登陆——天主教教徒遭到迫害——驱逐亚历克西斯·巴舍洛和帕特里克·肖特——天主教传教士的第二次尝试——亚历克西斯·巴舍洛和帕特里克·肖特返回夏威夷群岛——天主教传教团的麻烦结束——反对天主教教徒的理由

法兰西人约翰·里夫斯的活动促成了成立夏威夷群岛天主教传教团的计划。约翰·里夫斯是卡美哈梅哈二世的朋友兼秘书,1823年曾随卡美哈梅哈二世前往英国访问。抵达英国后,他被解雇了。不久,他前往法兰西探望家人。"见过家人后,约翰·里夫斯与法兰西政府及私人组织进行了商议,希望在他所谓的夏威夷领地上建一个法兰西人定居点。"约翰·里夫斯对建定居点的计划做出了不切实际的承诺。随后,法兰西人建造了两艘船。一艘是"彗星"号,由法兰西政府赞助;另一艘是"英雄"号,由一群法兰西资本家赞助。

此外,约翰·里夫斯向巴黎的美国外国传教委员会神学院提出申请,希望派天主教传教士前往夏威夷群岛。约翰·里夫斯的请求被转到罗马,得到了教皇的赞许。教皇授权法兰西本土的一个宗教团体——耶稣和玛丽亚圣心会,派传教士前往夏威夷群岛组建天主教传教团。耶稣和玛丽亚圣心会派出了亚历克西斯·巴舍洛、亚伯拉罕·阿曼德和帕特里克·肖特,以及非神职修士西奥多·布瓦西耶、梅尔基奥·邦迪和利奥诺·波特尔。其中,亚历克西斯·巴舍洛担任天主教传教团团长。1826年11月20日,在一名法兰西律师的领导下,天主教传教团乘"彗星"号,在几名机械师的陪同下,从波尔多港起航。法兰西律师得到法兰西政府的非正式指示,"在夏威夷群岛上安置天主教传教团及机械师"。1827年7月7日,天主教传教团抵达火奴鲁鲁港。

1826年4月,约翰·里夫斯乘"英雄"号从勒阿弗尔港起航。"英雄"号打算在加利福尼亚和墨西哥沿岸进行贸易，然后前往夏威夷群岛。约翰·里夫斯承诺，在夏威夷群岛，他会替作为法兰西定居点核心人物的传教士和机械师做好准备。但他没有回到夏威夷群岛。约翰·里夫斯的食言给所有参与此项计划的人带来了麻烦。约翰·里夫斯并没有像声称的那样，在夏威夷群岛拥有很多土地和影响力。他拥有的一切都是卡美哈梅哈二世赏赐的。然而当时，控制夏威夷政府的加休曼努对约翰·里夫斯并不友好。

在没有获得官方许可的情况下，天主教传教团登陆夏威夷群岛，租了一个有三间草棚的小围场。加休曼努命令"彗星"号的船长带走天主教传教团，但"彗星"号的船长拒绝了，留下了天主教传教团。约1827年8月月底，随天主教传教团来的法兰西律师从卡美哈梅哈三世手中获得了一块土地，供非神职修士使用。天主教传教士的居住点也搬到了这里。1828年1月，夏威夷群岛的第一个天主教小教堂向公众开放。1828年年底，五个夏威夷成年人和十二个夏威夷儿童接受了天主教的洗礼。1829年，共有六十五个夏威夷成年人和十七个夏威夷儿童接受了天主教的洗礼。

到达夏威夷群岛的最初两年里，天主教传教团的传教活动没有受到任何干扰。博基及其追随者对天主教传教士非常友好。在担任瓦胡岛总督期间，博基给予了天主教传教团很多帮助。一些外国人反对新教传教士，支持天主教传教士。新教传教士利用自己的影响力，阻止天主教教义在夏威夷群岛传播。加休曼努和其他接受新教教义的酋长们看到天主教传教士们取得了成功，试图阻止天主教传教团的传教活动。1829年8月，夏威夷政府颁布了一项公告，禁止夏威夷人参加天主教礼拜。天主教传教士可以向外国人传播天主教教义，但不能向夏威夷人传播天主教教义。

尽管有禁令，许多夏威夷人仍然继续前往天主教教堂。一些夏威夷人因此受到了惩罚，被关进了监狱，连续几天做苦工建造石墙，或者编织席垫。有几个夏威夷人还被强制在堡垒里做清扫工。夏威夷政府对天主教教徒的迫害断断续续，时轻时重，持续了八年左右，但一直没有达到统治者预期的效果。

夏威夷酋长们看到惩罚并没有使夏威夷人放弃天主教信仰，决定将天主教传教士驱逐出去。1831年4月月初，亚历克西斯·巴舍洛和帕特里克·肖特被勒令三个月内离开夏威夷群岛。但几个月过去了，亚历克西斯·巴舍洛和帕特里克·肖特并没有离开，称自己无处可去，也没有钱支付路费。最后，夏威夷政府派"韦弗利"号将亚历克西斯·巴舍洛和帕特里克·肖特驱逐出去。1831年12月24日，"韦弗利"号从火奴鲁鲁港起航，在离洛杉矶不远的加利福尼亚海岸登陆。亚历克西斯·巴舍洛和帕特里克·肖特离开后，夏威夷群岛只剩一个天主教传教士，即非神职修士梅尔基奥·邦迪。

梅尔基奥·邦迪不断向上级汇报夏威夷群岛发生的事情。1833年，卡美哈梅哈三世亲征。天主教传教士决定再试一次。1835年，一个叫科伦坡·墨菲的非

19世纪30年代的卡美哈梅哈三世

神职修士考察了火奴鲁鲁的情况。1836年，天主教传教士尼乌斯·沃尔什来到夏威夷群岛，但被命令离开。与此同时，法兰西军舰"金枪鱼"号抵达火奴鲁鲁港。通过法兰西海军中校的努力，夏威夷酋长们允许尼乌斯·沃尔什留下来，但仅限给外国人传教。

"金枪鱼"号离开后，英国军舰"阿克特翁"号抵达夏威夷群岛。1836年11月16日，"阿克特翁"号船长爱德华·拉塞尔代表英国政府，与夏威夷政府签订了一份条约。条约规定，"在获得夏威夷王国国王同意的情况下"，英国人可以在夏威夷群岛进行贸易、居住、建房屋和仓库等。很多人试图使尼乌斯·沃尔什获得在夏威夷群岛传教的权力，因为尼乌斯·沃尔什是英国人，但没有成功。然而，接下来的几年中，尼乌斯·沃尔什确实将天主教教义传播给了一些夏威夷人。

在加利福尼亚逗留期间，亚历克西斯·巴舍洛和帕特里克·肖特一直没有放弃返回夏威夷群岛的想法。后来，教皇的来信和来自夏威夷群岛的消息鼓舞了亚历克西斯·巴舍洛和帕特里克·肖特。1837年4月17日，两人获准乘"克莱门汀"号前往夏威夷群岛。当时，卡美哈梅哈三世和加休曼努二世在拉海纳，不在夏威夷岛。一开始，夏威夷岛的总督命令亚历克西斯·巴舍洛和帕特里克·肖特回到船上，但后来允许两人留在岸上，直到卡美哈梅哈三世和加休曼努二世回来。1837年4月30日，加休曼努二世带着卡美哈梅哈三世的命令抵达火奴鲁鲁港，确认驱逐亚历克西斯·巴舍洛和帕特里克·肖特，并且下令两人乘来时的船离开。

巧合的是，"克莱门汀"号归火奴鲁鲁的法兰西人朱尔斯·迪杜瓦所有，但挂着英国旗帜航行，并且被租给了一个叫辛克利的美国商人。到达火奴鲁鲁港卸下货物后，"克莱门汀"号回到了朱尔斯·迪杜瓦手中。因此，朱尔斯·迪杜瓦不负责带走亚历克西斯·巴舍洛和帕特里克·肖特，宣称不会让亚历克西斯·巴舍洛和帕特里克·肖特上船，除非两人自愿离开并支付费用。夏威夷酋长们称，既然"克莱门汀"号将两人带来了，就应该负责带走。随后是一场激烈的辩论，英国和美国领事站在天主教传教士和朱尔斯·迪杜瓦一边。

最后，亚历克西斯·巴舍洛和帕特里克·肖特被迫登上了"克莱门汀"号。朱尔斯·迪杜瓦降下了英国国旗，下了船，将英国国旗交给了英国领事理查德·查

爱德华·贝尔彻

尔顿。在大街上，理查德·查尔顿公开焚烧了英国国旗，称英国国旗被夏威夷政府亵渎了。这件事发生在1837年5月。1837年7月月初，爱德华·贝尔彻指挥英国军舰"硫黄"号，杜珀蒂·图阿尔指挥法兰西军舰"金星"号，抵达火奴鲁鲁港。两位指挥官卷入了这场争论。与加休曼努二世愤怒交谈后，爱德华·贝尔彻派出一支海军陆战队，将亚历克西斯·巴舍洛和帕特里克·肖特送到了岸上。随后，爱德华·贝尔彻和杜珀蒂·图阿尔护送亚历克西斯·巴舍洛与帕特里克·肖特到了故居。

过了几天，卡美哈梅哈三世从拉海纳回来，与爱德华·贝尔彻和杜珀蒂·图阿尔进行了长谈。卡美哈梅哈三世拒绝改变决定。爱德华·贝尔彻承认了夏威夷政府的决定,签署了一份承诺书,约定让帕特里克·肖特一有机会就离开夏威夷群岛。杜珀蒂·图阿尔也为亚历克西斯·巴舍洛签了一份类似的承诺书。几天后,卡美哈梅哈三世和杜珀蒂·图阿尔签署了一份协议,规定在夏威夷群岛,法兰西人享有与其他外国人同样的权利。1837年10月月底,帕特里克·肖特乘船前往瓦尔帕莱索。

获悉亚历克西斯·巴舍洛和帕特里克·肖特第二次尝试进入夏威夷群岛的结果前,耶稣和玛丽亚圣心会派传教士路易·德西雷·迈格雷和科伦坡·墨菲前往夏威夷群岛,设法获得住处。1837年11月2日,两人抵达了火奴鲁鲁港,但被禁止登陆。科伦坡·墨菲刚刚得到任命,还没有人知道他的传教士身份。英国领事对加休曼努二世说,科伦坡·墨菲不是传教士。因此,科伦坡·墨菲得到许可登陆。但夏威夷政府坚决拒绝路易·德西雷·迈格雷留在夏威夷群岛上。

路易·德西雷·迈格雷

鉴于这一事实，加上亚历克西斯·巴舍洛还在火奴鲁鲁，天主教传教士们决定从朱尔斯·迪杜瓦手中买一艘纵帆船。1837年11月23日，路易·德西雷·迈格雷和亚历克西斯·巴舍洛乘"和平女神"号从火奴鲁鲁港起航。当时，亚历克西斯·巴舍洛身体状况不佳，1837年12月5日上午，亚历克西斯·巴舍洛在海上去世，被葬在加罗林群岛波纳佩岛海岸附近的小岛纳岛上。

路易·德西雷·迈格雷和亚历克西斯·巴舍洛离开后不久，卡美哈梅哈三世颁布了一项法律，禁止夏威夷人传播或实践天主教教义，同时禁止天主教传教士进入夏威夷群岛。为了实施这项法律，夏威夷政府付出了巨大努力。迫害夏威夷群岛天主教教徒的运动重新开始了。因此，很多天主教教徒离开火奴鲁鲁，来到了怀阿纳埃岭地区。怀阿纳埃岭的酋长对天主教教徒很友好，但不允许天主教教徒定居下来。

虽然颁布了新法律，但在各种因素的协同作用下，针对天主教的禁令被废除了。这些因素包括访问夏威夷群岛的外国官员的建议、被任命为夏威夷政府顾问的威廉·理查兹的指示、1839年4月加休曼努二世的去世、担心法兰西政府报复等。因此，1839年6月，卡美哈梅哈三世颁布了一项宽容法令，停止驱逐天主教教徒。这项法令和1839年7月到访夏威夷群岛的法兰西军舰"阿特米斯"号标志着官方阻止天主教教徒进入夏威夷群岛的时代结束。

从目前的情况来看，夏威夷政府坚决反对天主教传入夏威夷群岛的做法似乎有些奇怪。我们必须记住，即使是一百年前，新教教徒和天主教教徒之间也存在很多争议。我们还必须记住，在此之前，夏威夷群岛从来没有承认过一种以上的宗教形式。废除禁忌制度前，夏威夷政府和宗教制度紧密相连。1820年，美国传教士来到夏威夷群岛后，夏威夷酋长们接受了新教教义。新教几乎成为夏威夷王国的国教，尽管新教与夏威夷政府之间从来没有任何官方联系。

卡美哈梅哈三世和夏威夷酋长们解释反对天主教的原因时说，夏威夷群岛不能同时存在两种宗教，因为两种宗教会造成夏威夷王国的分裂，导致很多麻烦。他们还说，天主教的仪式就像1819年废除的禁忌制度。此外，天主教传教士未经许可进入了夏威夷群岛，无权在夏威夷群岛逗留。天主教作家说，夏威夷政府反对天主教的根本原因是受到了新教教义的影响。在某种程度上，这无疑是正确的。夏威夷酋长们将新教教义应用到了夏威夷人的生活实践中。有证据表明，新教传教士并不赞成迫害夏威夷群岛的天主教教徒。

现在，我们依然很难看出如何避免当时的麻烦。然而，毋庸置疑，天主教传教士、新教传教士和夏威夷酋长的信仰都是虔诚的。他们竭尽所能履行了自己理解的神圣职责。

第 **14** 章

美国、英国和法国承认夏威夷王国独立

精彩看点

法兰西政府的政策——"阿特米斯"号到访夏威夷群岛——"伏击"号访问夏威夷群岛——争取独立——暂时割让夏威夷群岛给英国——英国委员会的管理——J. F. B. 马歇尔的使命——理查德·托马斯恢复夏威夷王国的独立——承认夏威夷王国独立

夏威夷统治者对待天主教教徒的态度使得夏威夷政府与法兰西政府的关系陷入僵局。在整个太平洋地区，法兰西政府是天主教传教士的保护者。当时，法兰西政府试图扩大在太平洋地区的商业利益，建立一个殖民帝国。社会群岛的情况与夏威夷群岛非常相似，主要区别在于，社会群岛的新教传教士是从英国来的。在夏威夷群岛和社会群岛，天主教传教士都遭到了驱逐。1836年12月到1837年1月，社会群岛的天主教传教士遭到驱逐。随后，一位天主教传教士前往法兰西和罗马，向法兰西政府和教皇陈述了这件事。美国驻社会群岛领事也给法兰西政府写了一封信，信中对英国新教传教士充满敌意。因此，1838年夏，在瓦尔帕莱索，法兰西军舰"金星"号指挥官杜珀蒂·图阿尔接到法兰西政府的命令，"前往社会群岛，要求社会群岛的统治者补偿受到侮辱的法兰西传教士"。1838年秋，杜珀蒂·图阿尔领命前往社会群岛，同时在马克萨斯群岛安置了三名法兰西天主教传教士。

与此同时，法兰西政府收到了有关夏威夷群岛近况的报告。当时，为了法兰西的商业利益，法兰西军舰"阿特米斯"号正在皮埃尔-西蒙·拉普拉斯的指挥下进行环球航行。1839年年初，在悉尼，皮埃尔-西蒙·拉普拉斯接到命令访问了社会群岛，为法兰西天主教传教士受到驱逐一事要求赔偿。在塔希提岛，皮埃尔-西蒙·拉普拉斯迫使社会群岛统治者签署了一份条约，给予了天主教传教士自由和保护。

1839年7月9日,"阿特米斯"号抵达火奴鲁鲁。皮埃尔-西蒙·拉普拉斯与朱尔斯·迪杜瓦进行了会谈。在没有进行任何调查的情况下,他们向卡美哈梅哈三世递交了一份"宣言",指责夏威夷酋长违反了与杜珀蒂·图阿尔签订的条约,称"以偶像崇拜的名义玷污天主教,以荒谬的借口驱逐法兰西人,是对法兰西政府的侮辱"。皮埃尔-西蒙·拉普拉斯要求卡美哈梅哈三世签署一份包含以下条款的条约:第一,宣布夏威夷群岛的天主教信仰自由;第二,在火奴鲁鲁为法兰西天主教传教士提供一块土地,建一座天主教教堂;第三,停止对夏威夷群岛天主教教徒的迫害;第四,拿出两万美元作为将来履行条约的保证,由皮埃尔-西蒙·拉普拉斯保管,在法兰西政府确信夏威夷政府会遵守条约时予以归还;第五,卡美哈梅哈三世签署的条约由高级酋长送到"阿特米斯"号上,鸣炮二十一响致敬法兰西国旗。皮埃尔-西蒙·拉普拉斯补充说,如果卡美哈梅哈三世不同意签订条约,战争就会立即开始。

皮埃尔-西蒙·拉普拉斯提出上述条款时,卡美哈梅哈三世还在拉海纳。在卡美哈梅哈三世缺席的情况下,首相和瓦胡岛总督签署了条约。条约规定的两万美元保证金是从火奴鲁鲁的外国商人手中借来的。皮埃尔-西蒙·拉普拉斯提出的所有条件都得到了满足。一两天后,卡美哈梅哈三世回来了,认可了夏威夷酋长们为使国家免于战争所做的一切。

但皮埃尔-西蒙·拉普拉斯还不满意,说服卡美哈梅哈三世签署了另外一份条约。这是一份商业条约,但其中两项条款令人反感。一项条款规定,由法兰西领事指定的外国陪审团审判在夏威夷群岛犯了罪的法兰西人。另一项条款规定,"夏威夷政府不能限制进口法兰西商品,尤其是葡萄酒和白兰地,也不能征收高于商品价5%的进口关税"。1838年,夏威夷政府颁布了一项禁令,禁止进口烈性酒,如白兰地和杜松子酒,1839年1月1日后,夏威夷政府对进口葡萄酒征收每加仑五十美分的关税。因此,这份条约实际上废除了1838年颁布的禁令。

"阿特米斯"号离开夏威夷群岛后的一年内,一位天主教主教和几位传教士抵达火奴鲁鲁,设立了永久性的天主教传教据点,并且建了一座天主教教堂。天主教传教士的努力取得了丰硕成果。天主教学校很快开学,教师迅速到位。

正如人们预料的那样，天主教传教士遇到了许多小困难，尤其是学校制度和婚姻法的宣传和推广。不幸的是，法兰西领事建议，天主教教徒应该向法兰西政府寻求支持，并且向他而不是夏威夷政府提出要求。法兰西领事的目的可能是挑起事端，以便法兰西政府有借口占领夏威夷群岛。天主教教徒采纳了法兰西领事的建议。结果，夏威夷政府没有听到天主教教徒的抗议，也没有机会惩治或遏制天主教教徒可能存在的恶行。

1842年7月，一支法兰西中队占领了马克萨斯群岛。指挥官杜珀蒂·图阿尔派军舰"伏击"号前往夏威夷群岛调查。"伏击"号抵达火奴鲁鲁几天后，马莱特船长写信给卡美哈梅哈三世，指责卡美哈梅哈三世违反了与皮埃尔-西蒙·拉普拉斯签订的条约，并且提出了一系列新要求，旨在确保夏威夷群岛天主教教徒在学习和婚姻方面的特权。回复时，卡美哈梅哈三世否认自己违反了条约，宣称现行法律是公正的，法院对所有人开放并公正地对待所有人。他还补充说，他已经派人前往法兰西签订新条约。马莱特船长没有提出更多要求，很快离开了夏威夷群岛，答应将卡美哈梅哈三世的信交给杜珀蒂·图阿尔。

当时，人们经常问一个问题，即夏威夷群岛会继续保持独立吗？一些人认为，夏威夷群岛会落入法兰西人手中，就像以前的马克萨斯群岛和后来的社会群岛一样。但也有一些人试图让夏威夷群岛归英国所有，如理查德·查尔顿。理查德·查尔顿试图让英国政府干涉夏威夷王国的事务。1840年，理查德·查尔顿自称曾与卡拉尼莫库签订了长期租约，对火奴鲁鲁一块土地的所有权提出了索求。现在，人们认为理查德·查尔顿口中的租约具有欺诈性。过去几年中，理查德·查尔顿的索求一直是麻烦的根源。无论如何，对夏威夷王国的独立性来说，获得美国、英国和法兰西几个大国的承认与保证非常重要。夏威夷政府寻求外国承认的另一个原因是，当时，外国资本家提出了一些关于开发夏威夷群岛农业资源的建议。人们认为，开发夏威夷群岛的建议是可行的。但夏威夷政府的未来很不明朗，开发夏威夷群岛的计划不可能实现。

早在1840年，就有人试图通过美国律师托马斯·J.法纳姆的帮助，使外国承认夏威夷王国的独立性。当时，托马斯·J.法纳姆来到夏威夷群岛，但没有做

乔治·辛普森

出任何承诺,也没有取得任何成就。1842年春,北美洲哈德森海湾公司负责人乔治·辛普森进行环球旅行时,访问了夏威夷群岛。乔治·辛普森对理查德·查尔顿和其他人的指控非常感兴趣,支持卡美哈梅哈三世拒绝接受指控。他建议卡美哈梅哈三世向美国、英国和法兰西派遣大使,如果需要,他乐意成为一位大使。卡美哈梅哈三世采纳了乔治·辛普森的建议。1842年4月8日,卡美哈梅哈三世任命蒂莫西·哈里里奥、威廉·理查兹和乔治·辛普森为大使,希望在可能的情况下,获得世界大国对夏威夷王国独立性的承认和保证。大使们还试图与世界大国缔结新条约,让英国和法兰西任命新的领事代替理查德·查尔顿和朱尔斯·迪杜瓦,并且解决他们与夏威夷王国之间的所有矛盾。

签署任命书前,乔治·辛普森启程,经阿拉斯加和西伯利亚前往伦敦。1842年7月月初,威廉·理查兹和蒂莫西·哈里里奥离开火奴鲁鲁,前往美国。1842年12月月初,两人抵达华盛顿,立即着手处理使馆事务。经过一段时间的拖延,费了一些周折后,两人得到了一封来自美国国务卿丹尼尔·韦伯斯特的信,信的标注日期为1842年12月19日。信中,美国国务卿丹尼尔·韦伯斯特宣称"美国政府的态度是,夏威夷政府应当受到尊重。任何国家都不应该以征服或殖民目的占领夏威夷群岛,也不应该试图控制夏威夷政府,或在商业活动中寻求任何排他性的特权或优惠"。美国国务卿丹尼尔·韦伯斯特正式将美国政府的声明交给了法兰西政府和英国政府。威廉·理查兹和蒂莫西·哈里里奥收到信后,立即乘船去了英国。

起初,在夏威夷群岛,卡美哈梅哈三世派大使前往欧洲和美国的事是保密的。但几个月后,所有人都知道了。理查德·查尔顿知晓后,立即动身前往英国,向英国政府表明观点。他留下了亚历山大·辛普森作为代理领事,但卡美哈梅哈三世拒绝接受亚历山大·辛普森为英国代表。理查德·查尔顿和亚历山大·辛普森都向美国海岸的英国海军军官抱怨,称在夏威夷群岛,英国人及其财产受到了不公正对待。于是,英国驻太平洋舰队指挥官理查德·托马斯派军舰"卡里斯福特"号前去夏威夷群岛调查。

1843年2月10日,"卡里斯福特"号抵达火奴鲁鲁。一个星期后,"卡里斯福特"号指挥官乔治·保利特根据理查德·查尔顿和亚历山大·辛普森的控告,向卡美哈梅哈三世提出了一系列要求,威胁说如果他提出的要求得不到满足,就立即发动进攻。鉴于当时的实际情况,乔治·保利特提出的要求有失公正。但夏威夷群岛没有坚固的防御工事。面对"卡里斯福特"号上的枪炮,卡美哈梅哈三世只能屈服。但卡美哈梅哈三世是在抗议下屈服的,同时告诉乔治·保利特,他已经派夏威夷王国驻英国大使解决所有问题。

卡美哈梅哈三世答应乔治·保利特提出的所有要求后,乔治·保利特和亚历山大·辛普森与卡美哈梅哈三世私下谈了几次。会谈中,两人不断威胁卡美哈梅哈三世。最后,卡美哈梅哈三世决定暂时将夏威夷群岛割让给英国。于是,1843

年2月25日,作为英国维多利亚女王的代表,乔治·保利特与卡美哈梅哈三世签署了夏威夷群岛的临时割让协议。协议以英国政府就所有争议问题做出的决定为准。有报道称,当时,一支法兰西舰队正在前往夏威夷群岛的途中。在官方报告中,乔治·保利特说,对法兰西舰队的恐惧是导致卡美哈梅哈三世割让夏威夷群岛的主要原因。

与此同时,乔治·保利特发布公告,宣布夏威夷王国的现行法律依然有效,规定夏威夷人依然由卡美哈梅哈三世、夏威夷酋长及夏威夷军官管理,有关外国居民和外交关系的事务由卡美哈梅哈三世任命的代表、乔治·保利特、

维多利亚女王

D. F. 麦凯和"卡里斯福特"号上的弗雷尔上尉组成的英国委员会负责。卡美哈梅哈三世任命格里特·P. 贾德为自己的代表。

英国委员会开始以高压方式管理夏威夷群岛。夏威夷群岛的每座岛上都升起了英国国旗，夏威夷王国的国旗全部被烧毁了。英国委员会查封了理查德·查尔顿声称拥有的那片土地，赶走了住户，拆掉了房屋。英国委员会还接管了夏威夷政府的三艘帆船，将帆船名字分别改为"阿尔伯特"号、"阿德莱德"号和"维多利亚"号。卡美哈梅哈三世管理夏威夷人的权力受到了英国委员会的干涉。此外，英国委员会废除了一些合理的法律，组建了一支军队，由夏威夷人组成，号称"女王军团"。夏威夷王国的国库被迫出资支持夏威夷军队。1843年5月10日，格里特·P. 贾德辞职，以示对英国委员会行为的抗议。此后，卡美哈梅哈三世在英国委员会中不再有代表。有趣的是，格里特·P. 贾德偷偷拿走了夏威夷政府之前的记录，将其藏在王室陵墓里，唯恐被英国委员会没收。在王室陵墓里，夏威夷王国的官员用加休曼务的棺材当桌子，继续工作。

乔治·保利特委派亚历山大·辛普森送信给英国政府，安排"阿尔伯特"号将亚历山大·辛普森送到墨西哥。根据之前签订的协议，火奴鲁鲁的一家美国公司有权派代理人乘"阿尔伯特"号前往墨西哥。对夏威夷政府来说，将最近发生的事情如实报告给英国政府非常重要。因此，夏威夷政府安排美国公司代理人J. F. B. 马歇尔担任卡美哈梅哈三世的大使，给英国政府和美国政府送信，同时与乔治·辛普森、威廉·理查兹和蒂莫西·哈里里奥合作。这件事是秘密进行的，乔治·保利特和亚历山大·辛普森对此一无所知。1843年3月11日，"阿尔伯特"号载亚历山大·辛普森和J. F. B. 马歇尔从火奴鲁鲁起航。亚历山大·辛普森带着乔治·保利特的信，J. F. B. 马歇尔带着卡美哈梅哈三世的信。

在瓦尔帕莱索，理查德·托马斯得知乔治·保利特的所作所为后，立刻乘旗舰"都柏林"号前往夏威夷群岛。到达火奴鲁鲁后，理查德·托马斯与卡美哈梅哈三世进行了面谈，很快宣布夏威夷群岛恢复独立。1843年7月31日，在现在被称为托马斯广场的地方，夏威夷群岛正式恢复独立。1843年7月31日早晨，在许多夏威夷人和外国人面前，理查德·托马斯举行了一场令人印象深刻的仪式。英国国旗降了下来,夏威夷王国的国旗升了起来,港口军舰和陆地堡垒上的枪炮齐鸣。1843年7月31日下午,卡瓦雅豪教堂举行了感恩节礼拜。当时,卡美哈梅哈三世说了一句夏威夷人的格言:"大地的生命因正义长存。"

与此同时,卡美哈梅哈三世和理查德·托马斯签署了协议,以友好方式向英国人保证了所有合理的权利和特权。理查德·托马斯在夏威夷群岛待了七个月,一直住在岸上,直到英国新任领事威廉·米勒抵达夏威夷群岛。理查德·托马斯的做法得到了英国政府的支持。

1843年2月18日,威廉·理查兹和蒂莫西·哈里里奥抵达伦敦。乔治·辛普森已经提前到达伦敦。三人会合后立即开始工作。在谈判中,三人得到了影响力极大的哈德森海湾公司和美国驻英国大使的慷慨帮助。他们与外交大臣亚伯丁伯爵乔治·汉密尔顿-戈登的第一次面谈并不顺利,但他们向亚伯丁伯爵乔

乔治·汉密尔顿 – 戈登

治·汉密尔顿-戈登陈述了夏威夷群岛的情况，随后前往巴黎。1843年3月17日，三人与法兰西外交大臣弗朗索瓦·基佐进行了会谈。弗朗索瓦·基佐声明不反对承认夏威夷王国独立，但不能就新条约做出任何承诺。几天后，威廉·理查兹、蒂莫西·哈里里奥和乔治·辛普森回到伦敦，发现弗朗索瓦·基佐的声明对英国官员产生了重要影响。1843年4月1日，亚伯丁伯爵乔治·汉密尔顿-戈登写了一封公函，宣布英国政府愿意承认夏威夷王国在现任国王统治下的独立。

收到亚伯丁伯爵乔治·汉密尔顿-戈登的公函后不久，乔治·辛普森启程前往美国。威廉·理查兹和蒂莫西·哈里里奥返回巴黎，试图获得法兰西政府对夏威夷王国独立的书面承认，同时在可能的情况下谈判新条约。弗朗索瓦·基佐一直拖延此事。在法兰西政府没有采取任何行动前，关于1843年6月1日夏威夷群岛割让给英国的消息传到了欧洲。对威廉·理查兹和蒂莫西·哈里里奥来说，这则消息对他们打击很大。一时间，在巴黎，他们的行动全面受阻。约1843年6月，亚历山大·辛普森和J. F. B. 马歇尔带着信抵达伦敦。1843年7月中旬，威廉·理查兹和蒂莫西·哈里里奥返回伦敦。

英国政府决定放弃占领夏威夷群岛，但必须解决两个问题。第一，解决理查德·查尔顿和亚历山大·辛普森提出的困难；第二，获得法兰西政府对夏威夷王国独立的书面承认。这两件事需要威廉·理查兹和蒂莫西·哈里里奥付出更多努力，也需要法兰西政府和英国政府之间进行谈判。英国放弃占领夏威夷群岛前，法兰西政府并不愿意承认英国对夏威夷群岛的占领。与此同时，在确信法兰西政府不会占领夏威夷群岛前，英国不愿意放弃夏威夷群岛。

几个月里，上述两个问题得到了令人满意的解决方案。威廉·理查兹和蒂莫西·哈里里奥对理查德·查尔顿与亚历山大·辛普森的指控进行了有力辩护。根据美国驻英国大使的建议，威廉·理查兹和蒂莫西·哈里里奥同意将自己的所有要求提交给英国政府的法律顾问。在各个方面，除了理查德·查尔顿的土地占有索求，英国法律顾问的裁定对夏威夷政府有利。多年来，理查德·查尔顿的土地占有索求问题一直没有得到解决。

最终，就夏威夷王国的独立问题，法兰西政府和英国政府达成了协议。

1843年11月28日，亚伯丁伯爵乔治·汉密尔顿-戈登和法兰西驻英国大使签署了一份联合声明，大意是：两国政府"考虑到夏威夷王国的现有政府能够保持夏威夷王国与外国关系的正常化，一致认为应该相互约定，将夏威夷王国视为一个独立国家，永远不直接或以保护国的名义，占有组成夏威夷群岛领土的任何部分"。

因此，夏威夷王国的独立得到了英国政府和法兰西政府的官方承认。但威廉·理查兹和蒂莫西·哈里里奥依然无法与法兰西政府和英国政府签订新条约。1844年春，威廉·理查兹和蒂莫西·哈里里奥回到美国。1844年11月，他们从美国启程前往夏威夷群岛。从波士顿出发几天后，蒂莫西·哈里里奥在海上去世。离开夏威夷群岛近三年后，1845年3月，威廉·理查兹回到火奴鲁鲁。

第 15 章

卡美哈梅哈三世组建政府

精彩看点

夏威夷王国国王和酋长——格里特·P. 贾德——财政委员会——约翰·里科德——"基本法令"——政府部门负责人——组建法院——威廉·L. 李被任命为高级法院大法官——土地制度改革——1852年《宪法》

在美国政府、英国政府和法兰西政府的影响下，夏威夷王国进入文明国家行列。然而，在新型外交关系下，为了与其他国家和谐相处，夏威夷王国有必要像其他文明政府一样，组建新的夏威夷政府。过去，夏威夷王国的国王只管理夏威夷人，简单的管理制度已经够用。但后来，夏威夷群岛上来了许多外国人，夏威夷政府需要与外国政府打交道，原来的管理制度的缺陷逐渐显现。随后几年中，夏威夷政府以1840年的《宪法》为基础，将国家体制改为现代君主立宪体制。这一重要改变的细节由一个小组制定，其中包括夏威夷王国国王、酋长和立法机构成员，以及格里特·P.贾德、约翰·里科德和威廉·L.李。

在旧制度下，夏威夷政府的核心人物是国王和酋长，因为国王和酋长拥有一切权力。在新制度下，国王和酋长不得不放弃手中的许多权力，但他们非常明智和爱国，知道为了国家利益必须如此，自愿放弃了手中的权力。在夏威夷王国的所有国王中，卡美哈梅哈三世可能是最受夏威夷人爱戴的国王。卡美哈梅哈三世驾崩后，一位非常了解他的人说："在位期间，他通过敏锐的判断力和温和的性格，做了很多善事，阻止了诸多恶事，为夏威夷王国带来了一系列令人愉快的变化。自然之神赋予他许多优秀品质，使他有资格成为一位杰出的统治者，无论是在多事之秋还是在和平年代。"卡美哈梅哈三世享有夏威夷人的爱戴和外国人的尊敬。

由于与外国居民和外国政府之间的矛盾，卡美哈梅哈三世和夏威夷酋长们发现，得到可以信任的外国人的建议和帮助很有必要。这正是卡美哈梅哈三世雇用威廉·理查兹的原因。随后，威廉·理查兹被任命为夏威夷王国驻美国、法兰西和英国大使。格里特·P.贾德接替了威廉·理查兹在夏威夷政府中的职位。1828年，格里特·P.贾德作为医疗传教士来到夏威夷群岛，很快得到了卡美哈梅哈三世的信任。与此同时，他也了解和爱上了夏威夷群岛。格里特·P.贾德是一个精力充沛、性格坚毅的人，不怕树敌，敢作敢为。1842年到1854年的大部分时间里，除了卡美哈梅哈三世，格里特·P.贾德是夏威夷政府中最具影响力的官员。他帮助卡美哈梅哈三世的方式之一是，争取优秀的外国人为卡美哈梅哈三世效力，如约翰·里科德和罗伯特·C.怀利。

罗伯特·C.怀利

格里特·P.贾德首先要做的重要事情之一是将夏威夷王国的财政管理得井井有条。夏威夷政府负债累累。截至目前,卡美哈梅哈三世的私人财产与夏威夷政府的财政收入混在一起。根据格里特·P.贾德的建议,1842年5月10日,卡美哈梅哈三世任命了一个由格里特·P.贾德、蒂莫西·哈里里奥和约翰·艾伊组成的财政委员会。夏威夷政府的财政收入与卡美哈梅哈三世的私人财产分离开来。财政委员会负责管理夏威夷政府的财政收入和收缴税款。几年内,夏威夷政府的财政管理形成一种制度,政务运行变得越来越简洁。1846年,夏威夷王国还清了所有债务。

1840年到1850年,居住在夏威夷群岛的外国人对夏威夷政府提起了多起诉讼。表面上看,外国人似乎希望夏威夷政府软弱无助,因为这样一来,他们就可以为所欲为了。1844年前,夏威夷政府虽然急需法律顾问,但一直没有称职的法律顾问。1844年年初,一位叫约翰·里科德的年轻律师从俄勒冈来到火奴鲁鲁。约翰·里科德是美国新泽西州人,在纽约州接受过法律教育。他天赋很高,受过良好教育,并且性格活泼。格里特·P.贾德说服约翰·里科德留在火奴鲁鲁担任夏威夷王国的司法大臣。1844年3月9日,卡美哈梅哈三世任命约翰·里科德为司法大臣。接下来的几年中,在法庭上,约翰·里科德挫败了针对夏威夷政府的各种攻击,为夏威夷政府的官员们提供建议,制定了可以付诸实施的政府管理计划和制度,同时为卡美哈梅哈三世提供了有价值的服务。约翰·里科德虽然树敌很多,但对卡美哈梅哈三世绝对忠诚。

1845年春,约翰·里科德向立法机构提交了报告,仔细分析了1840年颁布的《宪法》,对夏威夷政府的组织方式做了概述,并且说明了如何按照《宪法》组织政府。随后,立法机构通过了一项决议,委任约翰·里科德起草法律,制定新的政府组织方式。不到一年时间,约翰·里科德完成了起草工作。最终,立法机构通过了两项"基本法令",并且得到了卡美哈梅哈三世的批准。"基本法令"规定,夏威夷政府的行政部门分为内政、外交、财政、公共教育和立法五个部门,每个部门由国王任命的一位大臣负责。各部门大臣恪尽职守,妥善处理了夏威夷政府的所有政务。

"基本法令"成为法律前，卡美哈梅哈三世已经任命了一些部门的负责人。1843年11月，格里特·P.贾德被任命为外交大臣。但他很快发现，外交事务非常繁杂，一个人根本承担不了。1845年春，格里特·P.贾德说服罗伯特·C.怀利接手外交部门，他自己担任内政部门负责人，直到1846年春。当时，夏威夷王国的内阁组织如下：约翰·扬任首相兼内政部门负责人，罗伯特·C.怀利任外交部门负责人，格里特·P.贾德任财政部门负责人，威廉·理查兹任公共教育部门负责人，约翰·里科德任司法部门负责人。各部门负责人和其他可能得到卡美哈梅哈三世任命的人组成了枢密院。法律规定，外国人不得担任夏威夷政府的部门负责人。因此，国外出生的部门负责人成了归化的夏威夷公民。

罗伯特·C.怀利是一个非常有趣的人。他出生在苏格兰，受过医学职业教育，年轻时几乎走遍了世界各地。他在南美洲和墨西哥生活了很多年，通过经商积累了大量财富。后来，他在伦敦住了几年，然后回到了美国。1844年，罗伯特·C.怀利来到火奴鲁鲁，担任英国领事威廉·米勒的秘书。当时，威廉·米勒刚刚接替理查德·查尔顿。到达火奴鲁鲁后不久，罗伯特·C.怀利在《朋友》杂志上发表了一系列关于夏威夷群岛的珍贵笔记。

在旧政体下，夏威夷群岛各岛屿的总督就是当地法官。1840年《宪法》颁布后，总督法院依然是夏威夷王国的主要法院。其中，最重要的法院是瓦胡岛的总督法院，因为瓦胡岛的总督法院几乎审理了所有涉及外国人的案件。瓦胡岛总督基库纳奥是一个非常能干的人，但不了解文明政府的法律体系。因此，在裁决审判过程中出现法律问题时，他遇到了很多麻烦。过了一段时间，基库纳奥邀请格里特·P.贾德和约翰·里科德与自己一起审理案件。事实上，在某些情况下，约翰·里科德不仅担任了检察官一职，还记录下了基库纳奥就法律问题发表的观点。1845年9月，基库纳奥任命洛林·安德鲁斯为代理人，代表自己审理外国案件。1846年，夏威夷政府通过了一部临时法律，规定在火奴鲁鲁设立一个高级法院，由一名或多名法官审理重要案件和裁决下级法院的上诉。与此同时，夏威夷政府在火奴鲁鲁和拉海纳设立了治安法院。洛林·安德鲁斯和威廉·L.李被任命为火奴鲁鲁高级法院法官。

约翰·里科德

威廉·L.李是一名年轻律师，在前往俄勒冈的途中留在了火奴鲁鲁。他受过良好的法律教育。对夏威夷王国来说，他的到来是一件幸运的事。威廉·L.李被夏威夷政府官员说服，留在了夏威夷群岛上，成了一名法官。他的性格和受过的教育非常适合法官一职。夏威夷法院受到了国内外人的尊重。在很大程度上，这一切应该归功于威廉·L.李。1828年，洛林·安德鲁斯作为传教士来到夏威夷群岛。多年来，他与拉海纳鲁纳神学院一直保持联系。他虽然没有受过专业的法律教育，但是一个有学问和有能力的人。他用行动证明自己是一位优秀的法官。

约翰·里科德开始着手准备一部关于组建司法部门的法律。但在这部法律出台前，他辞去职务离开了夏威夷群岛。随后，与夏威夷法院有关的法律由威廉·L.李起草完成。经过讨论和修改后，1847年9月，立法机构通过了威廉·L.李起草的法律，并且得到了卡美哈梅哈三世的批准。这是第三项也是最后一项"基本法令"。依据法律设立的最重要的法院是高级法院，由一名大法官和两名助理法官组成。实际上，高级法院就是最高法院，只是名字不同而已。高级法院下面有四个巡回法院。巡回法院取代了总督法院。巡回法院下面是二十四个地方法院，包括火奴鲁鲁和拉海纳的治安法院。依据1840年《宪法》设立的旧的最高法院依然存在，但最高法院的大部分业务被交给了高级法院。此外，新颁布的法律还规定了审判和诉讼程序。

威廉·L.李被任命为高级法院大法官。高级法院的法官还有洛林·安德鲁斯和约翰·艾伊。约翰·艾伊是夏威夷本地人，从小与卡美哈梅哈三世一起长大，共同学习夏威夷群岛的古老传说和艺术。与此同时，他在教会学校里接受了系统教育，担任过很多重要职位。作为公民和法官，约翰·艾伊对夏威夷王国贡献很大。

1840年以前，夏威夷王国的所有土地均受到封建制度的控制。按照规定，夏威夷群岛的所有土地属于夏威夷王国的国王。国王留出部分土地供自己使用，其余分给各酋长。酋长将土地分给其他人，然后其他人再将土地分给平民。平民得到一小块土地，辛勤耕作。分到土地的平民没有土地所有权，并且每人每年需要向酋长和国王上交部分农产品。此外，酋长可以随时剥夺平民的土地，将其转给其他人。

很多人反对夏威夷王国的土地制度。贫穷的佃户常常被无端赶走，失去土地，陷入困苦。此外，没有人愿意花时间和精力改良随时有可能被剥夺的土地。夏威夷王国的土地制度也给外国人带来了很多麻烦。有时，外国人会得到转让的土地，但由于不了解土地所有制度，经常会与夏威夷人产生争执或冲突。一些外国居民希望在夏威夷群岛建立种植园，但在开建前，他们希望对计划耕种的土地拥有绝对所有权。

约1840年前后，卡美哈梅哈三世和酋长们意识到，是时候改革夏威夷王国的土地制度了。他们采用了文明国家的土地制度。改革土地制度的最大困难是，卡美哈梅哈三世和酋长们需要懂得如何改革。经过仔细调查，改革者发现，对土地感兴趣的人主要是国王、酋长和平民。问题在于如何在三者之间进行土地分配。这是一个很难解决的问题，但最终通过如下方式解决了。

夏威夷群岛的土地首先由国王和酋长分配。这一分配方式被称为"马赫勒分配法"，即土地分配法令。随后，国王将自己的土地分成两份。其中，较小的一份被称为"王室领地"，留给国王自己使用，另一份被称为"政府土地或公共土地"，留给政府使用。酋长们需要将自己三分之一的土地交给政府。然而，这一分配方式并没有解决真正的土地问题。有权获得土地的还有两类人：一类是耕种土地的平民，另一类是从国王或酋长手中得到土地的外国人。法律尊重所有人的合法权利。因此，为了维护平民的土地权利，夏威夷王国的国王、酋长和政府放弃了很多土地。平民得到了自己耕种的土地。这些土地被称为"库里纳"，面积从一到四十英亩不等。与此同时，外国人得到了转让土地。

卡美哈梅哈三世任命了一个专员委员会，负责处理土地所有权问题。每个有权获得土地的人，无论是酋长、平民还是外国人，都必须向专员委员会提出申请。随后，专员委员会进行调查。如果申请人的申请有效，专员委员会就会做出裁定。最后，申请人将裁定结果交给内务部门负责人，并且在支付一定数额的钱后，得到王室许可。通过这一程序，申请人可以获得土地的绝对所有权。

  与此同时,另一项法律规定,夏威夷政府可以小批量低价出售土地。这样一来,普通人如果愿意,就可以得到更多土地。

  1840年到1850年,在政府组织和管理方面,夏威夷政府取得了巨大进步。这一时期结束时,制定新《宪法》的时机似乎已经成熟。于是,1851年,格里特·P.贾德、约翰·艾伊和威廉·L.李负责修订《宪法》。1852年,他们向立法机构递交了修宪报告。新《宪法》主要由威廉·L.李起草。经过讨论和修改后,新《宪法》在立法机构通过,随后得到了卡美哈梅哈三世的批准。

  根据本章所述的发展脉络,1852年《宪法》为夏威夷政府提供了一种新的政府组织形式。这是一部自由的《宪法》,使夏威夷人有了参与法律制定和管理国家事务的机会。

第 16 章

卡美哈梅哈三世解决外交难题

精彩看点

矛盾继续存在——罗伯特·C.怀利的政策——与美国的关系——与英国的关系——与法兰西的关系——美国改变对夏威夷王国的态度——夏威夷王国的政治动乱——并入条约

美国、英国和法兰西承认夏威夷王国独立后，夏威夷人认为，夏威夷王国不会再与这些国家产生任何矛盾。然而，至少十年内，夏威夷王国仍然麻烦不断，其独立性似乎一直处在危险中。没有一个世界大国愿意将夏威夷王国视为一个与自己平等的国家。1839年，在皮埃尔-西蒙·拉普拉斯签订的条约中，法兰西人得到了一些特权。夏威夷群岛的英国人和美国人对此非常不满，直到获得了同样的特权。此外，美国、英国和法兰西派来的许多领事的行事作风令人生厌，甚至不合情理，经常招致夏威夷人的反感。

处理外交事务的任务首先落在了格里特·P.贾德身上。但1845年年初，外交事务又落在了罗伯特·C.怀利身上。作为外交部门负责人，罗伯特·C.怀利坚决维护卡美哈梅哈三世及夏威夷政府的利益。他竭力与外国议定公平且体面的条约。在大多数情况下，他保全了夏威夷王国的尊严。罗伯特·C.怀利发现，夏威夷政府可以直接向外国政府求助，从而得到更好的待遇，而不是与驻夏威夷的外国领事打交道。为了向世界各国表明夏威夷政府的行为值得尊敬，同时表明在大多数情况下，外国人的要求是不合理、不公正的，罗伯特·C.怀利公开发表了夏威夷政府和外国领事之间的通信。接下来的十年中，罗伯特·C.怀利欣喜地看到，夏威夷王国逐渐获得了真正意义上的独立。

1843年，一位叫乔治·布朗的专员被任命为美国驻夏威夷王国大使。与外国领事不同，乔治·布朗是第一位外国政府派到夏威夷群岛的外交官员。事实证明，乔治·布朗不适合这一职位。他行事粗鲁无礼。很快，卡美哈梅哈三世要求美国总统召回乔治·布朗。

下一任美国驻夏威夷王国大使是安东尼·坦恩·艾克。与乔治·布朗一样，安东尼·坦恩·艾克很快陷入了与夏威夷政府的争论中。安东尼·坦恩·艾克试图议定一份条约，使夏威夷群岛的美国人享有与法兰西人一样的特权。最终，安东尼·坦恩·艾克的行为变得越来越无礼。卡美哈梅哈三世拒绝与安东尼·坦恩·艾克打交道。

1849年，卡美哈梅哈三世派到华盛顿的特使詹姆斯·J.贾夫斯与美国议定了一份公平合理的条约。1850年，这份条约生效。但早在1846年，丹麦王国就与夏威夷王国缔结了类似的条约。

1851年，卢瑟·塞弗伦斯作为美国大使来到夏威夷群岛。卢瑟·塞弗伦斯是第一位举止得体的美国驻夏威夷王国大使。他给予了夏威夷国王和政府应有的尊重。此后，美国驻夏威夷王国大使都以卢瑟·塞弗伦斯为楷模。

1844年春，威廉·米勒来到火奴鲁鲁，接替理查德·查尔顿担任英国领事。威廉·米勒带来了一份新条约。这份条约与皮埃尔-西蒙·拉普拉斯签订的条约类似。卡美哈梅哈三世被迫签署了条约，但期望与英国协定一份双方都接受的条约。1846年，英国政府和法兰西政府送来新的条约，与旧条约并无二致，虽然没有其他条约那么糟糕，但依然包含两项令人反感的条款。卡美哈梅哈三世认为可以先签署条约，然后努力与英国政府和法兰西政府签订更公平的条约。终于，1851年和1858年，夏威夷王国先后与英国政府和法兰西政府签订了公平条约。

其间，夏威夷王国与英国发生争端的主要原因是理查德·查尔顿的土地索求问题。1843年，理查德·查尔顿的土地索求问题是乔治·保利特采取行动的理由之一，也是英国政府的法律顾问需要解决的一个问题。英国法律顾问认为，理查德·查尔顿如果拿出与卡拉尼莫库签订的土地转让证书，并且证明证书真实有效，就可以拥有这块土地。但英国法律顾问与理查德·查尔顿意见相左，导致了威廉·米勒与罗伯特·C.怀利之间长期且痛苦的通信。直到1847年，关于是理查德·查尔顿土地索求问题的争论才结束。最终，理查德·查尔顿获得了土地所有权，尽管有证据证明他的土地转让证书是伪造的，或是在误解情况下签订的。

法兰西和英国承认夏威夷王国独立的消息一传到夏威夷群岛，法兰西领事朱尔斯·迪杜瓦的态度就立即发生了变化。此后，朱尔斯·迪杜瓦与夏威夷政府友好相处。1846年，一位法兰西海军军官带来了皮埃尔-西蒙·拉普拉斯1839年拿走的二万美元保证金。装保证金的箱子从未被打开过。

但夏威夷王国与法兰西政府的友好关系只持续了几年。1848年年初，一位叫帕特里克·狄龙的法兰西领事抵达火奴鲁鲁。事实证明，帕特里克·狄龙是一个麻烦制造者。他到处抱怨，试图挑起天主教教徒和夏威夷政府之间的矛盾。他毫无根据地指控说，夏威夷政府没有遵守与法兰西政府签订的条约。1849年4月，夏威夷王国的局势陷入危机。夏威夷政府将所有存在争议的外交问题提交给了法兰西政府，并且要求法兰西国王召回帕特里克·狄龙。与此同时，帕特里克·狄龙向法兰西驻太平洋海军指挥官路易·特罗姆兰寻求帮助。

1849年8月中旬，路易·特罗姆兰率领军舰"普苏万特"号和"加森迪"号抵达火奴鲁鲁港。与帕特里克·狄龙协商后，根据帕特里克·狄龙提出的指控，路易·特罗姆兰向卡美哈梅哈三世提出了十项要求。路易·特罗姆兰威胁称，如果他的要求得不到满足，他将采取行动。卡美哈梅哈三世礼貌地反驳了帕特里克·狄龙的指控，拒绝了路易·特罗姆兰提出的要求。于是，路易·特罗姆兰派了一支军队登上夏威夷岛，占领了岛上的堡垒、海关和其他政府建筑，没收了卡美哈梅哈三世的游艇，扣押了停泊在港口的商船。法兰西军队拆除了堡垒，烧毁了堡垒里的家具。约过了十天，"普苏万特"号和"加森迪"号带着帕特里克·狄龙离开了夏威夷群岛。

路易·特罗姆兰到达夏威夷群岛后，英国和美国领事一直抗议路易·特罗姆兰的做法。卡美哈梅哈三世通过领事向英国政府和美国政府寻求帮助，同时决定向法兰西派遣特别使团。1849年9月，格里特·P.贾德带着两位年轻的夏威夷王子——法定王位继承人亚历山大·利霍利霍及其哥哥洛特·卡美哈梅哈起航。约1850年1月月底，三人到达巴黎。他们花了两个半月时间，试图说服法兰西政府弥补帕特里克·狄龙和路易·特罗姆兰犯下的错，同时签订一份公正的条约。但他们的努力都是徒劳。最终，他们放弃了希望，经由英国和美国回到了夏威夷群岛。在伦敦，格里特·P.贾德协定了英国和夏威夷王国之间的新条约。1851年，英国和夏威夷王国签署新条约。对年轻的夏威夷王子们来说，这次旅行非常有趣。在国外，他们受到了各界人士的关注。两位夏威夷王子的天资、受到的教育和绅士风度给见过他们的人留下了深刻印象。

格里特·P.贾德返回夏威夷群岛后不久，法国领事埃米尔·佩兰乘军舰"赛雷厄斯"号抵达火奴鲁鲁港，与罗伯特·C.怀利讨论了两国之间存在争议的问题。经过口头和书面讨论后，1851年2月1日，埃米尔·佩兰再次提出了路易·特罗姆兰曾提出的十项要求。埃米尔·佩兰的谈判态度和驻扎在火奴鲁鲁港口的法兰西军舰引起了夏威夷人的恐慌。

最后，卡美哈梅哈三世签署了一份秘密公告，作为自保措施将夏威夷群岛置于美国的保护之下，直到法兰西政府和夏威夷政府之间的关系恢复正常。卡美哈梅哈三世将只有在紧急情况下才使用的公告交给了卢瑟·塞弗伦斯，要求卢瑟·塞弗伦斯按照公告行事，以防美国国旗升到夏威夷王国国旗上方。这件事发生在1851年3月10日。很快，埃米尔·佩兰得知了秘密公告，察觉到自己的行为有些过分，谈判态度立刻变得温和起来。实际上，他撤回了之前提出的部分要求，与罗伯特·C.怀利起草并签署了一份声明。随后，埃米尔·佩兰返回法兰西。从那时起，夏威夷王国与法兰西政府再也没有发生大的冲突。

公告事件引起了美国国务卿丹尼尔·韦伯斯特的注意。丹尼尔·韦伯斯特指示卢瑟·塞弗伦斯将有关保护国的公告归还给夏威夷政府，并且清楚阐明了美国的态度，即美国尊重夏威夷王国的独立，无意占领夏威夷群岛，认为其他国家不应该占领夏威夷群岛。

然而，很快，美国对夏威夷王国的态度因一系列重要事件发生了巨大变化。1846年，美国和英国之间的长期争端终于得到解决，美国获得了包括现在的俄勒冈州和华盛顿州在内的领土主权。与此同时，美国与墨西哥开战。最终，加利福尼亚成为美国的一部分。因此，美国距夏威夷群岛越来越近，美国人对太平洋和亚洲地区的贸易往来产生了浓厚兴趣。1848年，加利福尼亚地区的金矿被发现，成千上万人前往加利福尼亚地区淘金。不久，加利福尼亚地区的人口越来越多。这些发展激发了美国人的想象力。许多美国人开始产生扩张领土的想法，甚至想占领整个北美地区，以及古巴和夏威夷群岛，并且认为扩张领土是美国"注定的命运"。

当时，加利福尼亚地区有许多热爱冒险、鲁莽的人。这些人自愿组成冒险团队，前去征服邻近的墨西哥和夏威夷群岛，帮助美国实现"注定的命运"。有关法兰西政府对夏威夷王国态度的报道使这些人兴奋不已。1851年秋，出现了很多关于从加利福尼亚前往夏威夷群岛的冒险团的议论。卡美哈梅哈三世及其顾问开始担心来自加利福尼亚地区的威胁。

1853年，美国总统富兰克林·皮尔斯赞成"注定的命运"的想法，但不赞成加利福尼亚地区冒险团的行动。美国国务卿威廉·L.马尔西认为，夏威夷群岛迟早会成为美国的一部分，他很愿意也很高兴夏威夷群岛并入美国版图。威廉·L.马尔西还试图了解法兰西政府对美国"注定的命运"的看法。富兰克林·皮尔斯派戴维·L.格雷格代替了卢瑟·塞弗伦斯。戴维·L.格雷格预计夏威夷群岛很快会并入美国。

与此同时，夏威夷群岛发生了一系列政治动乱。发生动乱的原因很复杂。夏威夷人逐年减少，有人预测夏威夷人很快会灭绝。加利福尼亚地区并入美国后，居住在夏威夷群岛的美国人迅速增加。夏威夷群岛的很多美国人想看到美国国旗飘扬在自己头顶，随意谈论"并入"话题，认为叛乱者很可能推翻夏威夷王国的君主制，建立共和国，然后加入美国，就像得克萨斯州几年前做的那样。夏威夷群岛的许多美国居民强烈反对政府中的传教士官员，认为传教士官员的影响力阻碍了夏威夷群岛并入美国，并且传教士官员试图通过使外国人成为夏威夷王国的臣民，从而巩固夏威夷政府的统治。美国人尤其对格里特·P.贾德和理查德·阿姆斯特朗怀有敌意。1847年，威廉·理查兹去世后，理查德·阿姆斯特朗一直担任公共教育部门负责人一职。

1853年春，夏威夷群岛上爆发天花。夏威夷政府立即采取了措施，试图遏制疾病传播，但没有成功。在疫情得到有效遏制前，两三千名夏威夷人死亡。反对格里特·P.贾德和理查德·阿姆斯特朗的人利用这次瘟疫，试图煽动民众的反对情绪。除了其他问题，反对者称，格里特·P.贾德和理查德·阿姆斯特朗对天花的传播负有责任。反对者举行了几次会议，任命了一个委员会，并且起草了一份请愿书，要求卡美哈梅哈三世解除格里特·P.贾德和理查德·阿姆斯特朗的职务。卡美哈梅哈三世犹豫了，不愿屈服于反对者的请愿书，但担心如果继续将格里特·P.贾德和理查德·阿姆斯特朗留在内阁，尤其是格里特·P.贾德，会招致大麻烦。他向作为枢密院成员的酋长们征求意见。酋长们投票表决，结果是五比四，认为格里特·P.贾德和理查德·阿姆斯特朗辞职是恰当的。卡美哈梅哈三世拖延了两个星期，然后要求格里特·P.贾德辞职。然而，所有部门负责人都辞职了。卡美哈梅哈三世重新任命了除格里特·P.贾德以外的所有部门负责人。格里特·P.贾德的职位由在火奴鲁鲁担任美国领事四年的以利沙·H.艾伦接任。

夏威夷群岛发生政治动乱的同时，卡美哈梅哈三世收到了一份请愿书。请愿书要求卡美哈梅哈三世采取行动，将夏威夷群岛并入美国。卡美哈梅哈三世与大臣们认真讨论了这一建议。最后，1854年2月，卡美哈梅哈三世派罗伯特·C.怀利与美国新任大使戴维·L.格雷格讨论这个问题，了解并入的条件并议定一份并入条约，但并入条约必须得到卡美哈梅哈三世、内阁和法定王位继承人亚历山大·利霍利霍的批准。卡美哈梅哈三世这样做主要有两个原因：一是夏威夷王国内部的革命威胁，二是来自外部的攻击威胁，包括来自加利福尼亚冒险团和外国军队的攻击威胁。如果夏威夷王国的君主制不能继续维持下去，那么夏威夷人认为，通过条约方式并入美国是最好的选择。因此，卡美哈梅哈三世及其大臣们希望准备一份在紧急情况下使用的并入条约。

并入条约的准备工作由罗伯特·C.怀利和戴维·L.格雷格负责。1854年夏，夏威夷政府与美国政府之间的谈判缓慢进行着。然而，在两个重要问题上，罗伯特·C.怀利和戴维·L.格雷格出现分歧。根据卡美哈梅哈三世的命令，罗伯特·C.怀利坚持认为，夏威夷群岛应该作为一个完整的州并入美国，而不是一块领土。他还要求美国政府每年向卡美哈梅哈三世、夏威夷酋长和官员支付三十万美元,因为这些人将会因为夏威夷群岛并入美国失去职位。戴维·L.格雷格不相信美国政府会批准包含这两项条款的条约,认为夏威夷群岛作为一个州并入美国必须由国会决定,并且认为美国政府每年向卡美哈梅哈三世、夏威夷酋长和官员支付十万美元已经足够。但最终,戴维·L.格雷格同意在条约中包含这两项条款,将所有分歧提交给美国总统决定。随后,并入条约起草完成,由戴维·L.格雷格和罗伯特·C.怀利签名后提交给了卡美哈梅哈三世、内阁和亚历山大·利霍利霍。

几个星期过去了,卡美哈梅哈三世没有对并入条约发表任何观点。拖延的主要原因是,亚历山大·利霍利霍不赞成夏威夷群岛并入美国,除非走投无路。罗伯特·C.怀利可能赞成卡美哈梅哈三世采用观望政策。1854年11月,罗伯特·C.怀利收到报告称,一个冒险团正从加利福尼亚地区赶来,打算推翻夏威夷政

执政晚期的卡美哈梅哈三世

府，只有立即并入美国，夏威夷政府才能避免灾难发生。夏威夷政府将这份报告解读为，美国迫使卡美哈梅哈三世立即签署并入条约。与此同时，火奴鲁鲁港口停泊着英国、法兰西和美国的军舰。应卡美哈梅哈三世的请求，军舰指挥官们承诺保护夏威夷政府免受加利福尼亚地区冒险团的攻击。

通过这起事件，亚历山大·利霍利霍和罗伯特·C.怀利反对卡美哈梅哈三世批准并入条约。他们认为，夏威夷政府会永远受到其他大国的保护，这样一来，并入美国就没有必要了。然而，夏威夷政府不能保证火奴鲁鲁港口一直停有外国军舰。卡美哈梅哈三世如果还活着，很可能已经签署并入条约。1854年12月15日，卡美哈梅哈三世驾崩。并入事件就此结束。后来，人们发现，即使将草拟的并入条约提交给美国总统，美国总统也不会批准。

卡美哈梅哈三世的驾崩标志着一个时代的结束。此后，虽然并入美国的问题一再出现，但夏威夷王国的独立再也没有受到外来势力的威胁。然而，卡美哈梅哈三世驾崩后的一段时间里，美国对夏威夷群岛的影响力并没有比卡美哈梅哈三世在世时强大。

第 17 章

捕鲸时代

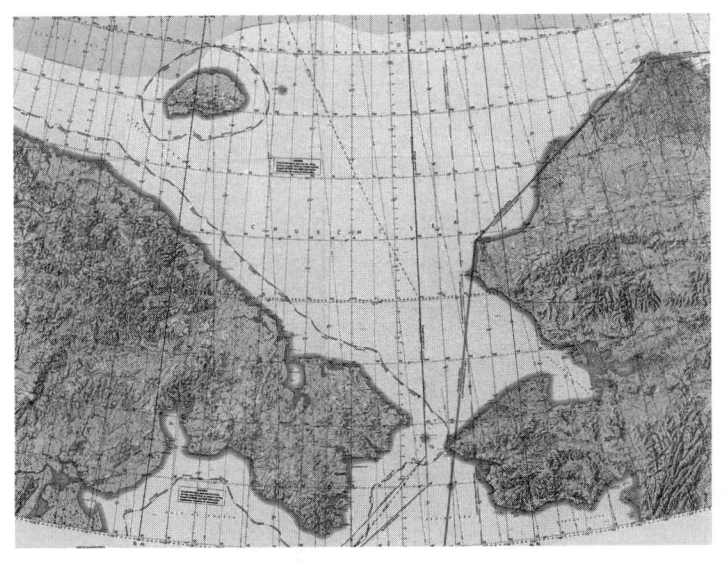

精彩看点

捕鲸业重要的原因——太平洋上的捕鲸人——捕鲸业为夏威夷群岛带来的经济收益——捕鲸船驶进港口的时间——1852年水手暴动——捕鲸人购买的商品——火奴鲁鲁港成为捕鲸船的聚集地——捕鲸成为夏威夷群岛的产业——夏威夷水手——捕鲸业的衰落

卡美哈梅哈三世和卡美哈梅哈四世统治时期，夏威夷群岛的商业繁荣主要依赖捕鲸业。前文已经指出，1840年以前，捕鲸人的到来促进了夏威夷群岛的社会发展和贸易繁荣，夏威夷群岛的外来人口越来越多。这些变化是夏威夷政府在《宪法》基础上改组政府、改革土地制度的原因之一。因此，对夏威夷群岛来说，捕鲸业无疑是有利的。但捕鲸业也对夏威夷群岛产生了一些不利影响。1820年到1880年，夏威夷群岛的捕鲸时代持续了约六十年。1840年到1860年是夏威夷群岛捕鲸业的鼎盛时期。

　　不了解夏威夷群岛的捕鲸业，就无法了解夏威夷群岛这一时期的历史。现在，很少有人听说过捕鲸人。但七十五年前或一百年前，在夏威夷群岛，捕鲸业非常重要。当时，没有电灯，也没有煤油，鲸油常常被用来制造蜡烛或灯具。灯具和蜡烛是人造光的主要来源。机器用的润滑油大部分由鲸油制成。现在用薄钢、赛璐珞[①]或橡胶制成的许多物品，那时都是用鲸骨制成的。因此，当时，各国对鲸油和鲸骨的需求量很大，数百艘船在海上搜寻鲸鱼。美国人是最具进取心的捕鲸人。新英格兰的几个城镇，如楠塔基特和新贝德福德，当地人除了捕鲸不做任何事。

　　1800年前，捕鲸人首次进入太平洋，沿智利海岸航行，随后向北沿美洲海

---

① 赛璐珞是由硝化纤维和樟脑制成的无色合成塑料，过去常用来制作玩具、文具、照相胶卷或电影胶片等，属于高度易燃物，现在已经被性能更理想的新型塑料取代。

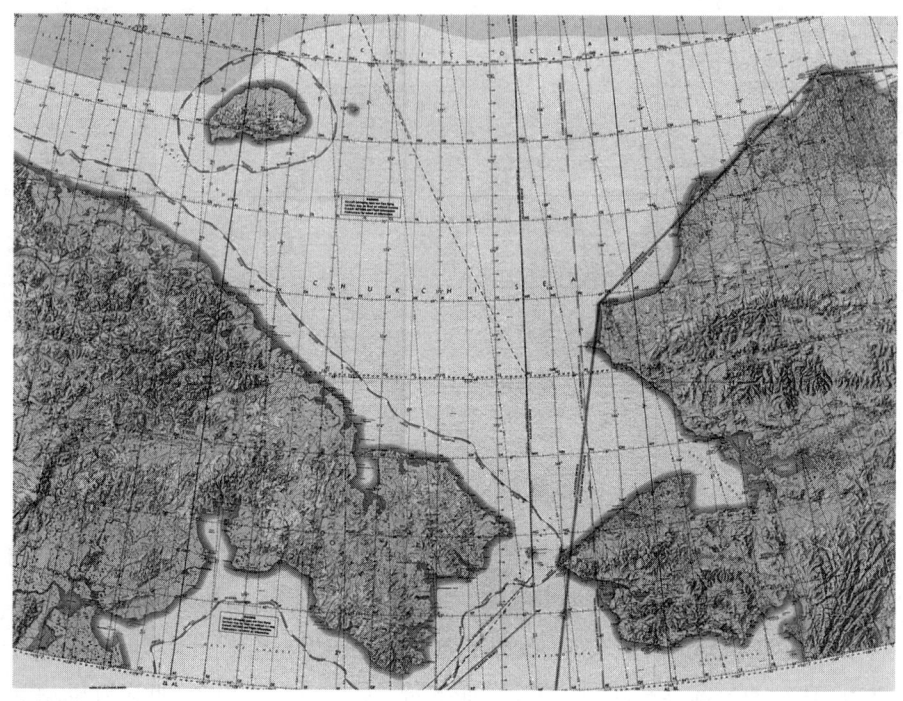
白令海峡示意图

岸航行，然后向西进入太平洋中部。1820年，捕鲸人已经到达日本沿海的抹香鲸渔场。从那时起，夏威夷群岛成了捕鲸人的休息地。在往返途中，捕鲸船常常停靠在夏威夷群岛沿岸。

约1840年，在美洲西北海岸、鄂霍次克海和白令海峡以北的北冰洋海域，捕鲸人发现了一个非常有价值的鲸鱼渔场。因此，在夏威夷群岛北部地区巡航和夏威夷群岛港口停留的捕鲸船数量迅速增加。据统计，1840年，有八十六艘捕鲸船抵达火奴鲁鲁和拉海纳，1843年有三百八十三艘，1846年增至五百九十六艘，捕鲸船数量达到顶峰。1846年以后的至少十年中，虽然到达夏威夷群岛的捕鲸船数量没有以前那么多，但夏威夷人从捕鲸业中获得的收益增加了。1840年到1860年，每年约有四百艘捕鲸船到达夏威夷群岛。

为了满足捕鲸船的需要，夏威夷人必须从国外进口大量商品。1843年，夏威夷群岛进口了价值约二十五万美元的货物。1847年，夏威夷群岛的进口额几乎是1843年的三倍。1848年年初,《波利尼西亚人报》的编辑发表了如下声明:"过去五年中,夏威夷群岛的商业迅速发展。夏威夷群岛从一个在商业世界中几乎不为人知的地方变成了商业重地……外国商人蜂拥而至,新商店和新仓库如雨后春笋般涌现。夏威夷群岛的技工有了大量就业机会,从事农业的少数夏威夷人也获益不少。"

由于捕鲸人的到来,夏威夷群岛的商业迅速繁荣,夏威夷政府也从中获得了经济收益。进口货物的关税和捕鲸船缴纳的港口费增加了夏威夷政府的收入。夏威夷群岛商人和技工的收入也增加了。夏威夷人的马铃薯、蔬菜、牛肉和其他产品供不应求。事实上,夏威夷群岛的经济发展与捕鲸业息息相关。1844年,罗伯特·克莱顿·怀利写道:"夏威夷群岛的繁荣一直依赖且主要依赖每年涌来的捕鲸船。"捕鲸业的重要性得到了很多人的认可。夏威夷政府通过了多项法律鼓励捕鲸人来访,给予捕鲸人各种特权。

每年春天和秋天,大量捕鲸人会来到夏威夷群岛。当时,火奴鲁鲁港和拉海纳港挤满捕鲸船。为了获得更多捕鲸船,火奴鲁鲁港和拉海纳港展开了激烈竞争。1840年前,火奴鲁鲁港一直居于领先地位。1841年到1849年,很多捕鲸船去了拉海纳港。接下来的几年中,火奴鲁鲁港和拉海纳港轮流领先。1855年后,火奴鲁鲁港再次领先,迅速超过了毛伊岛的拉海纳港。但许多捕鲸船船长更喜欢拉海纳港,因为拉海纳的马铃薯和其他物资供应充足,价格便宜,并且诱惑少,不会引诱水手酗酒或开小差。

夏威夷群岛的港口常常停泊着一百多艘捕鲸船,有时甚至多达一百五十艘。据说,停泊在火奴鲁鲁港的捕鲸船彼此靠得很近,人们可以在甲板上从港口一端走到另一端,不用上岸。

当时,夏威夷群岛的港口有成千上万名水手,非常热闹。捕鲸船上的生活非常艰苦。上岸后的一段时间里,水手们会通过各种方式消遣娱乐。在捕鲸季节,夏威夷群岛上常常非常混乱,酗酒、赌博甚至更严重的恶行屡见不鲜。有时,夏威夷群岛上会发生骚乱,最出名的事件是1852年11月的水手暴动。

一个叫伯恩斯的醉酒水手和其他几个人被关在堡垒的牢房里。夜里,伯恩斯喧闹不止。狱警进去查看情况，用警棍打了伯恩斯的头。几小时后，伯恩斯死亡。第二天，一群水手聚集在堡垒周围，要求狱警将伯恩斯交出来，但没有引发骚乱。然而，伯恩斯的葬礼结束后，另一伙水手聚集在街上，手里拿着棍棒，其中许多人喝了酒，情绪激动。部分人聚集在堡垒周围，其他人去了警察局。水手们赶走了警察，捣毁了家具，点燃了房屋。警察局的楼房和邻近的两座建筑物被完全烧毁。停泊在港口的捕鲸船差一点遭到攻击。傍晚，水手们在城里聚众闹事，闯入酒馆，威胁要袭击格里特·P.贾德和理查德·阿姆斯特朗的住宅。

暴动发生后的第二天早晨，夏威夷政府发现，必须采取有力措施结束暴动。居住在火奴鲁鲁的外国人与当地警察组成了一支连队，捕鲸船船长和船上的水手也承诺协助夏威夷政府恢复秩序。正规军出动了，外国人和当地警察进入堡垒，准备行动。一切准备就绪时，基库纳奥命令堡垒外手无寸铁的夏威夷人控制街上的水手。几个小时后，平息暴动的行动结束，几乎没有发生流血事件。一部分暴动水手被关在堡垒里，其他暴动水手被送回捕鲸船上，夏威夷政府勒令其离开。暴动就这样结束了。这场暴动说明，在捕鲸季节，夏威夷群岛随时可能出现骚乱。

除了休息和娱乐，捕鲸人来夏威夷群岛的主要目的是购买补给，同时修理和改装捕鲸船。捕鲸人购买的部分食物是夏威夷人种植或饲养的。相关记录中包含一些有趣的清单，表明了捕鲸人购买的商品种类。1851年秋和1852年春，共有七十四艘捕鲸船来到夏威夷群岛的一个港口，购买了一百四十九考得①木柴、一千三百五十桶马铃薯、一千七百五十桶甘薯、三千七百个南瓜、一千五百五十串芭蕉、二千九百加仑糖浆、三千磅糖、三万一千二百磅鲜牛肉、一千磅咖啡。这些商品的总价格约为一万二千美元。许多捕鲸船还购买了其他商品，如火鸡、猪、山羊、椰子、面包果、芋头、卷心菜、橙子、菠萝、甜瓜和皮革等。据估计，1846年，火奴鲁鲁出售给捕鲸船的商品价值总额达四万五千美元，1859年达八万五千美元。

捕鲸船需要的大部分商品需要从美国、欧洲或亚洲进口，如绳索或缆索、铁

---

① 木材堆的体积单位，一考得等于三点六二立方米。

和铜、船木、焦油和松脂、帆布、面粉、大米、衣服等,以及各种其他商品。此外,在夏威夷群岛,捕鲸船上的水手也会花很多钱。因此,夏威夷群岛每年的销售额高达几十万美元。

捕鲸时代早期,捕鲸船通常只在太平洋停留一年,冬天前往合恩角过冬,春天在夏威夷群岛停留,夏天在北方的捕鲸渔场度过,然后在第二年冬天回到家乡新英格兰,秋天前往夏威夷群岛。渐渐地,捕鲸船改变了这种做法,开始在外逗留两年或更长时间。这样做的目的是在北方的捕鲸渔场度过夏天,冬天在赤道附近度过,春天和秋天前往夏威夷群岛检修捕鲸船。很多捕鲸船将鲸油和鲸骨存放在火奴鲁鲁,或者托普通商船运回国内。因此,作为捕鲸船集聚地,火奴鲁鲁的重要性大大提高,火奴鲁鲁商人的利润也相应增加。捕鲸人开始抱怨火奴鲁鲁商人从中获得的高额利润。

火奴鲁鲁变成了另一种意义上的捕鲸中心。火奴鲁鲁商人会自己派出捕鲸船,加入捕鲸行业。早在1831年,夏威夷人就做了第一次尝试。但直到1850年后,夏威夷人的捕鲸活动才有了重大进展。1856年,十五艘火奴鲁鲁捕鲸船中只有几艘带回了大量鲸油和鲸骨。十五年中,每年平均有十二艘本地捕鲸船从火奴鲁鲁出发。后来,本地捕鲸船数量逐渐减少,1880年彻底消失。

从一开始,捕鲸船船长就习惯雇用夏威夷人作水手。很多夏威夷人以这种方式离开了夏威夷群岛。夏威夷政府发现,有必要就此制定相关法律。于是,夏威夷政府规定,雇用夏威夷水手时,捕鲸船船长必须得到岛上总督的许可。此外,捕鲸船船长必须承诺,根据合同,两年后将夏威夷水手送回来。然而,这些法律并没有得到严格遵守。

我们不知道究竟有多少夏威夷水手离开了夏威夷群岛,但1845年,官方公布的数字是六百五十一人,1846年是五百三十四人,1847年是六百五十九人。1846年,内政部门负责人在报告中指出:"离开及没有返回的夏威夷水手总人数不详。常年在海上航行的夏威夷水手不可能少于三千人……我们听说,在海上,没有一个港口是夏威夷水手没有去过的。夏威夷水手分布在楠塔基特、新贝德福德、萨格港、新伦敦和美国的其他地方。他们正值壮年,其中许多人再也没有回到家乡。夏威夷群岛上年龄在十五到三十岁之间的年轻男子约有一万五千人，其中五分之一的人在海洋上航行或在国外居住。这对夏威夷王国来说意味着巨大损失。"

　　捕鲸时代的最后一个重要时期是1859年。当时，到达夏威夷群岛的捕鲸船共计五百四十九艘。美国内战使许多捕鲸人撤出了太平洋。1862年，出现在夏威夷群岛的捕鲸船只有七十三艘。此后，尤其是美国内战结束后，夏威夷人试图振兴捕鲸业。1867年，到达夏威夷群岛的捕鲸船增加至二百四十三艘，但随后迅速减少。1859年，石油被发现后，捕鲸业受到了致命打击。由于石油的发现，石油制成的煤油迅速取代了用于照明的鲸油，石油制成的润滑油取代了鲸油制成的润滑油。1871年，捕鲸船队遭遇了一场可怕灾难。在白令海峡北部的冰原上，三十多艘捕鲸船失踪。此后，在夏威夷群岛的商业活动中，捕鲸业不再占有重要地位，尽管在很长一段时间里，每年都有一些捕鲸船来到夏威夷群岛。

第 18 章

早期农业项目

精彩看点

引进新的农作物——制糖业的开端——马诺阿山谷的种植园——科洛阿种植园——尝试养蚕——棉花实验——咖啡业的开端——加利福尼亚移民的影响——夏威夷皇家农业协会——制糖业的发展——夏威夷群岛的农业发展前景

在捕鲸时代，人们经常会问这样一个问题：如果捕鲸船不再来夏威夷群岛，结果会怎么样？认真思考这个问题的人发现，如果捕鲸船不再来夏威夷群岛，夏威夷群岛上的经济繁荣将不复存在，紧接着出现"艰难时期"，除非夏威夷人找到取代捕鲸业的其他行业。心系夏威夷群岛的人建议夏威夷人做好准备，无论是本地人还是非本地人，通过开发夏威夷群岛的农业资源应对捕鲸船减少或消失造成的损失。但夏威夷人并没有采纳这一建议。人们意识到，夏威夷群岛的捕鲸时代迟早会结束。但在捕鲸时代，夏威夷人通过与捕鲸人做生意赚了很多钱，胜过投资农业，例如糖、咖啡、棉花或烟草种植园等。长期以来，由于夏威夷王国的土地制度和土地法，在夏威夷群岛上建立和发展种植园十分困难。然而，尽管困难重重，19世纪上半叶，一些极具潜力的农业公司开始起步。许多企业虽然最终破产，但获得的经验具有永久价值。

古代夏威夷人种植的农作物主要是芋头和甘薯。在夏威夷群岛，芋头和甘薯的种植技术已经十分成熟，包括改良田地和建立复杂的灌溉系统。夏威夷人还食用其他种类的蔬菜，但总体来说，夏威夷群岛的农产品相对较少。早期欧洲商人和探险家，尤其是乔治·温哥华，为夏威夷人留下了许多农作物种子，还引进了家畜。早期的外国居民也为夏威夷群岛的农业发展做出了贡献。

西班牙人弗朗西斯科·德·保拉·马林通常被人们称为马尼尼，在乔治·温哥华之前来到了夏威夷群岛。多年来，他一直是卡美哈梅哈的朋友和顾问。在火奴鲁鲁,他有一幢房子和一个花园,花园里种了各种植物,如果树。其中,许多植物品种是从国外引进的。弗朗西斯科·德·保拉·马林还制作了钉子、瓷砖、蜡烛、肥皂和雪茄,加工了糖、糖浆和蓖麻油,酿造了葡萄酒、白兰地和啤酒。据说,弗朗西斯科·德·保拉·马林不愿意将植物种子送给其他人。即便如此,他也为夏威夷群岛的农业发展做了大量有用的工作,应该受到赞扬。

1820年,美国传教士的到来为夏威夷群岛的农业活动注入了新鲜血液。第一批美国传教士中有一位农民,这显示了传教计划的务实性。由于种种原因,美国传教士带来的农民并没有改善夏威夷群岛的农业状况。于是,这位农民很快返回美国。但这并不是这位农民的错。尽管如此,美国传教士们仍然在实践和教学中大力鼓励农业发展,在夏威夷群岛的许多地方引入了新的植物、农作物和农具,并且教会了夏威夷人种植新作物。

事实上,在夏威夷群岛的各岛上,甘蔗长势旺盛。因此,很多人意识到,如果管理得当,夏威夷群岛的制糖业将发展成为一个有利可图的行业。据说,1802年,在拉奈岛上,一个中国人制成了糖。1819年2月,弗朗西斯科·德·保拉·马林制成了糖。从那时起到1835年,夏威夷群岛上出现了关于小规模加工糖和糖浆的各种记载。大多数制糖活动是在夏威夷酋长们的赞助下进行的。有证据表明,1827年,夏威夷人制作的一小批糖被运到了加利福尼亚。1833年,另一批糖被运到了澳大利亚的新南威尔士。由于制糖厂非常简陋,早期夏威夷人制作的糖质量很差。

很早以前,有人提出了系统发展夏威夷群岛农业的计划,如前文提到的约翰·里夫斯建立法兰西人定居点的计划。1825年,约翰·威尔金森进行了第一次尝试,在夏威夷群岛上大规模种植农作物,并且获得了成功。约翰·威尔金森是英国人,与乔治·安森一起乘"布隆德"号来到夏威夷群岛。当时,博基鼓励约翰·威尔金森留在夏威夷群岛,承诺帮助约翰·威尔金森大规模种植农作物。约翰·威尔金森选择了火奴鲁鲁附近的马诺阿山谷。1825年秋,他开始动工。约翰·威尔金森需要克服很多困难。由于缺乏现代农具,夏威夷人用原始挖具开垦农田,每人每天二十五美分酬劳。为了开垦农田,约翰·威尔金森花费了一大笔钱，于1827年春去世。当时，约翰·威尔金森拥有一百多英亩甘蔗地和很多咖啡树。随后，博基和火奴鲁鲁的一些外国居民接管了约翰·威尔金森的种植园。1826年到1829年，约翰·威尔金森种植园的甘蔗被制成了糖、糖蜜和朗姆酒。据说，夏威夷人采摘了少量咖啡豆。但后来证明，约翰·威尔金森的种植园没有赚到钱，很可能在1829年被遗弃。

1825年到1830年，作为夏威夷群岛主要收入来源的檀木逐渐消失。夏威夷酋长和外国顾问们不得不另找收入来源，于是想到了开发夏威夷群岛上的自然资源。当时，开发自然资源最大的障碍是土地占有制度及夏威夷酋长对平民劳动力的绝对控制权。这不仅阻碍了夏威夷群岛的工业发展，还阻止了外国人在夏威夷群岛做实事。夏威夷酋长们不愿意将土地出售给外国人，甚至不愿意以

甘蔗的叶、花、茎

外国人可以接受的条件出租土地。然而，1835年，美国的拉德公司成功从卡美哈梅哈三世和瓦胡岛总督手中获得了一份为期五十年的土地租约，承租瓦胡岛科洛阿的一块土地，用于种植甘蔗和制糖。这份租约赋予了外国人雇佣夏威夷人的权力，标志着夏威夷群岛甘蔗种植园的开端。一开始，由于缺乏经验、农具和和役畜，甘蔗种植园发展困难。最初，甘蔗种植园是由夏威夷人开垦的。种植园主每天给每个夏威夷人支付十二美分半工资，同时提供食物。食物主要是鱼和芋泥饼，每人每天的食物成本估计是一美分。对夏威夷人来说，干活赚钱是一种新体验。1837年，一位旅行者写道，干活赚钱是对勤劳节俭的夏威夷人的激励。

科洛阿的第一家制糖厂是一间简陋的木棚。约1837年年底，科洛阿建了一家铁制制糖厂，1841年建了一家改良的水力驱动制糖厂。1837年秋，科洛阿制糖厂制出第一批糖，但质量很差。约1842年，科洛阿制糖厂生产出了高质量的糖。

在科洛阿进行的另一项有趣实验是生产丝绸。1836年，美国人谢尔曼·派克和查尔斯·蒂特科姆从拉德公司租了一块土地，种植了大量桑树。桑叶用来喂蚕，蚕卵是从中国和美国运来的。此外，谢尔曼·派克和查尔斯·蒂特科姆从美国买来了必要的设备。一开始，孵化蚕卵遇到了麻烦，但很快被克服了。谢尔曼·派克和查尔斯·蒂特科姆得到了优质蚕茧。夏威夷妇女开始学习如何缫丝，并且缫丝技术逐渐成熟。1840年8月，桑树种植园生产的一批生丝被运到了纽约。科洛阿的第二个桑树种植园是由斯特森公司开办的。拉德公司从甘蔗种植园和桑树种植园中获得了收益。在哈纳莱山谷，查尔斯·蒂特科姆建了一个种植园。他似乎卖掉了科洛阿桑树种植园的股份。1840年春，夏威夷群岛的桑树种植取得显著成功。

随后，灾难降临。夏威夷群岛的旱灾开始了。虫害袭击了桑树，狂风吹落了桑叶，对科洛阿的桑树种植园造成致命打击。于是，种植园主放弃了桑树，改种甘蔗。哈纳莱山谷的桑树种植园没有受到旱灾影响，因为哈纳莱山谷更适合种植桑树。查尔斯·蒂特科姆坚持种植了几年。但即使在哈纳莱山谷，生产丝绸得到的回报依然无法抵偿劳动力的费用。约1845年，查尔斯·蒂特科姆放弃了哈纳莱山谷的桑树种植园。

目前，关于夏威夷群岛棉花产业的发端尚不清楚。早在1825年，就有关于夏威夷人种植优质棉花的报道。1832年，美国传教士写信给美国传教委员会，建议教夏威夷人生产棉布。在一封信中，美国传教士写道："夏威夷群岛的棉花长势旺盛，而且品种很好。因此，我们认为，教夏威夷人加工棉花非常有必要。"美国传教委员会采纳了美国传教士的建议，派莉迪娅·布朗带着一些器械，前往夏威夷群岛教夏威夷人纺纱和织布技术。1835年7月，在毛伊岛的怀卢库，纺纱和织布培训班开课。当时，参加培训班的只有几名夏威夷年轻女性。夏威夷女性对纺纱和织布很感兴趣，很快学会了纺纱和织布技术。虽然织布技术很难，但不久，夏威夷女性学会了操作织布机。1837年年初，纺纱和织布培训班毕业。培训班的夏威夷妇女"穿着自己制作的衣服"。

夏威夷岛总督库亚基尼参观了怀卢库的纺纱和织布培训班，对棉花加工产生了极大兴趣。1837年，他在凯卢阿建了一幢石屋，用作棉布厂。在凯卢阿棉布厂，纺纱工作由夏威夷女性完成，织布工作由一个美国织布工培训的夏威夷年轻

库亚基尼

男子完成。1839年春，怀卢库的女性织出了约六百码布料，凯卢阿棉布厂织出了约四百码布料，其中一小部分是夏威夷人独自织成的。

在夏威夷群岛，几个传教站和其他岛屿开始种植棉花。记录表明，毛伊岛曾有一块面积为五十五英亩的棉花地。几年来，夏威夷人对棉花产业产生了浓厚兴趣。然而，其他产业逐渐吸引了夏威夷人的注意力。约1840年或之后不久，夏威夷人暂时放弃了棉花产业。美国内战时期，夏威夷群岛的棉花产业再次复兴，夏威夷人种植并出口了大量优质棉花。美国内战结束后，夏威夷群岛的棉花产业迅速衰落。

在马诺阿山谷的种植园，约翰·威尔金森最先开始种植咖啡。咖啡树种子是"布隆德"号从巴西运来的。英国领事理查德·查尔顿从马尼拉运来的一些植物也种在马诺阿山谷。1828年或1829年，在夏威夷岛的希洛和科纳，美国传教士开始种植咖啡。随后，咖啡传到了瓦胡岛。1842年，哈纳莱出现了一个咖啡种植园。几年后，查尔斯·蒂特科姆放弃桑树种植园后，建了一个咖啡种植园。

早期咖啡种植园取得的成功因洪水、劳工问题和1851年的旱灾毁于一旦。接下来是一场病虫害，迫使瓦胡岛放弃了咖啡种植。但在其他岛屿上，尤其在夏威夷岛，咖啡种植成了永久性产业。统计数据显示，夏威夷岛每年的咖啡产量变化很大。

除了努力发展糖业、丝绸业、棉花业和咖啡业，夏威夷群岛上的农业活动几乎只限于蔬菜种植，尤其是马铃薯。捕鲸船对马铃薯的需求很大。夏威夷人种植烟草供自己使用。约1850年，夏威夷人开始大规模发展烟草业，但没有成功。一些传教士和受传教士影响的夏威夷人开始小面积种植小麦和玉米。加利福尼亚地区发现金矿后，移民数量迅速增加，从而刺激了夏威夷群岛的农业发展，为夏威夷群岛的糖和咖啡打开了附近市场。此外，夏威夷群岛各种农产品的出口量激增，马铃薯产业迅速繁荣。1849年到1855年，夏威夷人将二十多万桶马铃薯出口到了加利福尼亚。由于小麦产量增加，夏威夷群岛建了面粉厂。有几年，夏威夷群岛的面粉一直出口到加利福尼亚地区。然而，马铃薯和面粉出口并没有持续多久。很快，加利福尼亚地区开始自己种植马铃薯和小麦。但糖和咖啡的出口依然没有中断。1854年卡美哈梅哈三世驾崩时，糖和咖啡是夏威夷王国的主要农产品，也是最有发展前景的农产品。

1850年8月，夏威夷皇家农业协会成立，表明夏威夷群岛的农业越来越重要，有必要开展未来农业研究和企业间的协作。夏威夷皇家农业协会召开第一次会议时指出，夏威夷群岛的农业发展前景受到两个新因素的影响，第一个是美国扩展到太平洋沿岸，第二个是夏威夷王国土地制度的改革。夏威夷皇家农业协会存在了很多年，每年举行一次会议，会议内容主要是关于农业专题和问题的报告、演讲及讨论。年度会议期间有农产品展览，并且会颁发最佳农产品奖。夏威夷皇家农业协会的首任主席是威廉·L.李，成员包括夏威夷王国的一些领导人。

1835年，科洛阿甘蔗种植园建成后，夏威夷人越来越关注制糖业。1838年，据说夏威夷群岛有二十家由畜力运营的制糖厂，两家由水力运营的制糖厂。但大部分制糖厂规模很小，生产量不大。1838年，科洛阿的糖出口总量约四十四吨，1840年上升到一百八十吨，但1841年下降到了三十吨。接下来的十五年中，夏威夷群岛出现了几个新的甘蔗种植园，平均每年的糖出口量约二百四十吨。1851年，随着离心干燥技术的出现，夏威夷群岛的制糖业取得了重要发展。离心干燥技术不仅节省了加工时间，还提高了糖的质量。

卡美哈梅哈三世统治末期，夏威夷群岛的制糖业就像一场为了生存进行的激烈斗争，不仅经历了许多失败，还损失了大量金钱。然而，夏威夷群岛的制糖业正在取得进展。人们普遍认为，制糖业一定会成为夏威夷群岛的重要产业。但要做到这一点，甘蔗种植园主必须克服三个难题：资金短缺、劳动力短缺和市场不稳定。

夏威夷群岛早期的种植园主要是通过高利率借款建起来的。盈利前，许多种植园主往往没有足够的资金维持种植园的运营。有关农业的大部分投资来自和捕鲸业密切相关的商业企业，但控制企业的商人极不愿意投资制糖业。布鲁尔公司可能是第一个投资制糖业的商业公司。

夏威夷群岛本地人口的减少导致了劳动力短缺问题。通常的说法是，詹姆斯·库克发现夏威夷群岛时,夏威夷群岛的人口约为三十万。1823年,美国传教士估计夏威夷群岛的居民总数为十四万二千人。根据1832年的人口普查,夏威夷群岛的总人口约为十三万人,但1853年减少到七万人。越来越多夏威夷青年乘捕鲸船离开了夏威夷群岛。许多留在夏威夷群岛的青年找到了其他工作,不愿意到种植园工作,或者希望种植园主支付高额工资。种植园主无力雇佣夏威夷青年。在这种情况下,有人建议根据合同将中国劳动力带到夏威夷群岛的种植园。夏威夷皇家农业协会接受了这个建议。1852年1月,约两百名中国人从香港乘"忒提斯"号抵达夏威夷群岛。1852年8月,一百多名中国人来到夏威夷群岛。为了满足夏威夷群岛甘蔗种植园的需要,这些中国人只是成千上万外国劳动力中的第一批。

一些人认为,加利福尼亚为夏威夷群岛的制糖业提供了市场。然而,夏威夷群岛的制糖业面临两个障碍:第一个是需要与菲律宾群岛的制糖业竞争,第二个是进口到美国的所有糖都要缴纳关税。夏威夷群岛的甘蔗种植园主发现,想要从制糖投资中获利非常困难。因此,许多种植园主赞成将夏威夷群岛并入美国。

第 19 章

新国王卡美哈梅哈四世与新政策

精彩看点

卡美哈梅哈四世——卡美哈梅哈四世的政策——贸易互惠政策——阿尔伯特·爱德华·考伊柯奥乌利的出生——圣公会教堂——"夏威夷委员会"——天主教——摩门教——王后医院——通过移民增加人口——卡美哈梅哈四世驾崩

夏威夷人亲切地称呼已故国王卡美哈梅哈三世为"善良的老国王"。这个称呼与新国王形成了对比。卡美哈梅哈三世驾崩时并不是一个老人，这样称呼他只是因为他的统治时间很长，并且在位期间发生了许多重大事件。1854年12月15日，亚历山大·利霍利霍继承夏威夷王国的王位，称卡美哈梅哈四世。1855年1月11日，在卡瓦雅豪教堂，二十一岁的卡美哈梅哈四世正式宣誓继位。卡美哈梅哈四世是加休曼努二世和基库纳奥的儿子，也是卡美哈梅哈的外孙，卡美哈梅哈三世的外甥。卡美哈梅哈四世继承了卡美哈梅哈家族的所有优点，接受了夏威夷语和英语教育，能流利地使用夏威夷语和英语。卡美哈梅哈三世的观点和行事作风十分民主，但卡美哈梅哈四世更具贵族气派。卡美哈梅哈四世统治时期，夏威夷王室的礼仪和仪式非常引人注目。

　　卡美哈梅哈三世统治时期，美国传教士和美国对夏威夷群岛的影响力一直非常大。卡美哈梅哈四世希望巩固夏威夷政府的统治，使夏威夷王国彻底独立。他承认夏威夷王国从美国传教士和美国商业与农业企业那里获得了巨大利益，但担心美国会最终吞并夏威夷群岛。因此，他颁布的政策旨在消除有关美国吞并夏威夷群岛倾向的影响，或者利用其他影响抵消并入倾向的影响。卡美哈梅哈四世还有其他理由继续这样做。据说，1849年到1850年，与格里特·P.贾德一起访问美国和欧洲时，卡美哈梅哈四世和哥哥洛特·卡美哈梅哈对美国部分地区给予他们的待遇感到不满，对英国政府的运作模式印象深刻。

总之，返回后，卡美哈梅哈四世和哥哥洛特·卡美哈梅哈对英国的政府模式和英国教会夸赞不已。

1856年6月，卡美哈梅哈四世与艾玛·鲁克结婚。艾玛·鲁克是卡美哈梅哈的朋友兼顾问——英国人约翰·扬的孙女，也是卡美哈梅哈的弟弟凯利迈凯的曾外孙女。婴儿时，艾玛·鲁克被姨夫托马斯·查尔斯·拜德·鲁克收养①。托马斯·查尔斯·拜德·鲁克是火奴鲁鲁的英国医生。年幼时，艾玛·鲁克在阿摩司·S.库克夫妇的学校里接受了教育，后来又接受了一位英国家庭教师的教育，最终成长为一位有文化、有教养的女士，性格和蔼可亲，是名副其实的淑女。但艾玛·鲁克身上不乏英国人的特点，对卡美哈梅哈四世产生了重要影响。他们的婚礼采用的是英国国教的婚礼仪式。

卡美哈梅哈四世颁布的政策并不是突然或粗暴地进行，而是在他即位后不久逐步推进。1855年夏，美国大使写道，这似乎是"夏威夷政府的决定，试图完全消除美国传教士对夏威夷王国的所有影响"。当时，卡美哈梅哈四世的内阁中没有一个成员曾与美国传教事务有联系。此外，一个英国人刚刚取代了一名传教士，成为《波利尼西亚人报》的编辑。

美国非传教士对夏威夷王国的影响依然很大，并且持续了好多年。1857年去世前，大法官威廉·L.李一直是夏威夷政府中最有权势的成员，是卡美哈梅哈四世最信任的顾问。戴维·L.格雷格也是卡美哈梅哈四世的密友，1858年担任夏威夷财政部门负责人，任职四年。作为天主教教徒和一些个人习惯，戴维·L.格雷格遭到了美国传教士的反对。但他很有能力，受过良好教育，并且始终积极捍卫美国的利益。由于内部排挤，1862年，戴维·L.格雷格被迫辞职。卡美哈梅哈四世统治末期，他的内阁中已经没有美国人。罗伯特·C.怀利一直是夏威夷政府中最重要的人物。

卡美哈梅哈四世和大臣们希望促进夏威夷群岛自然资源的开发，消除人们对现有政府的一切不满。夏威夷群岛制糖业的发展受到了美国关税法的阻碍。许多美国种植园主认为，如果夏威夷群岛成为美国的一部分，那么夏威夷群岛

---

① 据说，艾玛·鲁克的姨妈没有孩子。因此，艾玛·鲁克出生后由其姨妈和姨夫收养。

将会越来越繁荣，他们也不需要为出口到加利福尼亚和俄勒冈的糖支付重税。因此，美国种植园主们倾向并入计划。还有一种方法可以促进夏威夷群岛的商业繁荣，即通过贸易互惠政策，使夏威夷群岛的产品免费进入美国，美国产品免费进入夏威夷群岛。夏威夷政府希望达成这样的协议。

1848年和1852年，夏威夷政府讨论且正式提出了贸易互惠政策，但没有得到美国政府的积极响应。于是，1855年，威廉·L.李作为特使被派往华盛顿，试图与美国政府签订互惠条约。戴维·L.格雷格强烈建议签订互惠条约。美国总统富兰克林·皮尔斯和国务卿威廉·L.马尔西都赞成互惠提议，很快起草了条约。威廉·L.马尔西和威廉·L.李签署了条约。不幸的是，互惠条约从未生效，美国参议院否决了互惠条约，因为路易斯安那州的甘蔗种植园主持反对意见。1863年，夏威夷政府再次尝试与美国政府签订互惠条约，但由于美国当时正在进行内战，夏威夷政府的第二次尝试失败。

1858年5月20日，卡美哈梅哈四世与艾玛·鲁克生了一个儿子，令夏威夷人兴奋不已。小王子的降临似乎是卡美哈梅哈家族继续统治夏威夷群岛的保证。经过王室公告，小王子获得了"夏威夷王子"的正式头衔，起名为阿尔伯特·爱德华·考伊柯奥乌利。年幼的阿尔伯特·爱德华·考伊柯奥乌利聪明活泼，但身体不够健壮。卡美哈梅哈四世与艾玛·鲁克十分疼爱阿尔伯特·爱德华·考伊柯奥乌利，见到阿尔伯特·爱德华·考伊柯奥乌利的人也都非常喜欢他。阿尔伯特·爱德华·考伊柯奥乌利短暂的一生与夏威夷圣公会的建立密切相关。

很早以前，许多英国人和美国人来到火奴鲁鲁。在英国和美国，他们曾经是英格兰圣公会和美国圣公会的教徒。他们中的一些人建议在夏威夷群岛成立圣公会，但该建议一直没有引起其他人的重视。当时，卡美哈梅哈四世与艾玛·鲁克对成立圣公会的建议很感兴趣。据说，阿尔伯特·爱德华·考伊柯奥乌利出生后，卡美哈梅哈四世与艾玛·鲁克希望王子的教育由一位信仰圣公会的家庭教师或圣公会牧师负责。罗伯特·C.怀利曾几次写信给加利福尼亚的威廉·I.基普主教，请威廉·I.基普主教派一位牧师来夏威夷群岛。威廉·I.基普主教虽然对罗伯特·C.怀利的请求极感兴趣，但无奈手下没有多余的人。

1859年，有人向英格兰圣公会发出呼吁，希望在火奴鲁鲁建一座圣公会教堂。卡美哈梅哈四世表示愿意为圣公会教堂和牧师寓所提供场地，同时每年提供资金支持一位牧师。英格兰圣公会积极响应呼吁。在英国，最后为夏威夷群岛传教工作制订的计划包括从英国派一位主教和几名牧师前往夏威夷群岛，并且扩充几名美国牧师，以便使英格兰圣公会和美国圣公会进行合作。但美国内战阻碍了英格兰圣公会和美国圣公会的合作。因此，夏威夷群岛圣公会传教工作的基调明显是英国式的。

　　人们期望圣公会的引入以夏威夷王子的洗礼为标志。英国女王维多利亚同意做阿尔伯特·爱德华·考伊柯奥乌利的教母。阿尔伯特·爱德华·考伊柯奥乌

托马斯·N. 斯特利

利的洗礼将由托马斯·N.斯特利主教主持。但1862年10月11日，托马斯·N.斯特利主教抵达火奴鲁鲁时，阿尔伯特·爱德华·考伊柯奥乌利已经去世。几个星期前，他突发脑膜炎，八天后去世。人们发现阿尔伯特·爱德华·考伊柯奥乌利活下来的希望很小，就在卡瓦雅豪教堂为他举行了洗礼仪式。

托马斯·N.斯特利主教抵达火奴鲁鲁后不久，夏威夷群岛的圣公会组织制定了章程，更名为夏威夷归正天主教会，但通常被称为英格兰圣公会。卡美哈梅哈四世与艾玛·鲁克是最早领受圣餐的人，并且一直资助圣公会教堂。卡美哈梅哈四世对圣公会很感兴趣，将英文版的《英格兰圣公会祈祷书》翻译成了夏威夷语。

夏威夷圣公会的成立几乎与美国传教团出现重要变化同时进行。截至目前，美国传教团的工作一直由美国外国传教委员会直接负责。数年来，美国外国传教委员会将夏威夷王国视为一个新教国家，认为将传教工作交给夏威夷群岛各新教教堂的时机已经成熟，新教教堂应该进行自我管理，尽可能自立。早在1848年，夏威夷群岛的新教教堂就向这个方向迈出了一步。1863年，美国外国传教委员会的秘书鲁弗斯·安德森访问了夏威夷群岛，试图调查夏威夷群岛的局势，协助夏威夷群岛的新教教堂制订新的传教计划。

结果，美国外国传教委员会退出了夏威夷群岛的传教工作，将夏威夷群岛各新教教堂的工作交给夏威夷福音协会负责。以前，夏威夷福音协会的成员只限于传教士，现在包括夏威夷群岛的牧师及各岛选出的非牧师代表。此外，夏威夷福音协会成立了四个附属协会，负责处理各岛的教堂事务。现在，夏威夷福音协会选举了一个执行机构，通常被称为"夏威夷委员会"，管理夏威夷福音协会的具体事务。

1841年，负责夏威夷群岛天主教的主教前往法兰西，试图获得人员增援和财政援助。天主教主教的努力取得了成功，但返回夏威夷群岛时，他和所有新传教士在海上失事。经过一段时间的耽搁，路易·德西雷·迈格雷被任命为夏威夷群岛天主教的主教。在路易·德西雷·迈格雷的监督下，夏威夷群岛天主教的工作开展了三十多年。卡美哈梅哈四世统治初期，夏威夷群岛天主教的工作已经取得丰硕成果。瓦胡岛的天主教传教士被派往其他岛传教,并且获得了鼓舞人心的成功。其他岛很快成立了天主教学校。1846年,瓦胡岛的库劳波科成立了阿惠马努学院。阿惠马努学院与拉海纳鲁纳神学院类似。1859年,耶稣和玛丽亚圣心会的十个修女来到火奴鲁鲁,成立了一所女子寄宿和走读学校。

  1850年12月,摩门教传教士首次来到夏威夷群岛。随后几年中,犹他州派更多摩门教传教士来到夏威夷群岛。摩门教传教士积极开展工作,取得了巨大成功,尤其在毛伊岛。1855年,在拉奈岛,摩门教传教士租了一块土地,用作集会场所。1858年,由于"摩门战争"①,犹他州召回了夏威夷群岛的所有摩门教传教士,但夏威夷群岛的摩门教教徒留了下来。1861年,沃尔特·M.吉布森从

沃尔特·M.吉布森

---

① "摩门战争"也被称为"犹他战争",指在美国历史上犹他州摩门教教徒与美国政府之间的冲突。冲突从1857年5月一直持续到1858年7月,最后通过谈判得到解决。

犹他州来到夏威夷群岛,担任摩门教领导人。后来,在夏威夷群岛的政治活动中,沃尔特·M.吉布森脱颖而出,并且利用摩门教教徒获得了个人利益。1864年,摩门教驱逐了沃尔特·M.吉布森。于是,犹他州派其他传教士前来负责夏威夷群岛的传教工作。由于沃尔特·M.吉布森的所作所为,摩门教教徒失去了拉奈岛的土地。不久,在瓦胡岛的莱伊,摩门教教徒买了一块地,成立了夏威夷摩门教总部。摩门教传教士们辛勤工作,取得了显著成效。即使是不赞同摩门教教义的人,也承认摩门教传教士对夏威夷人产生的积极影响。

夏威夷群岛本地人口的减少是卡美哈梅哈四世和夏威夷居民最关心的问题。导致本地人口减少的原因很多,如出生率低,死亡率高。1848年的麻疹和1853年的天花等瘟疫夺去了很多夏威夷人的生命。夏威夷群岛经常暴发瘟疫,但很少有夏威夷人试图预防瘟疫。1855年,在给立法机构的第一封信中,卡美哈梅哈四世说,人口减少是一个问题,"相比而言,所有其他问题都变得无足轻重。我们的首要任务是自我保护。我们的行动是徒劳的,除非阻止毁灭我们民族的疾病肆虐……我想,人口减少速度也许会变缓。如果在我统治的第一年中,我能通过相关法律实现延缓人口减少速度的目标,我将感到无比幸福。我建议着重考虑一下建立公立医院的问题。"

1855年,卡美哈梅哈四世发出了建立公立医院的诚挚呼吁,并在1856年再次呼吁。但立法机构并没有为建立公立医院拨款。最后,1859年,卡美哈梅哈四世与艾玛·鲁克亲自筹资建立公立医院。他们带着认捐单四处奔走,几个星期内成功筹到了一大笔钱。卡美哈梅哈四世通过选举设立了受托管理委员会。1860年年底,公立医院大楼竣工。王后医院是卡美哈梅哈四世和艾玛·鲁克的纪念碑。

除了帮助夏威夷人免遭瘟疫或其他灾难的伤害,卡美哈梅哈四世还提出了一个问题,即夏威夷人能否通过复兴续写新篇章。一些人认为,夏威夷群岛可以通过移民实现复兴。但引进中国移民没有达到夏威夷人的期望。在建议建立公立医院的同一篇讲话中,卡美哈梅哈四世说,鉴于引进中国移民试验的部分失败,"是否能吸引与夏威夷民族更相像的人来到夏威夷群岛上定居,成了一个重大问题。通过努力吸引波利尼西亚群岛的其他民族来到夏威夷群岛定居似乎是可能的。到达夏威夷群岛几天后,波利尼西亚移民就可以流利地讲夏威夷语,甚至在到达夏威夷群岛前,他们已经适应了新环境。他们也许会带着妻子……除了满足目前的劳动力需求,波利尼西亚移民还会为未来的夏威夷本土人口打下基础。他们和夏威夷人的后代没有明显差别。"

卡美哈梅哈四世统治时期及之后一段时期,夏威夷政府广泛讨论了通过移民实现复兴的计划。1855年,夏威夷政府没有资金将移民计划付诸实践。1859年,在科洛阿种植园,有人私下引入了一些南太平洋诸岛移民。后来,夏威夷政府试图大规模引入南太平洋诸岛移民,但没有取得很大成功。

卡美哈梅哈四世饱受哮喘的折磨。他强壮的身体因哮喘日渐消瘦,但他并不在意自己的身体状况。阿尔伯特·爱德华·考伊柯奥乌利的去世令卡美哈梅哈四世悲伤不已。从那时起,他的身体每况愈下。患病不久,1863年11月30日,卡美哈梅哈四世驾崩。就智力水平而言,卡美哈梅哈四世可能是所有夏威夷君主中最杰出的一位君主。

第20章

夏威夷王国末代国王卡美哈梅哈五世

卡美哈梅哈五世——1864年《宪法》——遗留问题——劳动力问题和人口问题——争取与美国签订互惠条约——麻风病的传播——卡美哈梅哈五世驾崩

阿尔伯特·爱德华·考伊柯奥乌利去世后，卡美哈梅哈四世指定自己的哥哥洛特·卡美哈梅哈为王位继承人。卡美哈梅哈四世去世后，洛特·卡美哈梅哈立即以卡美哈梅哈五世的称号继位。卡美哈梅哈五世是一个有趣、强势的人，与弟弟卡美哈梅哈四世一样，也受过良好教育。1849年到1850年，他曾与格里特·P.贾德一起去过欧洲和美国。1860年，卡美哈梅哈五世曾在太平洋海岸旅行，访问了加拿大西部不列颠哥伦比亚省和加利福尼亚地区。他虽然没有卡美哈梅哈四世的非凡智慧，但与卡美哈梅哈四世相比，他处理政务的能力与经验更胜一筹。在卡美哈梅哈四世统治的最后六年，卡美哈梅哈五世曾担任内政部门负责人，掌管财政部门一年多。作为国王，卡美哈梅哈五世对政府管理很感兴趣。他亲自主持内阁和枢密院的会议，与各部门负责人一起深入讨论所有重要问题。在选择部门负责人的时候，他谨慎地挑选信仰相同的人，并且一直给予部门负责人大力支持。卡美哈梅哈五世的想法很积极，但他的一些措施引起了民众的强烈反对。然而，毫无疑问，卡美哈梅哈五世诚心想做一些对夏威夷王国有利的事。

卡美哈梅哈五世被称为"最后一位伟大的夏威夷酋长"。作为卡美哈梅哈的孙子和继承人，卡美哈梅哈五世相信自己拥有与生俱来的统治权。他认为，领导和指引民众是酋长们的权利和义务。卡美哈梅哈五世的思想和行为虽然有些专制，但是一种仁慈的专制。卡美哈梅哈五世希望夏威夷人勤俭节约，不要愚蠢地浪费时间和金钱。他还试图保护夏威夷人远离危险。有人曾提议废除禁止向夏威夷人出售烈性酒的法律。卡美哈梅哈五世否决道:"我永远不会签署民族的死刑令。"

卡美哈梅哈五世相信夏威夷王国的君主政体是最好的政体。他不赞同1852年的《宪法》,说这部《宪法》不适合夏威夷王国的实际发展需要,因为它赋予了人民太多权力,削弱了国王的权威。卡美哈梅哈五世不相信普选权,但认为拥有一定财产和受过一定教育的人应该拥有投票权。因为他们的财产与所受的教育表明他们是勤劳、聪明的公民。卡美哈梅哈五世相信普选会促成夏威夷共和国的成立,并且夏威夷共和国最终将并入美国。他十分害怕美国的影响,认为"夏威夷王国刚刚脱离封建国家,美国的影响力已经将我们推向了共和国"。因此,他认为首先要做的最重要的一件事是修改1852年《宪法》或制定一部全新的《宪法》。可以说,卡美哈梅哈四世的政治思想与卡美哈梅哈五世很像,但卡美哈梅哈四世没有卡美哈梅哈五世坚定。

继承王位时,卡美哈梅哈五世并没有宣誓维护1852年《宪法》,也没有召集立法机构按照惯例开会。相反,1864年5月5日,他发表了公告,呼吁选举代表参加大会,商讨修改《宪法》。这一行动引起了很多人的强烈反对。代表大会不是规定的《宪法》修正途径,反对派宣称这是一次革命。但《宪法》的修正过程非常缓慢,卡美哈梅哈五世根本等不及。最高法院的法官们说,卡美哈梅哈五世提出的大会是制定新《宪法》的正当机构。在夏威夷群岛上,卡美哈梅哈五世四处巡视,解释自己希望做出的改变。罗伯特·C.怀利跟随卡美哈梅哈五世一起巡视,发表了多场演说,猛烈抨击1852年《宪法》。实际上,罗伯特·C.怀利的演说并没有帮到卡美哈梅哈五世的事业,甚至阻碍了卡美哈梅哈五世的事业。选举产生的大多数代表反对卡美哈梅哈五世的修宪计划。

1864年7月7日,代表大会召开,与会人员是卡美哈梅哈五世、贵族和人民选出的代表。代表大会对每个问题进行了漫长而激烈的讨论。在大多数贵族的支持下,卡美哈梅哈五世获得了胜利。对卡美哈梅哈五世来说,选民的财产限制问题非常重要,但与会代表们拒绝对这一问题做出让步。辩论持续了五天。最后,1864年8月13日,卡美哈梅哈五世发表了演讲,说浪费更多时间争论这一问题是没有用的。随后，他宣布，由于1852年《宪法》得到了国王的批准，国王有权将其废除。"因此，我废除1852年《宪法》。我会拿出一部新《宪法》。"大会随即结束。

1864年8月20日，卡美哈梅哈五世颁布了新《宪法》。新《宪法》是对1852年《宪法》的修订，也是卡美哈梅哈五世在内阁的建议下起草的。正如人们所料，新《宪法》将投票权赋予了拥有一定财产的人，以及1840年以前出生且能够读写的人。此外，卡美哈梅哈五世对《宪法》做了其他方面修改，大大增强了自己的权力。现在，他可以在政府中为所欲为了。

新《宪法》虽然以专制方式产生，但近二十五年中，一直是夏威夷王国的基本法律。卡美哈梅哈五世和内阁的行为受到了民众的批评。有人指出，如果卡美哈梅哈五世可以随心所欲颁布或废除《宪法》，那么人民的权利如何得到保障？很快，夏威夷王国出现了两个政党。其中，一个政党捍卫新《宪法》，支持加强王权，另一个政党支持更自由的政府，要求恢复1852年《宪法》。第二个政党对内阁成员非常不满，指责内阁成员误导国王，使用不当方法控制选举。与现在的党派不同，这两个政党没有组织，也没有明确的名称，但两者之间的议题界定十分明确。除了政治斗争，一些人还试图制造种族问题，让夏威夷人对抗外国人，尤其是美国人。不过，人们相信，卡美哈梅哈五世是一个诚实的人，不是暴君。

卡美哈梅哈五世统治时期，夏威夷王国面临前几年遗留下来的一些问题。夏威夷群岛的本地人口越来越少。1853年到1866年，本地人口从七万减少到五万七千人。卡美哈梅哈五世的统治结束前，捕鲸业进入最后衰落阶段。此外，夏威夷群岛的农业发展仍然受到劳动力不足和盈利市场缺乏的阻碍。美国内战刺激了夏威夷群岛的制糖业，因为美国南方各州的糖供应被切断了。糖的价格很高。生产糖的夏威夷商人不仅能够支付美国关税，还能获得可观利润。因此，种植园主抓住机会，兴建了许多甘蔗种植园，同时扩大了以前的甘蔗种植园。夏威夷群岛对劳动力的需求不断增加。随着美国内战结束，物价下降，美国关税再次成为阻碍夏威夷群岛农业发展的障碍。

卡美哈梅哈五世继位时，夏威夷群岛的制糖业恰好受到美国内战的刺激。

卡美哈梅哈五世继位约三个月后，种植园主协会成立。种植园主协会的主要任务是解决劳工问题。夏威夷政府鼓励农业发展，因为农业是夏威夷王国未来的依靠。因此，1864年，新内阁成立后，立刻开始关注种植园主的需求。面对从哪个国家引进劳动力的问题，种植园主各执己见。截至目前，夏威夷群岛引进的劳动力几乎都是中国人，但中国人并不能满足夏威夷种植园主的需求。过去四年中，夏威夷群岛很少引进新劳动力。夏威夷政府希望与种植园主合作，同时决定采取一些控制措施，保护夏威夷本地居民。

卡美哈梅哈五世及其顾问们急于引进容易被夏威夷人同化的移民，从而巩固和延续夏威夷民族。种植园主希望引进成本低廉的劳动力。问题是，卡美哈梅哈五世的目标和种植园主的目标能否调和。当时，夏威夷群岛的劳动力主要来自南太平洋诸岛（波利尼西亚群岛）、马来西亚、印度、日本和中国。夏威夷政府非常重视从南太平洋诸岛、马来西亚和印度引进劳动力，但种植园主倾向印度和中国。人们普遍认为，从中国可以轻易获得大量廉价劳动力。然而，夏威夷政府和种植园主希望从其他国家引进劳动力，于是将目光转向了欧洲。但引进欧洲劳动力的难度很大，并且费用很高。

1864年12月，夏威夷立法机构通过了一项法律，成立了移民局，"目的是监督外国劳动力的输入和移民的引进"。移民局立即采取措施，鼓励将南太平洋诸岛岛民引进夏威夷群岛。1865年4月，移民局派威廉·希勒布兰德作为移民专员前往东方。威廉·希勒布兰德奉命先前往中国，挑选了五百名中国劳工。随后，他前往东印度群岛，调查获得理想劳工的可能性。威廉·希勒布兰德恪尽职守。1865年年底前，他安排五百多名中国劳工抵达了夏威夷群岛。当时及后来，一直没有人发现从印度或马来西亚引进劳动力是切实可行的。

1868年，夏威夷王国驻日本大使计划从日本引进劳动力。1868年夏，一百四十八名日本人抵达夏威夷群岛。此后，近二十年中，夏威夷群岛再也没有引进日本劳动力。1868年，召开会议期间，立法机构通过了一项法律，试图促进波利尼西亚人的引入，并且为此拨款三万六千美元。

移民局的工作得到了私人组织的协助。有时，得到移民局许可后，一些私人组织可以引进外国劳动力。卡美哈梅哈五世统治期间，夏威夷引进了两千多名劳动力，其中包括男人、女人和儿童，并且近一千七百人是中国人，约二百人是南太平洋诸岛岛民。夏威夷群岛引进劳动力的费用达十二万美元，由夏威夷政府和种植园主均摊。外国劳动力根据合同受雇于种植园主，期限为三年、四年或五年。

然而，移民局付出的努力既没有解决劳动力问题，也没有解决人口问题。1866年到1872年，夏威夷本土人口数量持续减少。1872年，夏威夷本土人口总数不到五万。种植园主希望获得更多廉价劳动力。1872年，即卡美哈梅哈五世统治的最后一年，劳动力问题和人口问题成了夏威夷王国最主要的问题。

对夏威夷甘蔗种植园主来说，美国内战时期是夏威夷群岛制糖业的繁荣期。在高价格的刺激下，糖产量激增。1860年，夏威夷群岛糖出口总量不到一百五十万磅，1865年超过一千五百万磅。但美国内战结束后，糖价格的下降给夏威夷群岛的商业造成了致命打击。于是，夏威夷政府不得不重新考虑与美国签订互惠条约。

1866年到1867年冬，美国驻夏威夷王国大使爱德华·M.麦库克前往华盛顿，设法从国务卿威廉·H.苏厄德那里获得了谈判互惠条约的权力。爱德华·M.麦库克离开火奴鲁鲁时，一些甘蔗种植园主要求夏威夷政府再做努力，与美国达成互惠条约。经过慎重考虑，夏威夷政府决定派财政部门负责人查尔斯·C.哈里斯前往美国，研究局势，在可能的情况下谈判对两国都有利的互惠条约。巧合的是，在旧金山，打算返回夏威夷群岛的爱德华·M.麦库克和前往华盛顿的查尔斯·C.哈里斯相遇。两人都拥有谈判互惠条约的权力，于是联手起草了互惠条约。1867年5月21日，两人在旧金山签署了互惠条约。随后，查尔斯·C.哈里斯前往华盛顿，敦促美国政府认可或批准互惠条约。与此同时，爱德华·M.麦库克返回了火奴鲁鲁。

听到关于签订互惠条约的消息后，夏威夷民众非常高兴，尽管互惠条约中的条款不是他们期望的。夏威夷政府立即批准了互惠条约。然而，在华盛顿，互惠条约遇到了阻碍。美国总统安德鲁·约翰逊立即批准了互惠条约，然后将互惠条约送交参议院批准。在美国参议院，互惠条约遇到了许多障碍。国会忙着处理美国内战后的重建问题。安德鲁·约翰逊和国会正在进行激烈斗争。此外，美国面临巨额债务，国会强烈反对任何削减政府收入的措施，而互惠条约恰好要削减美国政府的收入。最近，美国终止了与加拿大的互惠条约。反对与夏威夷王国签订互惠条约的美国人认为，美国从中获益很少或根本没有获益，只会损失大量财政收入，并且宣称互惠条约是为了夏威夷甘蔗种植园主和加利福尼亚食糖精炼商人的利益起草的。就互惠条约问题，马萨诸塞州代表查尔斯·萨姆纳领导美国参议院与总统进行了激烈斗争。1867年到1868年冬，爱德华·M. 麦库克再次来到华盛顿，利用自己的影响力支持美国参议院批准互惠条约。为此，夏威夷政府也在华盛顿留下了一位大使。但要让美国参议院考虑批准互惠条约非常困难。互惠条约问题被一拖再拖，直到1870年6月1日，美国参议院进行投票，最终否决了互惠条约。

据推测，卡美哈梅哈三世统治时期，麻风病传入夏威夷群岛。起初，夏威夷政府并没有采取任何措施防治麻风病。但卡美哈梅哈五世统治初期，夏威夷群岛上的麻风病越来越严重，引起了人们的恐慌。1864年10月，在向立法机构发表讲话时，卡美哈梅哈五世说："麻风病的蔓延使我感到焦虑。我们必须采取果断措施防治麻风病。"随后，立法机构通过了一项"防止麻风病传播"的法律，实施了将麻风病人与其他人分开的政策。根据法律，火奴鲁鲁附近的卡利希地区建了麻风病人接收站。莫洛凯岛北部的一座小半岛成为麻风病人的安置点，无法治愈的麻风病人将被送到那里。卡美哈梅哈五世统治末期，约有八百个麻风病人被送到莫洛凯岛北部的安置点。这些麻风病人几乎都是夏威夷本地人。

1872年下半年，卡美哈梅哈五世病了好几个月。虽然卡美哈梅哈五世一直没有公开宣布自己的病情，但实际上已经尽人皆知。尽管如此，卡美哈梅哈五世的驾崩依然令所有人感到震惊。1872年12月11日早晨，夏威夷民众正在为卡美哈梅哈五世的官方生日庆典做准备。很快，卡美哈梅哈五世即将驾崩的消息在城里传开。1872年12月11日中午前，卡美哈梅哈五世驾崩，生日庆典日变成了哀悼日。卡美哈梅哈五世在位九年。

查尔斯·萨姆纳

"1872年12月12日,卡美哈梅哈五世的遗体停放在王宫的御座厅里,供人瞻仰。各部门负责人、大臣和酋长们都守着卡美哈梅哈五世的遗体。忧郁的羽旗在卡美哈梅哈五世的头顶上方飘扬,为涌动的人群、夏威夷王国的臣民和外国人唱响了悲伤而无声的哀乐。人群排队穿过大厅,好奇地看看卡美哈梅哈五世的遗体,向卡美哈梅哈家族的末代国王告别。"①

---

① 桑福德·B.多尔:《夏威夷历史上的三十天》,第31页,载于《夏威夷历史学会第二十三期年度报告》。——原注

第 21 章

选举国王

精彩看点

王位虚悬——王位候选人——威廉·C.路纳利罗的演讲——戴维·卡拉卡瓦的演讲——选举威廉·C.路纳利罗为国王——威廉·C.路纳利罗的统治——试图与美国签订互惠条约——防治麻风病——王室禁卫军兵变事件——威廉·C.路纳利罗驾崩——选举戴维·卡拉卡瓦为国王——选举骚乱

卡美哈梅哈五世的驾崩使夏威夷王国出现了一段王位虚悬期。卡美哈梅哈五世没有直接继承人。根据1864年《宪法》，卡美哈梅哈五世的妹妹维多利亚·卡美哈梅哈是夏威夷王国的下一位继承人。但1866年，维多利亚·卡美哈梅哈已经去世。在这种情况下，获得贵族同意后，卡美哈梅哈五世有权指定继承人，但卡美哈梅哈五世生前没有这样做。实际上，卡美哈梅哈五世临终时，曾要求卡美哈梅哈的直系后裔——伯妮斯·帕瓦希公主继承王位，但伯妮斯·帕瓦希公主拒绝继承王位。因此，夏威夷王国出现王位虚悬期。立法机构有责任从夏威夷酋长中选出一位新国王。这是一种新情况，以前从未有平民或民选代表认为非王室成员可以成为夏威夷王国的莫伊。

卡美哈梅哈五世驾崩后的第二天，内阁成员要求立法机构在1873年1月8日召开会议，选举新国王。可以参选国王的候选人有好几个，但只有两个候选人积极参选，即威廉·C.路纳利罗和戴维·卡拉卡瓦。威廉·C.路纳利罗是夏威夷王国的高级酋长，受过良好教育，得到了各阶层的爱戴。然而，威廉·C.路纳利罗没有受到卡美哈梅哈五世的青睐。众所周知，威廉·C.路纳利罗的观点十分开明，不赞成卡美哈梅哈五世修改《宪法》的行为。人们普遍认为，威廉·C.路纳利罗赞同美国对夏威夷王国的影响，而不是英国。戴维·卡拉卡瓦也是贵族出身，是克阿韦阿胡鲁酋长和卡米亚莫库酋长的后裔。克阿韦阿胡鲁酋长和卡米亚莫库酋长曾帮助卡美哈梅哈征服了夏威夷群岛。戴维·卡拉卡瓦同样受过良好教育，在卡美哈梅哈五世统治时期一直担任公职。夏威夷民众似乎更喜欢威廉·C.路纳利罗。卡美哈梅哈五世驾崩后的第二天，夏威夷人大会在卡乌马卡皮利教堂举行。人们一致投票选举威廉·C.路纳利罗为夏威夷王国的新国王。

几天后，威廉·C.路纳利罗公开发表了演讲，称夏威夷人应该有机会就谁应该成为国王发表意见。威廉·C.路纳利罗希望自己提出的主张由人民决定，建议1873年1月1日进行投票，以便夏威夷政府知晓人民的愿望。他说："我认为必须向人民做出承诺，我将恢复1852年《宪法》，但会做一些必要的修订，使1852年《宪法》适应现行法律。我会根据1852年《宪法》与君主立宪制的原则治理国家。"

卡乌马卡皮利教堂

威廉·C.路纳利罗的演讲得到了夏威夷民众的积极响应。夏威夷民众听从威廉·C.路纳利罗的建议,为举行选举做了准备。圣诞节后的第二天,卡乌马卡皮利教堂举行了一次大规模的群众集会。会上,威廉·C.路纳利罗的候选资格得到确认。大会任命了一个委员会负责选举事务,同时通过了一项决议。决议称:"夏威夷人民指派立法会议中的四位代表投票给威廉·C.路纳利罗,而非他人。"

1872年12月28日,戴维·卡拉卡瓦发表了一篇公开演讲。他的演讲稿是用古代诗歌的比喻风格写成的,开头写道:"啊,我的人民!我的同胞们!起来!这是人民的心声!"戴维·卡拉卡瓦认为威廉·C.路纳利罗的演讲是"刺耳的声音"。此外,戴维·卡拉卡瓦敦促民众拒绝在1873年1月1日进行投票,并且指责外国人支持威廉·C.路纳利罗。随后,戴维·卡拉卡瓦提出了自己的政纲,承诺如果当选国王,他"会保护人民,增加夏威夷群岛的人口,促进繁衍,使夏威夷群岛越来越繁荣""废除人民抱怨的一切个人赋税""为夏威夷本地人安排政府职位,以便还清国债"。戴维·卡拉卡瓦还承诺"修改1864年《宪法》",但补充说:"当心1852年的《宪法》和外国人的虚假教义。威廉·C.路纳利罗登上王位后,外国人将获得夏威夷政府的控制权。"

似乎没有人理会戴维·卡拉卡瓦的演讲。1873年1月1日,夏威夷民众放下手中的工作,听从威廉·C.路纳利罗的建议,到投票站选举新国王。投票结果显示,绝大多数夏威夷人选举威廉·C.路纳利罗为新国王。1873年1月8日,根据《宪法》要求,立法机构开会选举新国王。立法大厅里挤满民众,一大群人围住了大楼。新国王的人选悬而未决。立法机构的委员们会赞同人民的选择吗?一切准备就绪后,投票开始了。一张张选票被投进了投票箱。威廉·C.路纳利罗获得了立法机构的第一张选票。随后,立法机构的所有选票都投给了威廉·C.路纳利罗。威廉·C.路纳利罗成为夏威夷王国的国王。1873年1月9日,卡瓦雅豪教堂按时举行了隆重的典礼,新国王正式继位。

选举结束后,立法机构连续几天继续开会。依据自己的承诺,威廉·C.路纳利罗向立法机构提交了几项《宪法》修正案。其中,最重要的是取消限制选民财产的修正案。修正案由立法机构批准,按照《宪法》规定留待下一届立法机构表决。1873年1月10日，威廉·C.路纳利罗公布了内阁名单。除了一个人，内阁成员都是美国人，其中两位来自传教士家庭。当时，在夏威夷王国的所有阶层中，威廉·C.路纳利罗享有很高声望。不幸的是，在威廉·C.路纳利罗短暂的统治结束前，他的声望已经不复存在。

卡美哈梅哈三世、卡美哈梅哈四世和卡美哈梅哈五世都曾试图与美国签订互惠条约。威廉·C.路纳利罗继任后，夏威夷王国比以往任何时候更需要一份互惠条约。由于捕鲸业的衰落，夏威夷王国的商业和农业发展停滞不前。种植园劳动力稀缺，并且劳动力成本高。在旧金山，糖的市场价格非常低，并且夏威夷群岛出口到美国的糖必须缴纳高额关税。夏威夷民众认为，互惠条约会改变夏威夷群岛现在的局面，为夏威夷群岛带来繁荣。一些人认为，并入美国是改变夏威夷群岛现状的最好办法。但夏威夷政府和夏威夷本地人反对并入美国。因此，并入美国一事不值得讨论。

1873年2月，火奴鲁鲁商会通过了一项决议，要求威廉·C.路纳利罗再次努力与美国达成互惠条约。在公开和私下场合，在报纸上，在内阁会议上，以及在外交部门负责人和美国常驻大使之间，对互惠条约问题进行了热烈讨论。从讨论中，我们可以清楚看到，除非夏威夷政府拿出有价值的东西换取互惠条约，否则美国政府不会采取任何行动。有人提议将珍珠河潟湖交给美国海军作为军事基地。1873年6月，威廉·C.路纳利罗听从了内阁的建议，同意将珍珠河潟湖割让给美国海军。所谓的"珍珠河计划"遭到了许多夏威夷民众的反对，尤其是夏威夷本地人。反对呼声越来越大，立法机构不得不向民众保证，不会批准任何包括将珍珠河潟湖割让给美国的条约。因此，1873年11月，将珍珠河潟湖交给美国海军收回了提议。即使夏威夷民众同意割让珍珠河，美国政府也对夏威夷政府提出的互惠条约不感兴趣。很快，夏威夷政府放弃了试图与美国签订互惠条约的计划。

此前，种植园主已经开始将一部分糖运往澳大利亚和新西兰，希望找到有利可图的新市场。1873年，夏威夷群岛增加了对澳大利亚和新西兰的糖出口量。与澳大利亚和新西兰的互惠可能性成为夏威夷民众讨论的一个新话题。

卡美哈梅哈五世统治时期，为防止麻风病传播采取的措施并没有取得成功。莫洛凯岛的麻风病人安置点已经变得非常舒适惬意，隔离在那里的麻风病人受到了善待。但隔离政策并没有得到彻底执行，许多麻风病人仍然生活在夏威夷群岛的其他地方。夏威夷本地人还没有意识到麻风病的可怕程度。许多人认为，被送到莫洛凯岛就相当于被判了死刑。麻风病人的家人和朋友常常隐瞒麻风病人的病情，从而导致了麻风病的进一步传播。

威廉·C.路纳利罗统治时期，夏威夷群岛的卫生部门严格按照法律规定，将已知的麻风病人隔离开来。1873年，近五百名麻风病人被带到莫洛凯岛的安置点。这是一个非常大的数字，比以往任何一年送到莫洛凯岛安置点的人数都多。执行法律是一项令人痛苦的职责，但卫生部门必须保护健康的人免受麻风病的威胁。不幸的是，这种做法导致了夏威夷民众对夏威夷政府的怨恨和反对。

1873年9月月初，夏威夷群岛发生了一起事件。在一段时间内，这起事件对夏威夷群岛产生了不利影响。这起事件就是著名的王室禁卫军兵变事件。禁卫军是夏威夷王国的军事力量，但其职责主要是守卫一些政府大楼和担任国王的仪仗队。指挥禁卫军的是一名叫约瑟夫·亚伊科扎的奥地利军官，以及一名负责军备物资的副指挥官。约瑟夫·亚伊科扎严格执行军队纪律，不受士兵们的喜欢。禁卫军声称对副指挥官也心存不满。

约瑟夫·亚伊科扎试图惩罚一些严重失职的士兵，但遭到了士兵们的攻击。不过，士兵们对约瑟夫·亚伊科扎的攻击被及时阻止了，没有造成严重伤亡。这件事是持续五天的兵变的开端。叛乱士兵占领了宫殿大街的军营。兵变第一天晚上，叛乱士兵运来了几门大炮，准备坚守阵地，称在约瑟夫·亚伊科扎和副指挥官被解职前，他们不会放下武器。许多夏威夷本地人同情兵变士兵，一些人担心攻击军营会导致暴乱和流血事件，甚至引发内战。

兵变期间，威廉·C.路纳利罗卧病不起，一直待在怀基基的寓所里。威廉·C.路纳利罗是夏威夷王国的军队总司令。镇压兵变的所有努力失败后，解决困难的任务落在了威廉·C.路纳利罗身上。兵变第四天，威廉·C.路纳利罗和前来看望的几个士兵进行了谈话。兵变第五天早晨，威廉·C.路纳利罗写了一封信，告诉兵变士兵要服从法律，离开军营，返回家乡。如果他们这样做了，他就会原谅士兵们的叛乱行为。士兵们按照威廉·C.路纳利罗的话做了。于是，兵变结束。随后，威廉·C.路纳利罗发布命令，解散了王室禁卫军。

登基半年前，威廉·C.路纳利罗患上了肺结核。在疾病的折磨下，威廉·C.路纳利罗的身体每况愈下。1873年11月，威廉·C.路纳利罗被送到夏威夷的凯卢阿，希望那里的气候能对他的身体状况有所改善。1874年1月，威廉·C.路纳利罗回到火奴鲁鲁时，很明显已经时日不多。1874年2月3日，继任夏威夷王国国王一年零二十五天后，威廉·C.路纳利罗驾崩。威廉·C.路纳利罗的遗体安葬在卡瓦雅豪教堂庭院的陵墓中。根据威廉·C.路纳利罗的遗嘱，他的纪念碑是为贫穷、年老和残疾的夏威夷人建立的路纳利罗家园。

威廉·C.路纳利罗驾崩后，夏威夷王国的王位再次虚悬。威廉·C.路纳利罗从未结婚，没有直接继承人。有人曾多次建议威廉·C.路纳利罗以符合《宪法》的方式选择王位继承人。但与卡美哈梅哈五世一样，威廉·C.路纳利罗没有选定继承人。因此，立法机构必须再次选举国王。内阁决定在1874年2月12日，即威廉·C.路纳利罗驾崩九天后，召开立法会议。

威廉·C.路纳利罗统治时期，曾就谁将成为下一任国王的问题进行了讨论。人们普遍认为，在夏威夷王国的男性酋长中，戴维·卡拉卡瓦最有资格继承王位。报纸报道了戴维·卡拉卡瓦捍卫的事业，断言戴维·卡拉卡瓦与威廉·C.路纳利罗一样，会得到人民的支持。但事实表明，报纸的断言并不准确。1874年2月4日，戴维·卡拉卡瓦正式宣布自己为王位候选人。1874年2月5日，卡美哈梅哈四世的遗孀艾玛·鲁克也发表了类似的声明，宣称自己是夏威夷王国王位候选人的真正人选。卡美哈梅哈四世驾崩后不久，艾玛·鲁克去了英国和其他国家。返回夏威夷群岛后，她一直过着平静的生活，专心从事慈善事业。艾玛·鲁克深受夏威夷本地人和外国人的爱戴与尊敬。但许多人不希望艾玛·鲁克成为夏威夷王国的女王。一家报纸说："夏威夷人会将艾玛·鲁克当作恩人来爱，当作政治家来恨。"

在随后的短暂竞选中，艾玛·鲁克赢得了许多夏威夷本地人的支持，尤其是瓦胡岛的居民。当然,英国的支持对艾玛·鲁克的竞选是有利的。大部分外国人,包括所有美国人,都支持戴维·卡拉卡瓦。在夏威夷本地人中,戴维·卡拉卡瓦也有很多坚定的支持者,尤其在边远岛屿上。选举会议召开时,三十九名立法机构委员将选票投给了戴维·卡拉卡瓦,六名委员投给了艾玛·鲁克。因此,戴维·卡拉卡瓦当选夏威夷王国的国王。1874年2月13日中午,戴维·卡拉卡瓦宣誓继任夏威夷王国国王。为了防止王位再次虚悬,戴维·卡拉卡瓦立即指定并宣布自己的弟弟威廉·皮特·勒莱奥霍库为王位继承人。

举行选举时,一群人围住了立法机构的大楼。围住大楼的人主要是艾玛·鲁克的支持者。投票一结束,选举会议就任命了一个委员会,前去通知戴维·卡拉

登上王位的戴维·卡拉卡瓦

卡瓦选举结果。在试图离开大楼时,委员会委员遭到了攻击,一些委员在返回大楼时受伤。随后,人群强行闯入大楼,毁坏了各个办公室的家具、书籍和文件。立法机构的官员遭到了攻击,许多人被砍伤、打伤。事态紧急,为了防止局势进一步恶化和造成更多人员伤亡,戴维·卡拉卡瓦、外交部门负责人和瓦胡岛总督要求美国大使和英国领事派停泊在港口的军舰"塔斯卡罗拉"号、"朴次茅斯"号和"忒涅多斯"号上的陆战队登陆。美国大使和英国领事立即批准了戴维·卡拉卡瓦等人的请求。傍晚,骚乱平息。骚乱发生后的第二天,艾玛·鲁克承认戴维·卡拉卡瓦为国王,建议自己的追随者也承认戴维·卡拉卡瓦为国王。美国和英国海军陆战队在岸上停留了约一个星期,确定岛上安全后返回了军舰。

第22章

1840年到1874年夏威夷王国的变化

人口变化——教育发展——工业发展——航运发展——1874年的火奴鲁鲁——港口和滨海区的变化

戴维·卡拉卡瓦当选国王意味着夏威夷王国迎来了一个新王朝。在某种意义上，这是一个新政治时代的开始。在夏威夷群岛的经济和社会等方面，戴维·卡拉卡瓦的当选也是一个新时代的开始。1874年后，重大事件接连发生，导致夏威夷王国的君主制迅速走向终结。威廉·C.路纳利罗驾崩时正是夏威夷王国立宪政体末期，也是1840年《宪法》颁布三十三周年。当时，夏威夷群岛的经济和社会状况发生了许多重大变化。

　　1840年，夏威夷群岛的总人口约为十万人。1872年的人口普查结果显示，夏威夷群岛的总人口不到五万七千人。人口减少意味着遗弃的村庄、废弃的芋头田的增多，以及逐年变少的学校和教堂。1840年，夏威夷群岛的外国人口不到一千人，即不到夏威夷群岛总人口的1%。1872年，夏威夷群岛的外国人口超过五千人，几乎占夏威夷群岛总人口的10%。1872年，在夏威夷群岛的外国人中，超过三分之一是中国人，剩下的大部分是高加索人。一个无法逃避的事实是，夏威夷群岛的原住民逐渐减少，很可能被外来种族取代。

　　夏威夷群岛减少的人口中不仅包括普通民众，还包括贵族。1840年到1874年，夏威夷人沉痛哀悼了四位国王的去世。卡美哈梅哈家族几乎绝嗣，只剩几位高级酋长。1841年，曾公开蔑视佩莱女神的女酋长卡皮奥拉尼去世。1844年，夏威夷岛总督夸奇尼去世。1845年，威廉·C.路纳利罗的母亲，即担任重要大臣的凯考卢奥希去世。1855年，伯妮斯·帕瓦希公主的父亲帕基去世。1868年，卡美哈梅哈三世和卡美哈梅哈四世的父亲基库纳奥去世。曾经帮助卡美哈梅哈组建政府的大多数外国人也先后在夏威夷王国的政治舞台上消失了。1847年，威廉·理查兹去世。1857年，威廉·L.李去世。1860年，理查德·阿姆斯特朗去世。1865年，罗伯特·C.怀利去世。1873年，格里特·P.贾德去世。

　　1841年，在没有得到夏威夷政府任何帮助的情况下，美国传教士们开展了教育工作，并且通过了普通教育法，规定了普通学校的组织模式和民众对学校的支持方式。法律仅意味着夏威夷政府将尽快从传教士手中接管初等教育工作。1846年，夏威夷政府设立了教育部门，威廉·理查兹被任命为公共教育部门负责人。在很长一段时间里，夏威夷群岛的普通学校被分为新教学校和天主教学校。但1854年后，由于宗教原因，这种划分逐渐消失了。

基库纳奥

起初，夏威夷政府只接管由本地教师用夏威夷语授课的普通学校。除了普通学校，还有几所"精英学校"，即比普通学校更高级的学校，如夏威夷政府支持的年幼酋长学校，火奴鲁鲁的外国居民支持的瓦胡岛慈善学校和寄宿学校，新教传教士管理的拉海纳鲁纳神学院、希洛寄宿学校和普纳侯学校，以及天主教教徒管理的寄宿学校。夏威夷政府的教育政策是尽快承担"精英学校"的财政支出，将"精英学校"改为公立学校，或为"精英学校"支付部分支出。1849年，拉海纳鲁纳神学院被移交给夏威夷政府。不久，瓦胡岛慈善学校改为公立学校，拨款主要来自向外国人征收的特别税，校名改为火奴鲁鲁免费学校。

"精英学校"的数量逐年增加。1849年，夏威夷群岛有十三所"精英学校"，约五百名学生。1874年，夏威夷群岛有四十六所"精英学校"，两千多名学生。与此同时，普通学校的数量逐渐减少。1849年，夏威夷群岛共有五百四十所普通学校，学生约一万五千人。1874年，夏威夷群岛只有二百四十二所普通学校，学生不足八千人。普通学校减少的主要原因是夏威夷本地人口减少，很多儿童为了得到更好的教育去了"精英学校"。

当时，夏威夷群岛的学校里出现了一个有趣的现象，即学习英语的夏威夷儿童越来越多。1854年，夏威夷政府通过一项特别法律，"鼓励和支持夏威夷儿童到英语学校学习"。1874年，夏威夷群岛近四分之一的学生都在学习英语。所有"精英学校"都有英语课程，但普通学校中没有英语课程。普通学校是免费的，公立英语学校收取少量学费。

教育界出现的另一个重要变化是，人们越来越重视夏威夷女性的受教育程度。1855年，有人强烈建议让夏威夷女性接受教育。1858年，担任教育部门负责人的理查德·阿姆斯特朗再次提议让夏威夷女性接受教育。大约从那时起，针对夏威夷女性的家庭学校和神学院陆续成立，并且得到了夏威夷政府的财政支持。

总体来看，截至1874年，夏威夷群岛的学校有了很大改善，不但有了更好的校舍、受过良好教育和报酬更高的教师，而且有了更好的教科书和更完善的教学课程。即便如此，夏威夷群岛的学校仍然远远低于最高标准。

1840年，夏威夷群岛的经济繁荣主要依靠捕鲸业。正如人们已经看到的那样，捕鲸业迅速发展，约在1859年达到顶峰，然后迅速衰落。随后，制糖业作为主导产业取代了捕鲸业。早在戴维·卡拉卡瓦继位前，制糖业已经成为夏威夷群岛的主要产业。在很长一段时间里，尽管受到了咖啡树枯萎病的影响，但咖啡作为农产品的重要性一直排在甘蔗后面。约1862年，大米的重要性排在了甘蔗后面，咖啡的重要性重回第三位。

1858年，在夏威夷皇家农业协会的实验农场，H.荷尔斯泰因首次尝试用东印度群岛的稻谷种子培植稻谷，但不是很成功。1860年，H.荷尔斯泰因用南卡罗来纳州的稻谷种子进行试验，看到了成功的希望。1861年，一股稻谷种植热席卷了夏威夷群岛。在夏威夷群岛的许多地方，农民们拔掉芋头，种上了稻谷，从而导致了一场为期一两年的芋头荒。1862年，夏威夷群岛大米和稻谷的出口量超过九十万磅，1874年超过一百六十万磅。夏威夷群岛的大米产量很高，大部分大米供夏威夷群岛上的居民食用。后来，夏威夷群岛的大米种植业主要由中国人经营。

夏威夷群岛虽然面临人口不断减少的问题，但作为一个商业中心，依然变得越来越重要。通过对夏威夷群岛进口、出口和海关收据统计的调查，我们可以清楚看到这一点。根据可靠数据，1844年，夏威夷群岛的进口总额为三十五万美元，1874年为一百三十万美元。1844年，夏威夷群岛的出口总额为一百七十万美元，1874年为一百八十四万美元。1844年的海关收入是一万四千美元，1874年是十八万四千美元。必须考虑到的一个事实是，1874年，夏威夷群岛的商业发展陷入困境。此前十年中，夏威夷群岛的商业发展状况良好。

一个国家经济实力的重要指标之一是年度贸易差额，即进出口总额之间的货币价值差额。如果进口额大于出口额，就称贸易逆差对国家不利；如果出口额大于进口额，就称贸易顺差对国家有利。1844年及随后许多年，贸易逆差对夏威夷群岛非常不利。直到1869年，夏威夷群岛的出口额才大于进口额。当时的变化主要是由于制糖业的发展。

1840年，夏威夷群岛的岛际运输和国外运输非常混乱，并且主要的运输工具是小型帆船。随着时间的流逝,夏威夷人开始使用更大、更快的运输船,基本建立了定期的运输服务。后来,在火奴鲁鲁和旧金山之间,出现了一条定期邮船线,运输船变成了快速帆船,如"无眠"号、"美国人"号、"范妮·梅杰"号、"彗星"号、"斯摩尔尼奥特"号和"默里"号。在岛际运输中,最著名的运输帆船也许是"艾玛·鲁克"号和"内蒂·梅里尔"号。这两艘帆船都是在新英格兰建造的,1860年春抵达夏威夷群岛,随后不久展开了竞争,轰动一时。

帆船运输依然十分缓慢,并且存在诸多不确定性。夏威夷人梦想着有一天,轮船会在夏威夷群岛的不同岛屿之间及夏威夷群岛和外国之间航行。1874年,夏威夷人的梦想实现了。首先出现的是岛际轮船。1851年年底到1852年年初,一艘轮船从加利福尼亚南下,在火奴鲁鲁和拉海纳之间航行。1853年,夏威夷蒸汽航运公司在旧金山成立,开始了持续两年多的定期岛际运输服务。"阿卡迈"号是夏威夷蒸汽航运公司的第一艘轮船。夏威夷蒸汽航运公司倒闭后,夏威夷政府提议政府直接从事轮船业务或向私人提供轮船运输服务,但进展缓慢。

火奴鲁鲁的威廉姆斯公司建造了"基拉韦厄"号轮船。1860年夏,"基拉韦厄"号投入使用。"基拉韦厄"号有一段有趣的历史。由于获利很少,"基拉韦厄"号经常更换船主,并且好几次差点触礁,经过修理后重新投入使用,甚至曾经停用一年多。在过去十七年中,"基拉韦厄"号成了夏威夷群岛港口最受欢迎的"访客"。夏威夷政府一直对"基拉韦厄"号很感兴趣。后来,夏威夷政府成为"基拉韦厄"号的唯一所有者。

接下来的几年,往返于夏威夷群岛与旧金山、夏威夷群岛与澳大利亚之间的轮船开始航行。与岛际轮船一样,在建立定期航运服务前,夏威夷政府针对国外运输问题讨论了很长时间。1854年,从旧金山出发的轮船往返航行两次。1866年,"阿贾克斯"号轮船在夏威夷群岛和旧金山之间进行了两次往返航行。1867年,"爱达荷"号开始了夏威夷群岛和旧金山之间的固定轮船业务。1870年,一艘轮船从澳大利亚驶往夏威夷群岛,开辟了夏威夷群岛与澳大利亚之间的航运。随后,虽然轮船公司经常更换,但夏威夷群岛与美洲太平洋海岸和澳大利亚之间的航运从未中断。

19世纪50年代的火奴鲁鲁

1840年，火奴鲁鲁和拉海纳是夏威夷王国的主要城镇。1874年，火奴鲁鲁的重要性大大提高，而拉海纳的重要性逐渐减弱。怀卢库已经成为毛伊岛上的主要城镇，希洛取代拉海纳成为夏威夷王国的第二大城镇。火奴鲁鲁是夏威夷政府所在地，也是贸易、文化交流和宗教活动中心，是夏威夷王国最重要的城镇，拥有全国四分之一人口，一半外国人口。

1840年到1874年，火奴鲁鲁发生了巨大变化。1874年，来到夏威夷群岛的外国游客称火奴鲁鲁是一片被绿树、灌木和鲜花覆盖的绿洲。其中一位游客写道：火奴鲁鲁的"港口看起来很小，微不足道。但一上岸，气势宏伟的公共建筑、热闹的商铺、鳞次栉比的房屋立即映入眼帘。建筑物坐落在灌木和鲜花的遮荫中。此外还有繁忙的贸易和熙熙攘攘的人群"。另一位游客说：火奴鲁鲁"仰卧在椰子树、芭蕉树、伞形树、面包果树、橘树、杧果树、木槿、牧豆树和西番莲之间，几乎隐藏在浓密的草丛中"。这些树和灌木都是过去二十五年或三十年内生长起来的。

火奴鲁鲁城镇向四面八方扩展，但距怀基基、马诺阿和卡利希依然很远。镇上的住宅、商店和公共建筑有了很大改善。不过，早年修建的许多公共或私

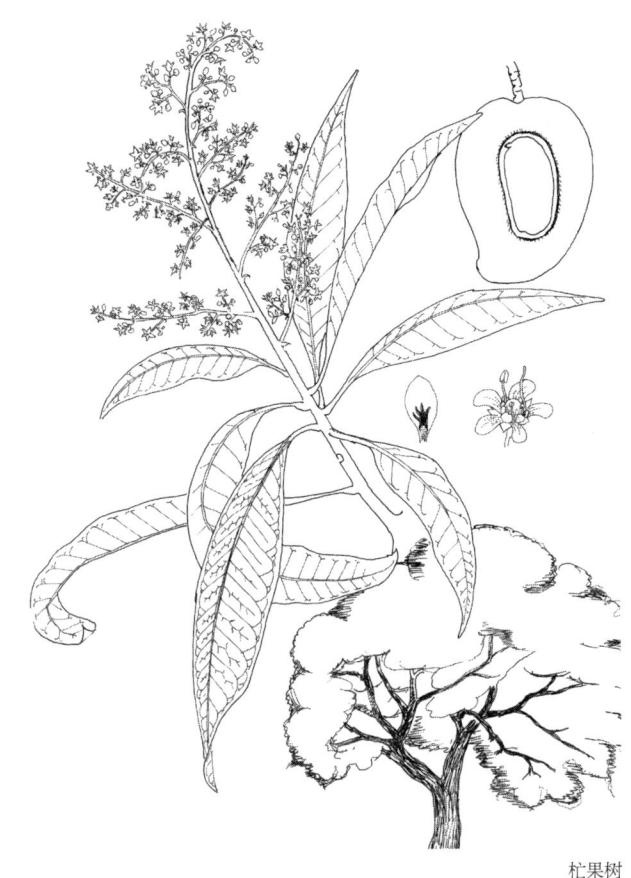

杧果树

人建筑一直存在。卡瓦雅豪教堂位于火奴鲁鲁城镇的东边。传教团的住房就在卡瓦雅豪教堂附近。宏伟的政府大楼靠近商业区，竣工不久，现在是司法部门的大楼。另一座新大楼是夏威夷皇家酒店，由夏威夷政府出资修建，供观光旅游的人住宿。近年来，陆军和海军新教青年会占用了夏威夷皇家酒店。

夏威夷群岛的港口和滨海地区也发生了巨大变化。港口因疏浚逐渐变深。港口附近用珊瑚块建了一条长长的海堤，旁边是码头和仓库。堡垒已经不见，堡垒下面的礁石也被填平了，为海滨地区增加了一块珍贵用地。港口的堡垒早已不再具有任何实际价值，其占用的土地需要用于其他目的。1852年，立法机构通过决议，命内政部门负责人拆除港口的堡垒。1857年，港口堡垒被彻底拆除。

当时，很多游客注意到了火奴鲁鲁的一个特点，即火奴鲁鲁的所有居民几乎都习惯骑马，尤其是夏威夷本地人。夏威夷人已经成为一个擅长骑马的民族。1873年，一位游客在信中写道："星期六下午是这里的节日……夏威夷女性坐在有黄铜饰扣的艳丽高桥马鞍上，光着脚骑马飞驰而过，橙色和朱红色的骑马服在两旁飘扬，比马尾还长。夏威夷女性明亮的眼睛发出迷人的光芒，她们牙齿洁白，头发闪闪发亮，头顶佩戴着花冠，身着多姿多彩的衣服。与此同时，夏威夷男性显得非常兴奋，戴着鲜花装饰的时髦帽子，脖子上挂着朱红色的桃金娘花环。有时，二十多个……女骑手经过大街，看上去优雅壮观，令人陶醉。"

第23章

互惠条约及其影响

精彩看点

再次尝试达成互惠条约——戴维·卡拉卡瓦访问美国——互惠条约——互惠条约内容——美国签订互惠条约的原因——互惠条约的作用——哈玛库亚渠——人口和移民——轮船和铁路——互惠条约延期

继承夏威夷王国的王位后，戴维·卡拉卡瓦立即提出了与美国签订互惠条约的问题。1874年，在立法机构会议的开幕讲话中，戴维·卡拉卡瓦提到了互惠条约问题。种植园主们提交了一份请愿书。于是，立法机构通过了一部"促进互惠条约谈判的法案"。最高法院的大法官以利沙·H.艾伦告诉戴维·卡拉卡瓦及内阁，与美国签订互惠条约非常重要，应该竭尽全力与美国达成互惠条约。以利沙·H.艾伦建议戴维·卡拉卡瓦亲自访问美国，因为国王访问一般会产生有利影响。然而，戴维·卡拉卡瓦决定派以利沙·H.艾伦与亨利·A.P.卡特前往美国，与美国政府议定互惠条约。1874年10月中旬，以利沙·H.艾伦与亨利·A.P.卡特动身前往旧金山，随后前往华盛顿。

1874年11月中旬，作为美国政府的客人，戴维·卡拉卡瓦乘美国"贝尼西亚"号军舰前往旧金山。陪同戴维·卡拉卡瓦的有瓦胡岛总督约翰·O.多米尼斯、毛伊岛总督约翰·M.卡佩纳和美国驻夏威夷大使亨利·A.皮尔斯。卡美哈梅哈二世访问英国半个世纪后，戴维·卡拉卡瓦决定访问美国。卡美哈梅哈二世出访是为了加强夏威夷王国和英国之间的友谊，戴维·卡拉卡瓦出访是为了拉近夏威夷王国和美国之间的关系。戴维·卡拉卡瓦是第一位访问美国的外国元首。美国各地给予了戴维·卡拉卡瓦作为独立国家统治者应该享有的所有荣誉。在华盛顿，戴维·卡拉卡瓦受到了美国总统尤利西斯·S.格兰特的接见。尤利西斯·S.格兰特向戴维·卡拉卡瓦介绍了美国国会的所有议员。随后，戴维·卡拉卡瓦访问了纽约、波士顿和新英格兰等地,包括新贝德福德港,给当地人留下了深刻印象。新贝德福德港有数百艘夏威夷人熟悉的捕鲸船。戴维·卡拉卡瓦乘美国军舰"彭萨科拉"号从旧金山回到了火奴鲁鲁。1875年2月15日,戴维·卡拉卡瓦回到家中。

与此同时,以利沙·H.艾伦与亨利·A.P.卡特和美国国务卿汉密尔顿·菲什正在谈判一项互惠条约。1875年1月30日,双方签订了互惠条约。一个半月后,美国参议院批准了互惠条约。1875年4月17日,在夏威夷群岛,戴维·卡拉卡瓦批准了互惠条约。互惠条约中的一项条款规定,美国国会批准互惠条约前,互惠条约

汉密尔顿·菲什

不得生效。1876年,美国国会和夏威夷立法机构分别通过了一项法律,互惠条约生效。1876年9月9日,互惠条约正式实施。这是夏威夷历史上最重要的一天。

互惠条约规定,未精炼的糖、大米和其他夏威夷产品允许进入美国,不需要缴纳任何关税。作为回报,一份清单上罗列的美国产品允许免税进入夏威夷群岛。另外还有一项非常重要的条款,即只要互惠条约有效,夏威夷王国就不会和其他国家签订同类型的条约,也不会"租赁或以其他方式处置……夏威夷群岛的任何港口、海港或领土,或将其中的任何特殊权益或使用权授予其他政权、国家或政府"。这项条款是美国政府提出的,得到了戴维·卡拉卡瓦的同意。可以肯定,没有这项条款,互惠条约就不可能达成。互惠条约将持续至少七年。七年后的任何时候,只要提前一年通知,夏威夷政府或美国政府就可以终止互惠条约。

1875年以前,美国几乎垄断了夏威夷群岛的贸易。美国商人将大量资金投到夏威夷群岛,尤其是甘蔗种植园。美国对夏威夷群岛影响很大。但夏威夷群岛上的很多英国人一直试图加强英国对夏威夷群岛的影响力。由于美国的高额关税,甘蔗种植园主的收益并不乐观。因此,甘蔗种植园主四处寻找比旧金山更好的市场。1873年,甘蔗种植园主将超过三分之一的糖输送到了澳大利亚、新西兰和不列颠哥伦比亚省。据美国政府报告,夏威夷群岛的种植园主计划将1875年到1876年制成的所有糖出口到澳大利亚、新西兰和不列颠哥伦比亚省。这样一来,美国将失去夏威夷市场,夏威夷群岛的贸易很快会转向英国。为了防止出现这样的结果,美国愿意签订一份互惠条约。戴维·卡拉卡瓦访问美国促进了美国与夏威夷王国的友谊,促成了互惠条约的签订。

互惠条约对夏威夷群岛的农业企业产生了巨大影响。不到四年,夏威夷群岛的糖和大米产量增加了一倍多。十五年来,夏威夷群岛每年的糖出口量增加到1875年的十倍以上。1875年,夏威夷群岛出口了两千五百万磅糖,1890年的糖出口总额超过两亿五千万磅。夏威夷群岛制糖业的发展超过了互惠条约签订前所有人的期望。许多美国人不相信夏威夷群岛能在短短几年时间内生产出这么多糖。一些美国人怀疑夏威夷人将从其他国家进口的糖出口到美国。但调查发现,夏威夷群岛出口的所有糖都是本地生产的。

夏威夷群岛如何实现了制糖业的跨越式发展？制糖业的快速发展离不开两个要素，即资本和劳动力。商人们只要确定夏威夷群岛是一个有利可图的市场，就会毫不犹豫地将资金投入夏威夷群岛的制糖业。来自美国的大量投资涌入夏威夷群岛，尤其是甘蔗种植园、制糖厂和灌溉工程。克劳斯·斯普雷克尔斯是加利福尼亚地区一位富有的糖商，一直反对美国与夏威夷王国签订互惠条约。互惠条约生效后，他立即来到夏威夷群岛，将大量资金投入制糖业，很快获得了巨额利润。夏威夷群岛制糖业的发展与商人们的信仰和干劲密切相关。互惠条约签订前，这些商人已经在夏威夷群岛扎下根。

互惠条约取得的初步成果是制糖厂机械进口量的大幅增加。火奴鲁鲁钢铁厂的产量迅速增加。制糖厂设计并使用了改进后的机器操作方法。1882年，种植园劳工和供应公司成立。该公司是夏威夷甘蔗种植园主协会的前身，主要目的是保障种植园主的利益，为种植园主和劳工提供一种新的合作方式。与此同时，在桑福德·B.多尔、W.R.卡斯尔和威廉·O.史密斯的指导下，《种植园主》月刊开始出版。

促进糖生产的方法之一是建设大型灌溉工程。很早以前，夏威夷人已经开始尝试建设小型灌溉系统。1857年，在瓦胡岛的利胡埃，第一个甘蔗种植园挖了灌溉沟渠。然而，直到签订互惠条约后，夏威夷人才开始建设大型灌溉工程。第一个大型灌溉工程是毛伊岛的哈玛库亚渠。1876年，在毛伊岛的帕亚、塞缪尔·T.亚历山大和亨利·P.鲍德温建了一个小种植园。两人制订了一项计划，试图通过一条沟渠将水从哈雷阿卡拉山的北山坡引到毛伊岛中部的干旱平原。他们讨论了多年，但截至目前，他们还没有将计划付诸实施。塞缪尔·T.亚历山大和亨利·P.鲍德温与其他几人一起，从夏威夷政府手中获得了一份租约，并且借了一笔钱建设水渠。当时，这是一项浩大工程，花费了约八万美元。哈玛库亚渠穿过一片崎岖地区和几条纵深峡谷。想要穿过峡谷，必须在峡谷两壁和底部铺设管道，形成倒虹吸管。

"建设沟渠的人面临的最后一个巨大障碍是马利科峡谷。在马利科峡谷建设沟渠的地方，沿着峭壁向下然后向上铺设管道，工人必须手攀绳子降到悬崖

桑福德·B. 多尔

底下。一开始,工人们拒绝这样做。亨利·P. 鲍德温挺身而出,用双腿和一只手臂攀住绳子,不断下移……独臂经理亨利·P. 鲍德温表现出的勇气使工人们感到非常羞愧。工人们毫不犹豫地跟着亨利·P. 鲍德温沿绳而下。为了鼓舞工人和监督工作进展,亨利·P. 鲍德温每天都体验类似的危险。"①

哈玛库亚渠总长十七英里,每天的运水量为四千万加仑。不久,克劳斯·斯普雷克尔斯在同一地区挖了一条渠,位置比哈玛库亚渠低,总长三十英里,每天的运水量有五千万加仑。几年后,毛伊岛中部平原的另一边又挖了第三条渠。由于这些水渠,毛伊岛中部贫瘠的平原变成了一大片甘蔗地。其他岛也效仿毛伊岛,开始修建水渠,并且很快获得了可观利润。

如果没有劳动力的大量增加,夏威夷群岛就不可能实现农业的跨越式发展。因此,移民问题再次摆在了夏威夷政府面前。1875年,夏威夷群岛的人口量达到最低点。1878年的人口普查结果显示,夏威夷群岛的人口已经开始增加,但夏威夷本地人口依然在继续减少。外来人口的涌入满足了夏威夷群岛的劳动力需求。1875年以来,夏威夷群岛的人口快速稳步增长,但其性质发生了巨大变化。1878年,夏威夷群岛的原住民占总人口的82%,1890年不到50%。

互惠条约生效后,夏威夷群岛对劳动力的需求迅速增加。种植园主需要大量廉价劳动力,夏威夷政府需要能够与本地人融合或者可以成为理想公民的移民。1877年到1890年,五万五千多名移民来到夏威夷群岛,其中有一半是中国人。一些中国移民并不了解夏威夷群岛的实际情况。中国移民的大量涌入令夏威夷人感到惊慌,夏威夷人担心如果继续下去,夏威夷群岛会成为中国殖民地,岛上的夏威夷-盎格鲁-撒克逊文明会被东方文明取代。夏威夷政府采取了防止被中国移民殖民化的措施,严格限制中国移民的迁入,同时大力吸引其他国家的移民,尤其是来自葡萄牙属岛屿和日本的移民。从财政角度来看,引入葡萄牙移民的费用非常高。因此,几年后,夏威夷政府不得不放弃引入葡萄牙移民。然而,事实证明,葡萄牙人非常能干。起初,日本政府不允许日本人移民到夏威

---

① W. D. 亚历山大:《夏威夷移民史》,第114页到第125页,载于《1896年斯拉姆夏威夷年刊》。——原注

夷群岛，但最终被说服了。1886年，就移民问题，日本政府与夏威夷政府签订了条约。当时，夏威夷群岛还有许多来自德意志帝国、斯堪的纳维亚半岛和南太平洋诸岛的移民。

夏威夷群岛正在迅速变成一个民族大熔炉。1890年的人口普查结果显示，夏威夷群岛约有九万人口。其中，四万一千人是夏威夷人，一万五千人是中国人，一万两千人是日本人，九千人是葡萄牙人，二千人是美国人，一千人是德意志人，一千三百人是英国人。

制糖业和大米业的迅速发展要求夏威夷政府完善交通设施。1877年，在旧金山，夏威夷政府建造了轮船"利凯利凯"号。"利凯利凯"号和旧轮船"基拉韦厄"号被卖给了塞缪尔·G.威尔德。不久，塞缪尔·G.威尔德成立了威尔德轮船公司，将几艘轮船投入了运营。1882年，托马斯·H.霍博恩、托马斯·R.福斯特等人成立了岛际汽船航运公司，与威尔德轮船公司展开竞争。1890年，威尔德轮船公司和岛际汽船航运公司共有十四艘轮船，一些是小型轮船。1905年，几家轮船公司合并成了现在的岛际汽船航运公司。

除了轮船，夏威夷群岛还有一支从事岛际贸易和国外运输贸易的纵帆船帆船队。轮船和帆船在夏威夷群岛的不同港口之间来往，使夏威夷人的出行变得越来越方便，同时吸引了很多游客来夏威夷群岛旅游。夏威夷群岛的游客逐年增加。

大海是夏威夷群岛各岛屿之间的主要交通航道。在岛上建造一艘船和大陆国家修建一条道路同样重要。尽管如此，如果要开发夏威夷群岛的农业资源，必须完善岛上的交通设施。夏威夷人希望政府出资修建道路和桥梁。富有活力和远见的夏威夷人承担了铁路建设工作。戴维·卡拉卡瓦的统治结束前，毛伊岛、夏威夷岛和瓦胡岛分别修建了三条铁路。

根据互惠条约，1883年9月9日之后，美国政府或夏威夷政府可以随时终止条约，但需要提前一年通知对方。可以肯定，夏威夷政府不希望终止互惠条约。但许多美国人希望终止互惠条约，认为夏威夷政府从互惠条约中获得了全部利益，并且互惠条约存在一些弊端。美国国会收到了数十份要求终止互惠条约的请愿书。形势表明，1883年后，美国政府似乎会终止互惠条约，尽管很多人认为美国总统及其内阁支持互惠条约。

夏威夷政府提议将互惠条约延长七年。美国总统将夏威夷政府的提议提交给了参议院。参议院建议延期，但提出了一些条件。随后，两国政府达成协议，将互惠条约延长了七年或更长时间。从1887年起，美国获得了"专属权利，可以在瓦胡岛珍珠河港口建立一个供美国船使用的装煤兼修理站"。随后多年，互惠条约一直有效，直到夏威夷群岛并入美国。其间，美国不享有珍珠河港口的使用权。

第24章

戴维·卡拉卡瓦的统治

精彩看点

"霍卢拉惠"——增加人口——教育制度发生变化——派遣留学生——戴维·卡拉卡瓦的环球旅行——加冕典礼——政治斗争——沃尔特·M.吉布森——夏威夷联盟——1887年革命

戴维·卡拉卡瓦继位时宣布,他的目的是建立一个叫"霍卢拉惠"的国家。戴维·卡拉卡瓦统治初期,"霍卢拉惠"一词得到了广泛使用。戴维·卡拉卡瓦当选国王后不久,在拉海纳的一次演讲中,他说:"人口的增长、农业和商业的发展,都是夏威夷政府努力实现的目标。"通过互惠条约,夏威夷群岛实现了农业和商业的发展。互惠条约的影响已经在上一章做了说明。

增加人口是一个难题。但夏威夷人认为,增加人口非常重要。1872年12月,作为反对威廉·C.路纳利罗的国王候选人,戴维·卡拉卡瓦曾承诺,如果当选国王,他会"保护人民,增加夏威夷群岛的人口,促进繁衍,使夏威夷群岛越来越繁荣"。戴维·卡拉卡瓦口中增加的人口是纯粹的夏威夷种族吗?如果是这样,那么他没有兑现承诺,他的承诺也不可能实现。

增加人口的唯一办法是移民。夏威夷政府采取了移民措施。外来种族再次迁入夏威夷群岛。移民逐渐和夏威夷本地人通婚,出现了混血夏威夷人。血统纯正的夏威夷人越来越少。与此同时,混血夏威夷人越来越多,并且数量一直在增加。

增加夏威夷群岛上的常住人口问题与劳动力问题混在一起。在不危及国家利益的情况下,夏威夷政府很难满足甘蔗种植园主的劳动力需求。1881年,戴维·卡拉卡瓦环游世界,部分原因与移民和劳动力问题有关。

虽然夏威夷本地人口一直在减少,但戴维·卡拉卡瓦统治时期,夏威夷政府采取了一些措施改善人民的生活状况。1878年和1880年,立法机构两次为卫生委员会拨款,请专业人士编写了一系列《夏威夷人卫生指导》,并且在两份本地报纸上发表了《夏威夷人卫生指导》,后来又以书本形式出版。《夏威夷人卫生指导》着重强调了正确照顾婴儿的重要性。关于正确照顾婴儿的指导为夏威夷人带来了多少益处我们不得而知,但值得注意的是,1892年,担任教育委员会主席的查尔斯·R.毕晓普在报告中说:"近几年,更好地照顾儿童取得的效果已经显而易见。"

卫生委员会得到的拨款逐年增加。1890年,卫生委员会得到的拨款几乎是1874年的三倍。卫生委员会将钱花在了防治麻风病、支持医院和医生,以及保护和改善人民健康上面。

查尔斯·R.毕晓普

戴维·卡拉卡瓦统治时期，夏威夷王国的教育制度发生了根本性变化。最引人注目的一件事是用夏威夷语授课的普通学校几乎消失。1890年，只有不到十分之一的学生在普通学校就读，三分之二的学生在公立英语学校就读，其余学生在私立英语学校就读。夏威夷人希望自己的孩子学习英语，因为英语是夏威夷群岛的商业语言，也是最有用的语言。1888年，夏威夷群岛的公立英语学校全部免费。

学校办学水平得到稳步提高。立法机构加大了拨款力度，学校经费不断增多。因此，一些学校建了更好的校舍，延长了学期，雇用优秀教师为学生们提供更优质的课程。1887年，夏威夷政府任命了一个新的教育委员会。A.T.阿特金森担任教育督察长后，教育部门取得的进步尤为显著。学校为教师举办了培训班，越来越重视教师考试和颁发教师证书。当时，为了保证学校的师资，很多人认为有必要从国外引进教师。

戴维·卡拉卡瓦的统治结束前，由于人口变化，夏威夷群岛的教育工作变得复杂起来。1890年，公立学校中有一千八百多名葡萄牙儿童，有近三百名中国儿童，还有少量美国、英国和德意志儿童，以及一些挪威儿童、日本儿童和南太平洋诸岛岛民的孩子。

戴维·卡拉卡瓦曾尝试将夏威夷年轻人送到国外接受教育，以便使夏威夷年轻人为国家做出更多贡献。立法机构支付了留学生的教育费用。1880年到1887年，约有二十名夏威夷年轻人被派到意大利、苏格兰、英格兰、美国、日本和中国求学。夏威夷年轻人学习的课程多种多样，包括军事和海军科学、工程学、法律、医学、艺术、语言和普通科学。有几名夏威夷年轻人不幸在国外去世，还有几名留在了国外，剩下的都回到了夏威夷群岛，成了社会上的有用之才。留学生名单上有罗伯特·W.威尔科克斯的名字。罗伯特·W.威尔科克斯是夏威夷历史上一位引人注目的人物，是第一位来自夏威夷本土的美国国会代表。名单上还有约拿·库希奥·卡拉尼亚诺勒的名字。约拿·库希奥·卡拉尼亚诺勒是来自夏威夷本土的第二位美国国会代表，在美国国会任职二十年，直到1922年去世。

1881年年初,戴维·卡拉卡瓦宣布进行一次环球旅行。很快,环球旅行的准备工作做好了。1877年,威廉·皮特·勒莱奥霍库去世后,戴维·卡拉卡瓦宣布自己的妹妹莉迪娅·卡玛卡依哈为王位继承人。戴维·卡拉卡瓦环球旅行期间,莉迪娅·卡玛卡依哈担任摄政。1881年1月,在查尔斯·H.贾德和司法部门负责人威廉·N.阿姆斯特朗的陪同下,戴维·卡拉卡瓦出发了。威廉·N.阿姆斯特朗负责调查所访诸国的移民问题。戴维·卡拉卡瓦一行人先去了旧金山,然后乘一艘跨太平洋轮船去了日本。

轮船驶入江户湾时,十二艘日本军舰以皇家礼仪迎接戴维·卡拉卡瓦。随后,戴维·卡拉卡瓦受邀成为日本天皇的客人。戴维·卡拉卡瓦登陆时,日本皇家

莉迪娅·卡玛卡依哈

军乐队演奏了夏威夷国歌《夏威夷属于自己》。戴维·卡拉卡瓦受到了日本政府的热情接待。他是第一位访问日本的西方新教国家君主，得到的荣耀仿佛使他成了世界上最有权势的君主。戴维·卡拉卡瓦离开日本继续旅行，访问了中国、暹罗①、印度、埃及和欧洲其他国家，受到了一个独立王国国王应该享有的尊重和关照。戴维·卡拉卡瓦途经美国返程，1881年10月月底返回火奴鲁鲁，完成了有史以来夏威夷王国国王的首次环球旅行。人们用凯旋门和纪念性的夏威夷歌曲欢迎戴维·卡拉卡瓦回家。

戴维·卡拉卡瓦返回后不久，他的加冕典礼的准备工作开始了。1880年，立法机构批准举行加冕典礼，但由于种种原因推迟了加冕典礼。当时，立法机构决定在1883年2月12日，即戴维·卡拉卡瓦当选国王九周年时举行加冕典礼。举行加冕典礼主要是为了确认和颂扬戴维·卡拉卡瓦家族成为夏威夷王国的统治家族，唤醒夏威夷人的民族自豪感，使夏威夷王国引起全世界的关注。

加冕典礼在新落成的伊奥拉尼宫殿前举行。伊奥拉尼宫殿前建了一座亭子和一个圆形剧场，装饰有绘画和世界各国的盾徽。一些世界强国派代表出席了加冕典礼。日本派出了一名特别专员，英国、法兰西和美国派军舰前来庆贺戴维·卡拉卡瓦的加冕典礼。

加冕典礼上使用的仪式结合了欧洲王室惯例和古代夏威夷习俗。王权标志包括欧洲制作的昂贵王冠、戒指、权杖和御剑，卡美哈梅哈的羽毛斗篷，以及作为夏威夷酋长象征的鲸牙挂饰、禁忌棍和羽旗。

加冕典礼结束两天后，戴维·卡拉卡瓦揭幕了矗立在阿莱伊奥莱尼希勒大楼前卡美哈梅哈的雕像。1878年，立法机构为建造这座雕像拨款，目的是纪念詹姆斯·库克发现夏威夷群岛一百周年。雕像是由美国雕塑家托马斯·R. 古尔德在意大利雕刻的。最初的雕像在海上丢失了，但后来又有了一个复制品，即现在矗立在火奴鲁鲁的雕像。后来，有人找到了最初的雕像，将其矗立在夏威夷群岛的科哈拉。

戴维·卡拉卡瓦统治的大部分时间里，夏威夷王国的政治斗争不断，最终

---

① 今泰国。——原注

导致了1887年革命。就个人而言，戴维·卡拉卡瓦举止得体，受过良好教育，熟知上流社会的交际技巧，并且热爱音乐。在他统治期间，夏威夷群岛的音乐得到了很大发展。作家罗伯特·L.史蒂文森认为戴维·卡拉卡瓦很好相处，最终成了戴维·卡拉卡瓦的朋友。在政治上，戴维·卡拉卡瓦认为自己拥有绝对权力。因此，他的政治思想与卡美哈梅哈五世的政治思想很相似。就夏威夷政府而言，《宪法》赋予了国王很多权力，国王可以随时罢免大臣，任用其他人。因此，戴维·卡拉卡瓦不仅控制了内阁，还有权任命立法机构的委员担任其他公职，从而获得立法机构的支持。根据1864年的《宪法》，戴维·卡拉卡瓦拥有绝对权力。戴维·卡拉卡瓦还认为，如果愿意，他有权修改《宪法》，正如卡美哈梅哈五世做的那样。此外，他认为在选举中利用个人影响力是合适的。他可能想要严格按照《宪法》行事，但在实践中遇到了很多麻烦。

　　反对戴维·卡拉卡瓦的党派认为，夏威夷王国的政体是或者应该是像英国那样的君主立宪制。在君主立宪制下，国王或女王享有尊贵地位，但手中没有实权。反对派认为，夏威夷王国的权力应该掌握在人民手中，人民应该通过立法机构控制内阁大臣，并且认为国王不应该拥有随意罢免大臣的权力，立法机构的委员也不应该担任其他公职。反对派想尽办法将戴维·卡拉卡瓦的权力限制在一定范围内。戴维·卡拉卡瓦与反对派之间的分歧是导致政治斗争的根本原因。政治斗争愈演愈烈。最后，戴维·卡拉卡瓦占了上风，因为1864年《宪法》是戴维·卡拉卡瓦的坚强后盾。

　　导致政治斗争的另一个重要原因是戴维·卡拉卡瓦任命的一些大臣的性格和执政方式。戴维·卡拉卡瓦频繁任免大臣，有时甚至不说明任免理由。1878年7月和1880年8月，他曾无故任免过大臣。1880年8月，他任命了一名叫塞尔索·切萨雷·莫雷诺的意大利雇佣兵为外交部门负责人。但塞尔索·切萨雷·莫雷诺来到夏威夷群岛的时间很短，任命之事引起了人们的强烈反对。戴维·卡拉卡瓦认为，最好的解决办法是重新任命一位容易被大众接受的外交部门负责人。这一切发生在戴维·卡拉卡瓦开始环球旅行前不久。

　　引发1887年革命的主要人物之一是沃尔特·M.吉布森。1861年，作为摩门教传教士,沃尔特·M.吉布森来到夏威夷群岛。1864年,他被逐出了摩门教。当时,沃尔特·M.吉布森早已在夏威夷群岛站稳脚跟,并且积极参与了很多公共问题的讨论。年轻时,沃尔特·M.吉布森游历了世界各地。他受过良好教育,十分睿智,在某些方面甚至可以说才华横溢。他经常有许多绝妙的想法,以及一些不道德的想法。1873年,沃尔特·M.吉布森成了戴维·卡拉卡瓦的拥护者。1878年、1880年和1882年,他当选立法机构的委员。在立法机构中,沃尔特·M.吉布森是拥护戴维·卡拉卡瓦一派的领袖。1882年,他被任命为外交部门负责人和内阁首脑。从那时起到1887年6月,他一直在内阁任职,并且是内阁的重要成员。其他部门的负责人换了又换,但沃尔特·M.吉布森一直担任外交部门负责人,有时甚至同时担任两个职位。沃尔特·M.吉布森赞同戴维·卡拉卡瓦的所有观点,为了稳固地位不择手段。戴维·卡拉卡瓦统治期间,夏威夷政府变得像美国的一些大城市一样腐败。

在腐败的政府体制中,许多恶习和弊端悄然产生。1882年,立法机构通过了一部通常被称为"自由售酒法案"的议案。根据该法案,美国人售酒给夏威夷人是合法的。此前,夏威夷政府禁止美国人在夏威夷群岛售酒。与此同时,夏威夷政府对麻风病视而不见,几乎放弃了隔离政策。财政问题也没有得到妥善解决,国家债务从1874年的三十五万五千美元增加到了1890年的二百六十万美元。此外,鸦片的销售许可成了一个政治问题。1886年,立法机构通过了一项法律,赋予夏威夷政府以每年三万美元的价格售卖鸦片专卖许可证的权力。更不幸的是,沃尔特·M.吉布森利用了种族问题,设法激起了夏威夷人对外国人的仇恨,尤其是对长期居住在夏威夷群岛的外国商人的仇恨。当时,夏威夷人提出的口号是:"夏威夷人的夏威夷!"在夏威夷人中,沃尔特·M.吉布森利用种族问题扩大了自己的影响力,尽管他是外国人。

约1887年年初,夏威夷群岛出现了一个秘密政治组织,即夏威夷联盟。夏威夷联盟的目的是迫使夏威夷政府进行改革,制定新的、更自由的《宪法》。夏威夷联盟迅速发展,很快拥有了数百名成员。夏威夷联盟中的大多数领导人是夏威夷公民,即出生在夏威夷,父母是外国人或归化了的夏威夷王国臣民。夏威夷联盟中也有很多夏威夷原住民。然而，夏威夷联盟内部出现了两大派别：一派是主张推翻君主制、建立共和国和并入美国的激进派；另一派是希望夏威夷王国保持独立、赞成在剥夺国王大部分权力的新《宪法》下延续君主制的保守派。如果戴维·卡拉卡瓦拒绝进行改革，保守派就准备与激进派联合起来，推翻君主制。保守派势力较大，控制了夏威夷联盟。夏威夷联盟的成员自己配备了武器，以便在必要时进行战斗。

1887年6月，有关1886年立法机构批准鸦片售卖许可证的丑闻曝光后，夏威夷王国的局势陷入险境。丑闻影响了公众舆论。夏威夷联盟领导人认为采取行动的时候到了。1887年6月30日，夏威夷联盟举行了一场声势浩大的群众会议，通过了决议，要求戴维·卡拉卡瓦罢免沃尔特·M.吉布森和其他与丑闻有关的官员，重新任命内阁，"致力于制定新《宪法》的政策"，以及承诺在未来不会干涉立法机构和内阁的工作或选举。戴维·卡拉卡瓦立即答应了夏威夷联盟的所有要求，任命了新内阁，并且着手起草了新《宪法》。1887年7月6日，戴维·卡拉卡瓦签署了新《宪法》。1887年7月7日，新《宪法》生效。

1887年《宪法》是对1864年《宪法》的修订。修改的内容并不多，但非常重要。1887年《宪法》规定：第一，国王不得罢免内阁大臣，除非依照立法机构的表决。第二，除非得到内阁的批准，否则国王的任何官方行为都是无效的。第三，贵族应该由拥有一定财产或收入的选民选举产生。实际上，这一规定将选举贵族的权力交给了外国出生或拥有外国血统的选民。而根据1864年《宪法》，贵族由国王授予。第四，在任职期间，立法机构的委员不得担任其他公职。第五，美国或欧洲出生的常驻外国人只要宣誓支持《宪法》，就可以享有选举权。

第 25 章

君主制的终结

精彩看点

争夺政治权力的斗争——罗伯特·W.威尔科克斯试图发动革命——戴维·卡拉卡瓦驾崩——利留卡拉尼即位——1893年革命——临时政府——格罗弗·克利夫兰试图恢复夏威夷群岛的君主制——建立夏威夷共和国——1895年起义——利留卡拉尼女王正式退位

1887年革命并没有结束,关于夏威夷群岛应该建立何种体制的争论和政治斗争持续了近十年。最终,夏威夷人推翻了君主制,建立了共和国。

1887年6月和7月发生的事,使新上任的部门负责人牢牢控制了夏威夷政府,并且直接对立法机构负责。戴维·卡拉卡瓦手中的权力所剩无几。但戴维·卡拉卡瓦及其支持者并不打算保持现状。戴维·卡拉卡瓦仔细研究了新《宪法》,充分利用了新《宪法》赋予自己的权力。他经常拒绝听从内阁的建议,多次要求最高法院裁定是否有必要做内阁希望他做的事。最高法院的大多数判决对内阁有利。但在一个重要问题上,最高法院的判决对戴维·卡拉卡瓦有利。内阁声称,未经内阁同意,戴维·卡拉卡瓦不能否决议案。但最高法院判定戴维·卡拉卡瓦可以否决议案。

戴维·卡拉卡瓦及其支持者的终极目标是废除1887年《宪法》,恢复1864年《宪法》。实现这一目标的方法有两种:一是通过革命,二是通过政治行动控制立法机构。戴维·卡拉卡瓦将两种方法都试过了。

1887年到1895年,夏威夷群岛几乎每年都会爆发革命或起义。可以肯定的是,一些革命的目的是废黜戴维·卡拉卡瓦,让戴维·卡拉卡瓦的妹妹莉迪娅·卡玛卡依哈继位。最活跃的革命领袖是罗伯特·W. 威尔科克斯。罗伯特·W. 威尔科克斯是夏威夷政府派往国外的留学生之一。1880年,他前往意大利学习工程学和军事科学。1887年,他被内阁召回。罗伯特·W. 威尔科克斯认为,自己受到的教育对夏威夷王国没有多大用处,于是试图组织叛乱。但计划泄露后,他离开夏威夷群岛去了加利福尼亚。

1889年,罗伯特·W.威尔科克斯回到火奴鲁鲁,成立了一个革命组织。1889年7月30日上午,罗伯特·W.威尔科克斯带领约一百五十名追随者,试图占领王宫和政府大楼,颁布新《宪法》。当时,戴维·卡拉卡瓦不在王宫里。内阁立即采取措施镇压了起义。起义者被赶到王宫庭院角落的一间平房里,七人被杀死,十二人受伤后被迫投降。后来,罗伯特·W.威尔科克斯因叛国罪受审。但他声称自己的行为得到了戴维·卡拉卡瓦的同意。因此,陪审团宣告他无罪。

通过政治行动恢复1864年《宪法》的可能性更大。戴维·卡拉卡瓦曾经获得了一个强大政党的支持。但在1887年的革命中,该政党的力量被削弱。因此,在1887年秋举行的选举中,改革派取得了胜利。与此同时,在夏威夷原住民中,一个叫"惠卡拉伊纳"的政治团体逐渐形成。该政治团体的目的是制定一部与1864年《宪法》一样的《宪法》,同时将1887年《宪法》剥夺的权力还给戴维·卡拉卡瓦。通过"惠卡拉伊纳"政治团体和其他方面的努力,支持戴维·卡拉卡瓦的党派越来越强大。改革派的力量由于内讧被削弱。结果,在1890年的立法机构中,改革派没能获得多数席位。1887年6月,赞成改革的内阁下台,"妥协内阁"得到任命。在立法机构召开的会议上,一些人试图制定新《宪法》,但失败了。

1890年11月,立法会议闭幕后,戴维·卡拉卡瓦乘美国巡洋舰"查尔斯顿"号前往加利福尼亚休养,希望自己的健康状况能因加利福尼亚的气候得到改善。其间,莉迪娅·卡玛卡依哈担任摄政。然而,戴维·卡拉卡瓦的病情非但没有好转,反倒恶化了。1891年1月20日,戴维·卡拉卡瓦在旧金山驾崩,遗体被"查尔斯顿"号运回火奴鲁鲁。莉迪娅·卡玛卡依哈立即继位,宣誓维护《宪法》,称利留卡拉尼女王。1891年2月15日,夏威夷人为戴维·卡拉卡瓦举行了庄严肃穆的葬礼。

夏威夷王国的新国王与之前的四位国王一样,是在卡美哈梅哈三世统治早期出生的,在年幼酋长学校接受了教育。利留卡拉尼女王即位时已经五十多岁。

"查尔斯顿"号巡洋舰

多年来，在夏威夷王国的社会生活中，她一直具有显赫地位。她是一位才华横溢的诗人和音乐家，创作了一百多首音乐作品，如著名歌曲《再会》。同时，她是各种教育和慈善组织的成员，对教育和慈善工作非常感兴趣。利留卡拉尼女王的政治思想与戴维·卡拉卡瓦相似，但她比戴维·卡拉卡瓦更有毅力和决心。1887年革命爆发时，她和戴维·卡拉卡瓦的妻子——卡皮奥拉尼王后在英国参加维多利亚女王继位五十周年庆典。众所周知，利留卡拉尼女王认为，戴维·卡拉卡瓦当时的屈服是软弱的表现。此外，她反对互惠条约中的珍珠河条款。

显而易见，从即位一开始，利留卡拉尼女王就不喜欢《宪法》对自己的种种限制。1892年，立法机构中各党派势均力敌，围绕三个问题展开了激烈争论。第一个问题是内阁的控制权。利留卡拉尼女王坚持任用服从她指挥的部门负责人。第二个问题是鸦片售卖许可证议案。第三个问题是彩票公司特许经营权议案。支持利留卡拉尼女王的政党赞成利留卡拉尼女王提出的所有议案，但最终失败了。最后,立法机构任命了一个由声望很高的人组成的内阁。当时,人们认为一切进展得很顺利,立法会议也会顺利闭幕。

1893年1月月初,立法会议闭幕前几天,改革派的一些成员缺席了立法会议。有关鸦片和彩票的议案再次被提出并通过了。通过投票,内阁被罢免。利留卡拉尼女王立即任命了一个新内阁,签署了有关鸦片和彩票的议案。1893年1月14日上午,利留卡拉尼女王宣布立法会议休会。据报道,利留卡拉尼女王很快会宣布类似于1864年《宪法》的新《宪法》。利留卡拉尼女王认为,一旦获得内阁同意,自己就有权颁布新《宪法》。新《宪法》是之前起草的。但在最后时刻,内阁成员担心颁布新《宪法》会引发革命,不顾利留卡拉尼女王的要求,拒绝签署新《宪法》。于是,1893年1月14日下午,利留卡拉尼女王宣布,颁布新《宪法》一事将推迟一段时间。

毫无疑问,大多数夏威夷本地人赞成新《宪法》。然而,利留卡拉尼女王及其支持者通过有关鸦片与彩票的议案、更换内阁和试图宣布新《宪法》等行为,让改革派和参加过1887年革命的人感到非常不满和恐慌。在市中心的一个办公室里,这些人召开了一次临时会议,任命了一个由十三名成员组成的安全委员会。安全委员会举行了几次会议,讨论了行动计划,采取措施确保了武器和弹药供应,并且征募了志愿军。1893年1月16日早晨,安全委员会在军械库里召开了一次群众大会。这一行动引起了利留卡拉尼女王和内阁成员的警觉。利留卡拉尼女王立即发布公告,称除非按照法律规定的方式,否则她不会修订《宪法》。随后,利留卡拉尼女王在王宫的院子里召开了一次群众大会,试图将民众从安全委员会召开的群众大会上引开。

两场群众大会同时举行。在军械库里,安全委员会的行动获得了改革派的批准,并且获得授权采取了一系列后续措施,"确保法律和秩序得到永久维持"。一些人认为,不能再相信利留卡拉尼女王及其顾问,是时候采取果断行动了。群众大会结束后,安全委员会做出决定,认为正确的做法是废除君主制,建立临时政府,同时申请并入美国。

安全委员会很快制订了计划。1893年1月17日下午,安全委员会没有遇到任何抵抗就占领了政府大楼。随后,安全委员会宣读了一份公告,宣布废除君主制,成立临时政府。临时政府"存在直至并入美国的条款得到协商并达成一致"。临时政府由取代利留卡拉尼女王和内阁的四名成员组成的执行委员会及具有立法权力的十四位成员组成的顾问委员会组成。执行委员会的成员包括外交部门负责人桑福德·B.多尔、内政部门负责人詹姆斯·A.金、财政部门负责人彼得·C.琼斯和司法部门负责人威廉·O.史密斯。

桑福德·B.多尔很适合担任临时政府首脑。他出生在夏威夷群岛上,与夏威夷群岛的利益紧密相连。此外,他拥有政府首脑所需的品质,即勇气、冷静的

詹姆斯·A.金

判断、行政能力、敏锐的洞察力、不妥协但善于调解的性格。桑福德·B.多尔得到了所有夏威夷人的信任和尊重，包括夏威夷本地人和外国移民。

临时政府立即要求利留卡拉尼女王与内阁移交宫殿、治安队和王室卫队，但遭到了一些人的抗议。1893年1月16日下午，美军为了保护美国居民的生命和财产安全，帮助维护公共秩序，从美国巡洋舰"波士顿"号上登陆。登陆命令是美国大使下达的。利留卡拉尼女王及其顾问们宣称，美军登陆是为了帮助临时政府，因为这样一来，王室卫队担心与美军发生冲突，就不会攻击临时政府了。因此，在抗议声中，利留卡拉尼女王交出了权力，同时呼吁美国政府帮助其恢复王位。

临时政府派五名专员前往华盛顿，与美国政府协商并入条约。利留卡拉尼女王也派代表前往华盛顿陈述自己的主张。1893年2月14日，美国总统本杰明·哈里森起草了一份并入条约，随后提交参议院批准。但1893年3月4日，政权更迭前，美国政府没有采取任何行动。

"波士顿"号巡洋舰

本杰明·哈里森

格罗弗·克利夫兰上任后不久，从参议院撤回了关于夏威夷群岛的并入条约，然后派特使詹姆斯·H.布朗特前往夏威夷群岛调查情况。詹姆斯·H.布朗特来到火奴鲁鲁做调查，后返回华盛顿，詹姆斯·H.布朗特报告说，推翻利留卡拉尼女王政府是革命派和美国驻夏威夷大使约翰·L.史蒂文斯的阴谋，"波士顿"号上的美军登陆是为了帮助革命派。格罗弗·克利夫兰相信詹姆斯·H.布朗特的报告是真实的，认为应该恢复夏威夷群岛的君主制，让利留卡拉尼女王重新登上王位。因此，他派新大使阿尔伯特·S.韦利斯前往夏威夷群岛。

1893年11月月初，阿尔伯特·S.韦利斯抵达火奴鲁鲁，出示了公文，受到了临时政府的正式接待。随后，阿尔伯特·S.韦利斯与利留卡拉尼女王出席了一系列会议。最后，利留卡拉尼女王承诺，一旦恢复王位，她就会赦免革命派，继续维持1887年《宪法》。因此，阿尔伯特·S.韦利斯以格罗弗·克利夫兰的名义，要求桑福德·B.多尔等人下台，将政府移交给利留卡拉尼女王。桑福德·B.多尔以外交部门负责人的身份给出了答复，抗议美国政府干涉夏威夷内政，断然否认詹姆斯·H.布朗特报告中所述指控的真实性，坚决拒绝恢复利留卡拉尼女王的王位。这样一来，问题就解决了，因为格罗弗·克利夫兰无权通过武力干涉夏威夷内政，美国国会也不会支持格罗弗·克利夫兰的决定。

因为并入条约被暂时搁置，并且格罗弗·克利夫兰任职期间，夏威夷群岛确定不能并入美国，所以很多人认为，夏威夷群岛应该建立一个永久性政府。因此，立法机构通过了一项法律，规定举行立宪会议，与会者有临时政府的首脑、执行委员会和顾问委员会及选民选出的十八名代表。选民和选民选出的代表必须宣誓支持临时政府，反对任何恢复君主制的企图。

1894年5月30日，立宪会议召开。1894年7月4日上午，夏威夷共和国颁布《宪法》。总体而言，夏威夷共和国政府与美国政府相似，但也有一些英国政府的特征、选举总统的方式与法兰西政府十分相似。夏威夷共和国的《宪法》体现了新政府的一些思想，保留了1887年《宪法》的部分内容。夏威夷共和国的《宪法》中包含很多细节，符合夏威夷群岛的现状。桑福德·B.多尔担任夏威夷共和国的总统。国旗没有改变，与夏威夷王国时期一样。新政府很快得到了世界各国的承认。

支持利留卡拉尼女王的保王派认为，美国有可能帮助利留卡拉尼女王重新登上王位，因此一直没有采取行动。当保王派对美国的援助失去希望时，他们开始策划武装起义。1894年春，制宪会议召开期间，曾有传言称，利留卡拉尼女王的支持者试图起义。1894年夏，利留卡拉尼女王派代表前往华盛顿，询问格罗弗·克利夫兰，是否会恢复夏威夷群岛的君主制。格罗弗·克利夫兰回复说自己无能为力。利留卡拉尼女王派出的代表返回夏威夷群岛后，保王派已经完成推翻夏威夷共和国的准备工作。保王派从旧金山运来了大量武器弹药,计划1895年1月月初起义。

夏威夷共和国政府听到了关于起义的风声,立即采取措施阻止保王派的计划。怀基基、帕洛洛山谷和马诺阿山谷发生了几场小规模冲突,造成了人员伤亡。短短几天,保王派的所有领导人被抓获,许多普通的保王派成员成了阶下囚。利留卡拉尼女王也被逮捕。囚犯总数超过二百人,包括二三十名外国人。大多数外国囚犯接受了离境要求,离开了夏威夷群岛。其他囚犯接受了军事法庭的审判,其中包括利留卡拉尼女王。几乎所有囚犯都被判有罪,判处监禁或罚款。但几个月后,所有囚犯都被释放了。后来,在公共事务中,一些曾经参加起义的人发挥了重要作用,获得了荣誉。

在等待军事法庭审判期间,利留卡拉尼女王给桑福德·B.多尔写了一封信,说自己愿意退位,放弃所有权力。与此同时,利留卡拉尼女王签署了承认夏威夷

夏威夷王室徽章

共和国的宣言，同时宣布自己打算以普通公民的身份平静地生活。利留卡拉尼女王签署宣言的举动标志着夏威夷群岛君主制的灭亡，夏威夷共和国已经建立稳固政权。

第 26 章

夏威夷群岛成为美国的准州

精彩看点

并入问题——并入条约——日本政府反对夏威夷群岛并入美国——美西战争——移交主权——"基本法令"——夏威夷准州政府——火奴鲁鲁市政府——政治发展——从和解到忠诚

夏威夷群岛并入美国的计划虽然被暂时搁置，但并没有被放弃。夏威夷共和国政府的目的是尽快与美国签订并入条约。与此同时，曾经支持君主制的人转而反对夏威夷群岛并入美国，因为只要夏威夷群岛独立，恢复君主制的希望就依然存在。在美国，"夏威夷问题"已经成为一个政治话题，引发了社会各界的激烈争论。民主党普遍反对兼并夏威夷群岛，但共和党倾向兼并。在1896年的选举中，共和党候选人威廉·麦金利当选美国总统，极大地鼓舞了赞成兼并夏威夷群岛的人。

威廉·麦金利上任后不久，在华盛顿，夏威夷共和国政府和美国政府开始谈判。1897年6月16日，双方签署了新的并入条约，随后将并入条约提交给美国参议院表决。并入条约后附有总统电文。电文中写道，夏威夷群岛并入美国是其与美国关系发展的必然结果。反对者竭尽全力阻止美国参议院批准并入条约。虽然大多数参议员赞成并入条约，但赞成人数不够三分之二，而批准并入条约需要获得三分之二选票。因此，美国参议院没有对并入条约采取任何行动。1897年9月10日，夏威夷共和国政府批准并入条约，由桑福德·B.多尔签署。

日本政府向美国政府提出了强烈抗议，反对美国兼并夏威夷群岛。其理由是：第一，夏威夷群岛并入美国后，将改变太平洋外交事务的现状，甚至造成国际冲突。第二，夏威夷群岛并入美国可能会损害夏威夷群岛日本居民的利益。1893年，夏威夷共和国政府和美国政府商议并入条约时，日本政府没有提出抗议。随后，情况发生了变化。在战争中，日本打败了中国①，突然成为世界强国和亚洲"领头羊"。此外，夏威夷群岛的日本人从1893年的一万五千人增加到了1897年的二万五千人。

  1893年到1897年，大批日本移民来到夏威夷群岛。夏威夷共和国政府认为，有必要对日本移民采取一些限制措施，因为日本人的大量迁入违反了夏威夷共和国的移民法。1897年年初，夏威夷共和国政府拒绝约一千名日本移民入境。日本政府立即提出抗议，声称夏威夷共和国政府的行为违反了条约规定，要求夏威夷共和国政府给予日本移民赔偿。这件事导致了日本政府与夏威夷共和国政府之间的长期争论。日本政府向美国提出抗议时，夏威夷共和国政府和美国政府正在商讨并入条约。

  最终，日本政府不再反对夏威夷群岛并入美国。夏威夷共和国政府向日本政府支付了七万五千美元，以解决移民争议，防止夏威夷群岛并入美国时，移民争议作为悬而未决的问题交付给美国。后来，事实证明，日本移民争议问题是支持夏威夷群岛并入美国的有力论据。据说，如果不能并入美国，那么夏威夷群岛成为日本殖民地只是一个时间问题。

  夏威夷群岛并入美国前，美西战争爆发。美国海军上将乔治·杜威摧毁了菲律宾的西班牙舰队，占领了马尼拉湾。美国海军奉命从旧金山前往马尼拉湾。夏威夷共和国政府没有保持中立，主动提出允许美军使用夏威夷群岛的港口和其他设施。美国海军的舰船受到了夏威夷人的热情欢迎。火奴鲁鲁的妇女组织了一个红十字会，为"蓝色男孩"②提供医疗服务。在这种情况下，夏威夷群岛的军事价值变得十分显著，为美国兼并夏威夷群岛提供了理由。

  美国国会赞同兼并夏威夷群岛。鉴于美国参议院未能就夏威夷群岛的并入条约达成一致意见，美国政府通过另一种方法实现了兼并，即通过美国国会两院的共同决议。这种方法与1845年兼并得克萨斯的方法相同。共同决议只需要国会两院的多数投票即可通过。1898年6月15日，美国众议院通过了共同决议。

---

① 即中日甲午战争。
② 即美军。

威廉·麦金利

1898年7月6日,参议院通过了共同决议。1898年7月7日,威廉·麦金利签署了共同决议。约一个星期后,夏威夷共和国政府得到了美国国会两院通过共同决议的消息。

1898年8月12日,夏威夷共和国向美国政府移交主权。1898年8月12日中午,移交仪式在夏威夷群岛原来的王宫前举行。美国驻夏威夷大使哈罗德·M.苏埃尔提交了美国国会两院通过的共同决议。桑福德·B.多尔代表夏威夷共和国政府放弃夏威夷群岛的主权。哈罗德·M.苏埃尔以美国政府的名义,接收了夏威夷群岛的主权。夏威夷共和国的军队交出武器。岸上和港口军舰上的大炮鸣放了二十一枚炮弹,向夏威夷共和国的国旗做最后一次国家级致敬。夏威夷乐队演奏了国歌《夏威夷属于自己》,夏威夷军旗缓缓降下。随后,美国国旗升起,"费城"号巡洋舰上的乐队演奏了《星条旗之歌》。军舰和岸上的大炮再次鸣放了二十一枚炮弹,向美国国旗致敬。最后,哈罗德·M.苏埃尔宣读了一份官方公告,并且发表了简短讲话。

夏威夷群岛已经成为美国的一部分。移交主权的仪式令人印象深刻。这是一个庄严的场合,而不是公众狂欢的场合。在场的夏威夷本土人并不多。对夏威夷本土人来说,这是一个悲伤的场面。夏威夷国旗被美国国旗取代。夏威夷国歌作为独立国家的国歌最后一次响起时,即使是认为夏威夷群岛并入美国是最佳选择的人,也无法做到无动于衷。

美国国会两院通过的共同决议规定,夏威夷共和国政府继续保持现状,直到美国国会为夏威夷群岛制定政体形式,同时任命了一个五人委员会,负责向美

"费城"号巡洋舰

兼并夏威夷

国国会建议"关于管理夏威夷群岛必要或适当的立法"。威廉·麦金利任命了三名国会议员,即参议员谢尔比·M.卡洛姆、约翰·T.摩根和众议员罗伯特·R.希特,以及两名夏威夷人,即桑福德·B.多尔和沃尔特·M.弗里尔。1898年8月,五人委员会举行了第一次会议。1898年12月,五人委员会向美国国会提交了报告。报告包括一项为夏威夷准州①设立政府的法案草案。草案经过讨论、修正,最终由美国国会通过,1900年4月30日获得总统批准。这部法案被称为"基本法令",实际上是夏威夷准州的《宪法》。

并入美国并没有立即改变夏威夷群岛的政体形式。根据"基本法令",夏威夷群岛的现行法律依然有效,除非与美国《宪法》和法律抵触。美国《宪法》已经延伸到夏威夷准州,但美国国会的目的是尽可能保持夏威夷群岛的现状。根

---

① 夏威夷群岛并入美国后,是一片合并建制领土,被称为夏威夷准州。1959年8月21日,夏威夷准州改为夏威夷州,正式成为美国的第五十个州。

据"基本法令"和夏威夷准州的法律,夏威夷准州政府分为行政、司法和立法三个部门。行政部门由夏威夷准州州长和一名秘书负责。"在美国参议院建议和同意下",夏威夷准州州长由美国总统任命。得到夏威夷准州参议院的建议和同意后,总检察长、司库、审计员、勘测员、高级治安官、公共土地专员、公共工程督察、公共和其他各委员会督察由夏威夷准州州长任命。

司法部门由最高法院、五个巡回法院和二十九个地区法院组成。地区法院的法官被称为地区治安法官,与美国大多数州的治安法官相对应。最高法院和巡回法院的法官由美国总统任命。地区治安法官由最高法院大法官任命。除了夏威夷准州法院,还有一个由两名法官组成的美国联邦地方法院。

立法部门包括一个由夏威夷准州选民选举产生的立法机构。立法机构由参议院的十五名议员和众议院的三十名议员组成。夏威夷选民还要选举一名国会代表。夏威夷国会代表是美国众议院议员,享有代表夏威夷准州的一切权利和特权,但没有投票权。

根据"基本法令",所有夏威夷公民都成了美国公民。所有二十一岁以上的夏威夷男性公民,只要能流利地使用英语或夏威夷语,就享有选举权。根据美国《宪法》第十九次修正案,夏威夷妇女也享有投票权。参加投票或担任公职的夏威夷选民不受任何财产限制。

在君主政体和共和政体下,夏威夷群岛没有地方政府,如县政府和市政府,所有公共事务都集中在夏威夷王国政府或共和国政府。夏威夷准州政府成立后的最初几年,同样的情况依然存在。但很快,各岛上出现了成立地方政府的呼声。为了响应民众的呼声,1903年,立法机构通过了《地方政府法案》,但随后立即宣布《地方政府法案》违宪。1905年,一部准备更充分的法案获得通过。

根据1905年的《地方政府法案》,夏威夷准州被分为五个县。第一个县是瓦胡岛;第二个县是夏威夷岛;第三个县是毛伊岛,包括莫洛凯岛、拉奈岛和卡霍奥拉维岛;第四个县是考爱岛,包括尼豪岛;第五个县是卡拉沃,仅限于麻风病人居住区,受卫生委员会管辖。瓦胡岛、夏威夷岛、毛伊岛和考爱岛上的县政府与美国各州的地方政府大致相似。

1907年，美国国会通过了一项关于在火奴鲁鲁成立市政府的法律，进一步促进了夏威夷准州地方政府的发展。多年前，在夏威夷王国统治时期，成立火奴鲁鲁市政府的建议被首次提出。但早期建议并没有引起人们的关注。最初，成立火奴鲁鲁市政府的目的是将市政府限制在城市范围内，后来的建议包括科纳岛或科纳岛南部。1907年的《市政法案》将瓦胡岛包括在了火奴鲁鲁市政府内，设立了一个城市类型的政府。

火奴鲁鲁市政府的成立为夏威夷公民提供了一个更大的政治活动领域，也完成了夏威夷群岛从中央集权的君主政体到美国共和政体自治政区的转变。

威廉·麦金利任命桑福德·B.多尔为夏威夷准州的首任州长。因此，在最高行政机构没有任何变动的情况下，艰难的调整时期过去了。在新局势下，关于夏威夷人将如何行动，人们有很多猜测。"基本法令"赋予夏威夷本土人对所有选举职位的政治控制权。1924年以前，夏威夷人和混血夏威夷人占了投票选民的多数，并且一直是夏威夷准州最大的单一选民群体。回顾夏威夷准州前二十五年的历史，可以肯定地说，夏威夷准州选民已经和美国选民一样，可以根据自己的意愿投票。

1900年秋，夏威夷准州举行了第一次选举。当时有三个政党，分别是口号为"夏威夷人的夏威夷"的自治党、共和党和民主党。经过激烈的竞选活动，自治党获得了压倒性的胜利。自治党候选人罗伯特·W.威尔科克斯被选为国会代表，击败了共和党候选人塞缪尔·帕克和民主党候选人戴维·卡瓦纳科阿。在第一届立法机构中，自治党也占了多数。但第一次选举结束后，自治党迅速失势，1912年后解散。1902年，罗伯特·W.威尔科克斯被共和党候选人约拿·库希奥·卡拉尼亚诺勒击败。此后，约拿·库希奥·卡拉尼亚诺勒成为美国国会议员，直到1922年去世。约拿·库希奥·卡拉尼亚诺勒为夏威夷群岛奉献了自己的一切。

1907年，沃尔特·M.弗里尔成为夏威夷准州州长。在就职演讲中，他说："在夏威夷准州政府的管理下，短暂的七年过去了。回顾过去，我们发现夏威夷准州取得了很多伟大成就。的确，取得成就的几年主要是适应新政府的几年，也是进步的几年。因失去独立地位产生的悲伤甚至痛苦情绪——不仅局限于夏威夷本地人——已经逐渐消失。我们有充分理由相信，夏威夷人很快会从和解状态进入对美国的忠诚和热爱状态，这正是夏威夷人对以前国家的态度。"后来，时间证明了沃尔特·M.弗里尔预言的真实性。夏威夷人对美国的热爱主要是由于夏威夷贵族树立了一个好榜样，尤其是利留卡拉尼女王。1900年以前，一些人只看到了利留卡拉尼女王严厉的一面。但在晚年，利留卡拉尼女王表现出了一种温和的态度，并且没有引起任何人的质疑。1917年，利留卡拉尼女王去世。夏威夷准州各地诚挚地哀悼利留卡拉尼女王。1926年6月，桑福德·B.多尔去世后，夏威夷准州和美国的全面和解再次出现。当时，夏威夷人聚集起来，共同纪念桑福德·B.多尔。半个世纪以来，桑福德·B.多尔一直与夏威夷的历史紧密联系在一起。

第27章

夏威夷准州政府和美国政府

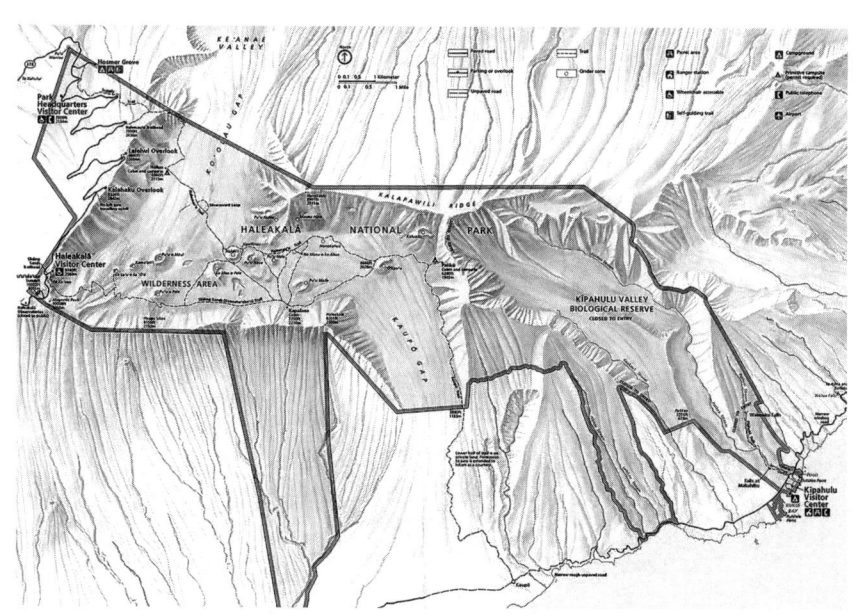

精彩看点

夏威夷群岛的陆军和海军——商业港口的发展——夏威夷国家公园——夏威夷农业试验站——地质勘探局——夏威夷档案馆——世界大战中的夏威夷准州——《权利法案》

夏威夷准州是美国国防链条中的一个重要环节。因此，在夏威夷群岛，尤其在瓦胡岛的日常生活中，美国陆军和海军占有重要地位。在很大程度上，夏威夷准州和美国的关系集中体现在制订军事计划、使夏威夷群岛成为美国强大的军事和海军前哨基地。

在夏威夷群岛上，星条旗升起几天后，第一批派到夏威夷群岛执行任务的美军抵达火奴鲁鲁。在怀基基，美军建了临时营地麦金利营地。几年来，麦金利营地是夏威夷群岛唯一的军事营地，也是一个正在计划中的常设营地。

1905年，美国政府和夏威夷准州签订了合同，在火奴鲁鲁附近的卡豪伊基保留区建了一座堡垒。1907年夏，第一批军事建筑完工并投入使用。卡豪伊基保留区的堡垒取名夏特堡，以纪念美西战争中的威廉·R.夏特将军。夏特堡是为保卫火奴鲁鲁港口和城市而建的一系列堡垒中的第一座堡垒。现在，夏特堡是夏威夷军区的总部。

火奴鲁鲁的第二座堡垒是阿姆斯特朗堡，建在火奴鲁鲁港入口附近的卡考库伊礁上。1913年，一个海岸炮兵连进驻阿姆斯特朗堡。现在，阿姆斯特朗堡是军需部队的驻地。怀基基海岸附近坐落着德鲁西堡。建阿姆斯特朗堡和德鲁西堡前，必须填平一大片低矮的沼泽地。钻石海岬附近是鲁格堡。钻石海岬看起来像大自然为了保护夏威夷群岛建的一个据点。1909年，两个海岸炮兵连进驻鲁格堡，在鲁格堡进行了清理和布置场地的工作。在火奴鲁鲁西部的珍珠港入口处,坐落着卡美哈梅哈堡。卡美哈梅哈堡是瓦胡岛上即将完工的最后一座海岸防御工事。1901年,美国政府收购卡美哈梅哈堡所在地,但直到1913年才投入使用,随后建了卡美哈梅哈堡。卡美哈梅哈堡的命名是为了纪念夏威夷王国的第一位国王卡美哈梅哈。

斯科菲尔德军营的历史可以追溯到1908年。当时,美国陆军部下令在瓦胡岛中部的雷莱华平原建一个军事据点。1909年1月,一支骑兵团进驻在斯科菲尔德建起的第一批军事建筑。那时,斯科菲尔德的生活并不像现在那样愉快。1913年,夏威夷群岛成立了独立的陆军部。几年后,美国政府决定向斯科菲尔德增派驻军,同时修建大量混凝土营房,供驻军居住。后来,斯科菲尔德军营成为美国最大的军事基地。

1918年,在夏威夷群岛,美国陆军航空兵基地建立。与此同时,位于珍珠港福特岛上的卢克机场的主航站已经发展成一个设施完善、效率很高的飞行基地。斯科菲尔德军营还建了一个附属飞行基地。

夏威夷海军的任务以珍珠港为中心。现代海军舰队要想充分利用珍珠港,必须做两件事,即移除珍珠港入口处的珊瑚障碍,建一个大型船坞。夏威夷群岛并入美国后不久,清除珊瑚障碍的工作开始,并且在几年内完成。直到1908年,美国国会才授权海军部长在珍珠港建立海军基地。

计划拟订好和签订合同后,建大型船坞的工作立即展开。这个项目是对工程技术和耐心的考验。1913年2月,即将完成时,地基倒塌,几年的工作成果化为乌有。随后,美国政府改变了计划,准备建一个更大的船坞,并且决定采用不同的建造方法。1919年,船坞顺利建成并很快投入使用。除了大型船坞,美国海军还修建了码头、机修厂和其他必要的军事建筑。

1925年,在夏威夷群岛,美国陆军和海军进行了一次联合演习,目的是测试夏威夷群岛上的防御系统,调查进一步发展军事基地的可能性,以使夏威夷群岛成为战争时期的重要军事基地和海军基地。

夏威夷准州政府有意改善夏威夷群岛各港口的贸易设施,并且在火奴鲁鲁、希洛、卡胡卢伊和纳威利威利的开发工作中投入了大量资金。最终,夏威夷

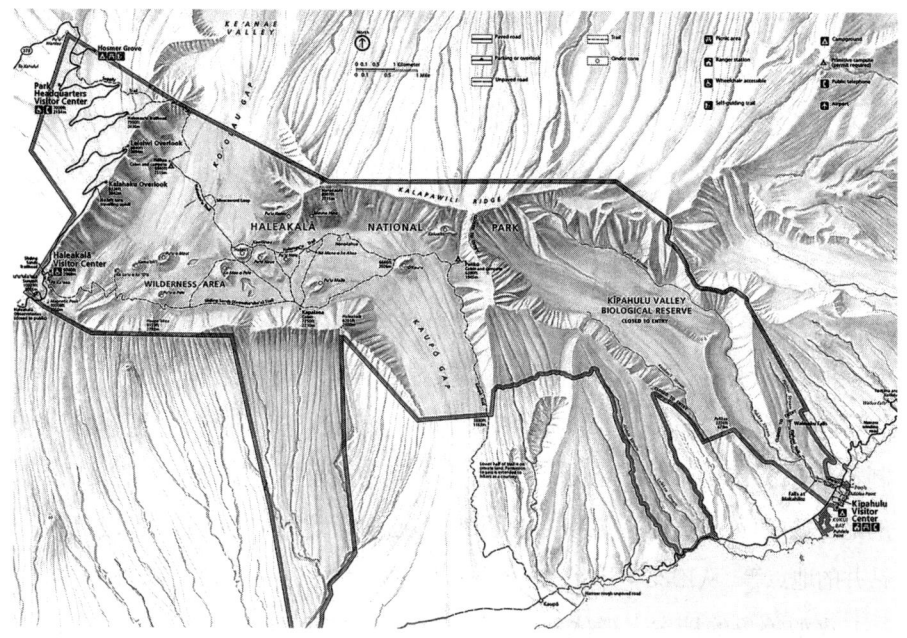

夏威夷国家公园示意图

群岛的每座大岛都建了一个一流港口。此外，夏威夷准州政府正在为发展几个较小港口投入资金，但并没有要求美国政府提供援助。

对夏威夷准州和美国政府来说，夏威夷国家公园的建立非常重要。1916年8月，美国国会通过了建立夏威夷国家公园的法案。1921年，夏威夷国家公园正式落成。夏威夷国家公园与黄石国家公园和其他几个国家公园具有相同的地位，全年开放。夏威夷国家公园分为三个区，两个区在夏威夷岛上，另一个区在毛伊岛上。夏威夷岛上的两个分区包括基拉韦厄火山和涵盖火山口坑、热带森林和蕨类丛林的大片地区，以及冒纳罗亚山顶的火山口。毛伊岛上的分区包括哈莱阿卡拉火山巨大的火山口，以及很多吸引人的史前建筑。从希洛到基拉韦厄火山之间有一条长三十多英里的公路。这条公路表明，美国政府和夏威夷准州政府为维护各自的利益进行了合作。

1901年，美国政府成立了夏威夷农业试验站，以帮助夏威夷准州解决农业问题。夏威夷农业试验站做了很多有用的工作，尤其对芭蕉、木瓜和鳄梨等植物进行了改良。夏威夷农业试验站的主要工作是为夏威夷人普及多样化种植的价值，即鼓励夏威夷人种植更多其他种类的农作物。

为了保障夏威夷群岛和美国港口的公共健康，美国公共卫生部门对进入夏威夷准州的船和旅客进行严格检查，同时在疾病预防和卫生问题方面与夏威夷准州官员展开了合作。

火奴鲁鲁是美国第十九个灯塔区总部，包括夏威夷准州的所有岛屿及太平洋上的一些岛屿。美国气象局的地方站也做了很多重要工作。无线电广播的天气预报对航运十分重要，气候的数据收集对科学和公众有很大价值。

在几个重要方面，美国地质勘探局与夏威夷准州进行了合作。地质勘探局绘制了瓦胡岛、考爱岛、莫洛凯岛、拉奈岛和毛伊岛的地图，并且正在绘制夏威夷岛的地图，同时负责研究夏威夷准州的供水情况，如确定河中的流动水量，指出可以钻井的地点等。从1925年开始，地质勘探局将指导基拉韦厄火山观测站的工作。

火奴鲁鲁的档案大楼体现了美国政府和夏威夷准州政府之间的关系。夏威夷群岛并入美国后，有人建议将夏威夷政府档案转移到华盛顿。转移档案会造成极大不便，因为夏威夷准州政府需要经常查阅有关土地所有权的记录。于是，美国政府同意，档案如果保存妥善，就允许留在夏威夷群岛。1903年，夏威夷准州的立法机构拨款七万五千美元修建档案大楼。1907年，档案大楼建成。档案馆的第一位馆长是罗伯特·C.莱德克。罗伯特·C.莱德克一直工作到1924年去世。随后，记者兼历史学家阿尔伯特·皮尔斯·泰勒继任夏威夷档案馆馆长。夏威夷档案馆为学生和调查人员提供了非常有价值的服务。

1917年4月6日，美国正式参加世界大战。但早在美国参加世界大战前，夏威夷准州已经开始了战争准备工作。1914年9月，夏威夷战争救济委员会成立。1916年，夏威夷盟军战争救济委员会成立。后来，美国参战后，夏威夷群岛各岛上成立了红十字会分会。最终，各岛的红十字分会合并成为美国红十字会夏威夷分会，下设四个分部。

这些具有奉献精神的组织展开了高效工作。美国红十字会将几十万美元投入救济工作，准备了价值超过五十万美元的手术敷料、医疗用品和衣物，将救济物资从火奴鲁鲁运往战争地区。在战争时期，夏威夷准州的民间慈善组织、陆军基地食堂和营地服务设施，包括阅读写作室、电影院、电话局、信息局等，以及红十字会工作指导班、红十字会商店和许多其他组织给成百上千战区人民，尤其是妇女和儿童，提供了援助，做出了巨大贡献。

除了国内活动，夏威夷准州还为活跃在欧洲和西伯利亚战争地区的红十字会与慈善组织提供了许多志愿服务。

夏威夷准州积极响应美国政府的征兵令，甚至在美国加入同盟国前，已经有数十名夏威夷男性自愿在英国和法兰西军队中服役。1917年4月6日后，夏威夷人通过三种方式加入了美国陆军和海军。第一种是自愿在美国正规军或海军中服役；第二种是应征为预备役军官、海军后备队或国民警卫队的士兵；第三种是根据《选征兵役法》应征加入美国陆军或海军。

大量夏威夷志愿者应征入伍。夏威夷准州政府不需要为第一次全国性征兵输送任何人员。但在1918年夏，夏威夷准州需要为美军输送约四千人。与此同时，夏威夷国民警卫队应召加入美军，但没有被派往海外，而是取代了从夏威夷准州撤出的正规军部队。在欧洲战场上，夏威夷人表现得十分勇敢。夏威夷准州完成了美国政府规定的征兵配额。很多夏威夷士兵为国家事业献出了生命，一些士兵虽然返回了家乡，但终身残疾。

夏威夷人积极响应所有为战争和各种救济金募捐的活动。夏威夷准州政府的五笔贷款获得了三千万美元的认购额，每次配额都被超额认购。加上其他基金的认购，夏威夷准州的战争捐款高达三千五百万美元。

战争期间，夏威夷准州竭力在粮食供给方面自给自足。美国食品管理局对各种食品实行了限制。夏威夷准州与美国其他州一样，度过了"无肉、无小麦"的日子。在种植农作物方面，美国农业组织和机构为夏威夷人提供了良好建议。学生们在学校菜园里种了蔬菜。通过各种方式，夏威夷准州成功减少了粮食进口量。

1918年3月6日到1919年9月8日，作为运输船，"毛伊"号进行了十三次横跨大西洋的往返航行，向欧洲战场运送了三万七千三百四十四名士兵。

在很多方面，战争影响了夏威夷人的生活。1918年4月，根据伍德罗·威尔逊的命令，瓦胡岛上的酒类运输业暂停。1918年8月，美国国会通过了一项法令，将禁酒令推广到整个夏威夷准州。这只是战争措施，后来，通过对国家《宪法》的修正，夏威夷准州实施了永久性禁酒令。

战争期间，夏威夷准州的旅游交通中断，几乎停止。海上旅行受到了严重干扰。在夏威夷群岛和美国之间的航线上，美国政府接管了所有轮船，将其作为大西洋上的军事运输船。其中几艘轮船被德国潜艇击沉。

战争结束后，美国出现了一个对公共事务产生了巨大影响的组织，即美国退伍军人协会。美国退伍军人协会由第一次世界大战期间的服役军人组成。在其全国代表大会上，美国退伍军人协会认可了夏威夷准州的观点，显示出了强大影响力。在夏威夷群岛，美国退伍军人协会的活动集中在退伍军人的就业、保险、纪念阵亡士兵和美国化等方面。

夏威夷群岛并入美国后，许多美国人，包括国会议员，都对夏威夷准州在美国政府中的地位有所误解。在美国人的谈论中，夏威夷群岛似乎是美国的"属地"或"殖民地"，而不是美国不可分割的一部分。由夏威夷准州成为夏威夷州只有一步之遥。

1921年，在年度报告中，夏威夷准州州长华莱士·R.法灵顿呼吁人们注意一个事实，即美国政府每年从夏威夷准州拿走大量财政收入，但夏威夷准州从未获得美国政府用于教育、修缮道路及农业贷款等常规拨款。夏威夷准州认为，自己理应参与美国政府的所有拨款。

1923年，美国立法部门通过了一部法案，正式宣布夏威夷准州有权得到与美国各州同样的待遇。"对美国政府来说，夏威夷准州承担了一个州的所有财政责任和负担……因此，应当给予夏威夷准州与美国各州相同的利益和特权。"

《权利法案》中引用了各项条约、国会法案和最高法院的裁决，全面陈述了夏威夷准州要求承认的权利。夏威夷在世界大战中的军事记录，以及向美国政府缴纳的大量税款引起了人们的注意。最后，《权利法案》任命了一个委员会。该委员会与国会代表合作，确保立法将夏威夷准州纳入"所有修建道

伍德罗·威尔逊

路、教育、农业贷款、生育、家政、农业、贸易和工业培训及其他类似性质的法案中"。

在接下来的国会会议上，夏威夷代表威廉·P.贾勒特提出了一部法案，将夏威夷准州列入了法案涉及的各项条款中。为了向美国政府表明夏威夷人对这件事非常重视，华莱士·R.法灵顿访问了华盛顿，并且在华盛顿与威廉·P.贾勒特共同支持该法案，进行了长期且艰辛的工作。1924年4月10日，美国国会终于通过了威廉·P.贾勒特提出的法案，并且由卡尔文·柯立芝总统签署，从而结束了夏威夷准州与美国政府关系史上的一个篇章。

第 28 章

工业发展

精彩看点

制糖业的发展——夏威夷甘蔗种植园主协会——甘蔗试验站——防治病虫害——培育甘蔗新品种——灌溉工程——改进制糖厂——劳动力——菠萝产业——咖啡、大米、芭蕉——畜牧业

1865年，夏威夷群岛最重要的产业是制糖业。现在，夏威夷准州有两个重要产业，即制糖业和菠萝加工业。实际上，夏威夷准州近三十年的经济史就是制糖业和菠萝加工业的发展史及其对各个领域的影响。

　　1895年，夏威夷群岛的糖产量为十五万吨。一名种植园主说，这无疑是夏威夷群岛有史以来最大的糖产量。但仅仅二十年后，夏威夷群岛的糖产量达到了六十万吨，1925年的糖产量超过七十七万五千吨。其间，夏威夷群岛的制糖业一直受益于美国的关税保护法。与此同时，夏威夷种植园主也得到了充足的劳动力供应。夏威夷群岛制糖业的快速发展主要得益于种植园主改进并使用了科学的制糖技术。夏威夷群岛是第一个将科学技术充分应用到工业领域的地区，并且取得了引人注目的成就。

　　通过夏威夷甘蔗种植园主协会组织，从事制糖业的人进行了有效合作。1895年，夏威夷甘蔗种植园主协会成立，前身是早期的种植园主劳动力供应公司。很快，夏威夷甘蔗种植园主协会活动中最重要的环节——甘蔗试验站开始运作。1895年以来的三十年中，甘蔗试验站花费了三百多万美元，但种植园主从中获得的收益是三百多万美元的许多倍。

　　种植甘蔗需要耗费大量化肥和水。不同类型的农田需要不同的化肥和水。通过仔细研究和试验，在一块特定土地上，科研人员能够确定使用哪一种肥料、使用多少水及如何使用和何时使用，从而获得最佳效果。建立甘蔗试验站的主要目的是对肥料问题进行科学研究。甘蔗试验站成立以来，工作逐步扩展到了其他问题上。现在，甘蔗试验站的科研人员一直在研究制糖过程，包括从最初的土地耕作到最后的精炼过程。近年来，甘蔗试验站的工作范围进一步延伸，将保护、改善和扩大森林面积等问题囊括在内。这对节约和保护夏威夷群岛上的淡水资源十分重要。在许多研究活动中，甘蔗试验站不仅与种植园主合作，还与夏威夷准州和美国政府合作。

甘蔗试验站的工作最有趣的一点也许是研究和控制侵袭甘蔗的害虫与疾病。如果不控制病虫害，整个制糖业就会被彻底摧毁。世界上有成千上万种昆虫，一些是有利的，一些是有害的。昆虫学家通过研究昆虫，发现几乎所有有害的昆虫都有天敌。在适宜的条件下，昆虫会被天敌消灭。许多甘蔗害虫中，一些害虫危害根，一些危害茎，一些危害叶子。夏威夷群岛有三种具有很强破坏力的害虫，即叶蝉、甘蔗螟虫和圣甲虫。

在防治病虫害的过程中，美国政府将很多科研人员派到世界各地寻找害虫的天敌。寻找工作持续了多年，并且取得了巨大成功。1910年，在新几内亚，美国科研人员发现了一种叫寄蝇的虫子，是甘蔗螟虫的天敌。科研人员将寄蝇带回了夏威夷群岛。几年后，在菲律宾，美国科研人员发现了圣甲虫的天敌土黄蜂。几种不同的昆虫被带到夏威夷群岛抑制叶蝉的繁殖。后来，事实证明，叶蝉是最难消灭的害虫。叶蝉最大的天敌是一种吸食叶蝉卵的昆虫，1920年从澳大利亚引进。甘蔗试验站每年的报告描述了益虫和害虫之间的斗争进展，直到最后彻底控制住害虫。但防治病虫害的工作没有尽头，甘蔗试验站必须时刻警惕可能随时出现的新害虫。

为了防治甘蔗病虫害，甘蔗试验站采用了多种方法。最有效的方法之一是培育能抗病虫害的甘蔗新品种。长期以来，夏威夷群岛种植最多的甘蔗品种是拉海纳甘蔗，因为拉海纳甘蔗含糖量很高。大约在1900年，拉海纳甘蔗的产量突然开始下降。这是一件非常严重的事情，但幸运的是，由于甘蔗试验站的工作，新的甘蔗品种很快代替了拉海纳甘蔗。最好的甘蔗新品种是H-109甘蔗，是从1905年种植的甘蔗中培育出来的。过去十年中，夏威夷群岛的大多数种植园用

H-109甘蔗代替了拉海纳甘蔗。培育甘蔗新品种和改良甘蔗品种的工作一直在进行。许多种植园开始效仿甘蔗试验站，展开了独立试验工作，同时与甘蔗试验站合作。

夏威夷群岛制糖业发展的最初几年，甘蔗田地没有灌溉工程。在很大程度上，制糖业的后期发展离不开灌溉工程。灌溉工程从两个方面促进了甘蔗种植园的发展，第一个是增加现有甘蔗种植园的产量，第二个是在没有灌溉水源的土地上开垦新种植园。一些面积较大和产量较高的甘蔗种植园属于后一种类型。瓦胡岛上的埃瓦种植园就是一个显著例子。

灌溉工程的水主要来自：第一是山溪，通过沟渠和隧道引到甘蔗种植园；第二是地下水，通过水井和水泵引到甘蔗种植园。毛伊岛挖了第一批水渠后，其他岛也修建了许多沟渠。夏威夷群岛的四个主要岛屿都参与了水渠建设。修建水渠需要进行大量隧道施工。瓦胡岛上的奥洛克勒渠长十三英里，其中八英里是隧道。1916年，瓦胡岛上的威阿霍勒水利工程完工，包括一条长十一英里的隧道水渠。威阿霍勒水利工程的目的是从瓦胡岛北边的溪流中引水，通过穿越库劳山脉的隧道将水引到瓦胡岛的种植园。

约1880年，夏威夷火奴鲁鲁附近钻出了第一口自流井。此后，夏威夷群岛各地钻了许多水井。火奴鲁鲁附近的埃瓦种植园有六十多口水井，每天供水超过一亿加仑。一些种植园的水部分来自水井，部分来自山溪。

在保护和改良甘蔗品种及兴建水利工程的同时，制糖厂的机械设备及加工方法也取得了同样重要的改进。现在，典型的制糖厂由一堆庞大而复杂的机器组成，几乎可以提取甘蔗中的每一克糖。种植园和制糖厂开始使用机器。为了确保一切正常，机器的每一步操作需要受到人力监控。

制糖业对劳动力的需求很大。1924年，在甘蔗种植园里工作的劳工有四万五千多人，约占夏威夷准州总人口的六分之一。其中，大部分劳工是菲律宾人和日本人。夏威夷一直存在劳动力不足问题。与其他雇主一样，甘蔗种植园主也知道，劳工满意，干活才会卖力。近年来，种植园主们越来越重视改善劳工的生活条件，为劳工建了更舒适的住房，并且注重住房的卫生设施和供水。此外，种植园主们积极维护设备齐全的医院,为劳工提供娱乐设施。几乎所有种植园都有劳工俱乐部和电影院。甘蔗种植园主协会设有一个专门的产业服务部门,负责研究所有上述问题,同时向种植园主提供计划和建议。许多种植园有自己的福利工作人员。

夏威夷制糖业的历史可以追溯到一百年前,但菠萝产业是最近才发展起来的。三十多年前,夏威夷人几乎没有想过大规模种植菠萝。过去二十五年中,菠萝产业的收益从零增长到每年三千万到三千五百万美元。在数量和质量上,夏威夷群岛的罐装菠萝生产一直处于世界领先地位。

夏威夷群岛种植菠萝已经一百多年了。在捕鲸时代,捕鲸人每年都会购买很多菠萝。当时,种植菠萝的地区主要是夏威夷岛的科纳地区。夏威夷群岛并入美国前的十五年中,几个人对种植菠萝产生了兴趣,并且试验了进口的几种菠萝品种。通过实验发现,就各种功效而言,无刺卡因是最好的菠萝品种。现在,无刺卡因几乎只生长在夏威夷群岛上。早期,菠萝产业的带头人是约翰·基德韦尔,以及他的几个合作伙伴和竞争对手。新鲜菠萝一般出口到太平洋沿岸。约1891年,夏威夷人开始小批量加工菠萝罐头。1899年,新鲜菠萝和罐装菠萝的出口总值不足一万五千美元。1900年以前,菠萝产业主要局限在瓦胡岛的埃瓦地区。

夏威夷群岛并入美国前,菠萝产业还处在试验和起步阶段。菠萝产业的历史可以追溯到1901年。当时,詹姆斯·D.多尔创办了夏威夷菠萝公司。夏威夷菠萝公司最初的股本是二万美元。在瓦胡岛中部高原地区,夏威夷菠萝公司拥有一个十二英亩的种植园。后来,夏威夷菠萝公司成立了一个小型菠萝罐头加工厂。1903年,一千八百九十三箱菠萝被制成了罐头。从那时起,夏威夷菠萝公司不断发展壮大。现在,在火奴鲁鲁,夏威夷菠萝公司拥有世界上最大的水果罐头厂,并且成立了其他公司,菠萝种植园的规模也迅速扩大。1925年,夏威夷菠萝公司加工了八百七十多万箱菠萝。

瓦胡岛一直是菠萝产业的中心。在夏威夷群岛的较大岛屿上,几乎都有夏威夷菠萝公司的产业。1922年,夏威夷菠萝公司买下了整个拉奈岛。不久,该公司开始在岛上开发港口，修建住宅区，开垦种植园。菠萝种植规模的扩大并没有减少甘蔗种植面积，因为甘蔗和菠萝的生长条件不同。菠萝不需要灌溉，可以种植在比甘蔗更高的海拔上。因此，菠萝一般种植在不适合种植甘蔗的土地上。

制糖业改良和使用的科学方法同样适用于菠萝产业。事实上，菠萝产业得益于制糖业的经验。1908年，夏威夷菠萝罐头制造商协会成立。在科学研究中，菠萝罐头制造商和甘蔗种植园主进行了积极合作。菠萝罐头制造商与甘蔗试验站签订了一份合同，甘蔗试验站科研人员负责研究与菠萝产业有关的农业技术和科学问题。瓦胡岛上的一块土地被建成了菠萝试验站。现在，菠萝试验站的研究点依然在瓦胡岛上。最近，菠萝试验站做了一些调整，将科研工作交给了夏威夷大学。菠萝研究工作已经取得几项重要成果。几乎所有菠萝罐头加工厂使用的机器和工艺都是菠萝试验站发明或改进的。

然而，菠萝罐头制造商不得不面对一个甘蔗种植园主从未遇到过的问题。夏威夷菠萝产业还处在起步阶段时，在商业世界中，罐装菠萝几乎不为人知。因此，菠萝罐头制造商必须自己开创市场。通过一系列广告宣传，菠萝罐头制造商开辟了市场。为此，夏威夷菠萝罐头制造商协会花费了几十万美元。

制糖业和菠萝产业的发展催生了一些其他产业和金融组织。其中，最重要的是银行、食糖代理商和处理金融问题的信托公司。在制糖业的刺激下，火奴鲁鲁的钢铁厂发展快速，至今依然在世界范围内享有盛誉。在菲律宾群岛和古巴，火奴鲁鲁的钢铁厂建了制糖厂。为了满足当地需求，火奴鲁鲁的钢铁厂还建了化肥厂和罐头厂。轮船、铁路、汽车等交通工具不断发展，与夏威夷准州的基础工业发展保持同步。电话、电报和无线电的发展对工商业的发展至关重要。

也许有人会问，夏威夷群岛的大米和咖啡产业如何？早年间，夏威夷人对大米和咖啡产业期望很高。然而，无论是大米还是咖啡，都没有达到夏威夷人的期望，尽管这两种产业一直非常重要。在一定程度上，制糖业和菠萝产业具有克服困难和适应环境变化的能力。但大米和咖啡产业没有表现出类似的能力。研究夏威夷群岛的历史时会发现，大米和咖啡的价格波动很大。

卡美哈梅哈三世统治末期，咖啡是一种很有发展前景的农作物。后来，甘蔗超过咖啡，成了夏威夷群岛最重要的农作物。约1862年，大米取代了咖啡，成了仅次于甘蔗的农作物，并且保持了二十五年的优势地位。1887年和1888年，夏威夷群岛的大米出口额达到最高，每年的出口总额超过五十万美元。与此同时，咖啡出口量逐渐减少，直到1885年从出口清单上消失。此后，咖啡出口量又增加了，大米出口量逐渐下降。1899年，咖啡产业再次位居第二，一直保持到1905年左右。菠萝产业的迅速发展将大米和咖啡挤到了一边。1904年，大米出口量达到历史最低。随后，大米出口量突然增加，几年来一直与咖啡竞争夏威夷出口清单上的第三名。1910年以来，咖啡无疑成了夏威夷准州第三大最有价值的农产品。鉴于过去的历史，咖啡在未来的发展前景依然不明朗。1919年，夏威夷准州咖啡的出口总额达一百万美元。此后，咖啡出口呈下降趋势。1924年，大米出口总额不到一万二千美元，咖啡出口总额略高于五十五万美元，其中不包括夏威夷准州人自己消费的大米和咖啡。

　　大米产业衰落的原因主要有三个：第一，种植水稻的中国人逐渐去世；第二，不断增加的日本移民不喜欢夏威夷群岛种植的大米，更喜欢从日本进口的大米；第三，加利福尼亚大米产业的发展夺走了夏威夷群岛的大米市场。

　　总体而言，芭蕉产业的发展比大米和咖啡产业更稳定，尽管芭蕉产业从未达到大米和咖啡产业曾经达到的高度。约从1860年起，夏威夷群岛芭蕉的出口量呈现出稳定上升趋势。1889年到1896年，芭蕉曾连续八年位居出口榜第三。近年来，芭蕉产业取得了巨大发展。1923年，芭蕉的出口额接近二十五万美元。

　　很早以前，从事牛羊养殖的人从皮革和羊毛出口中获得了丰厚收益，因此，牛羊养殖成了夏威夷群岛最具特色的产业。在出口清单上，皮革和羊毛曾多次位居第三，甚至排到过第二位。1920年，皮革和羊毛出口总额超过五十万美元。在夏威夷群岛，与芭蕉产业一样，畜牧业的快速发展出现在最近几年。一个令人鼓舞的现象是，夏威夷准州政府正在大力提高牲畜的质量。一些养牛场引进了纯种牛犊，可以和世界上其他地方最好的牛媲美。

第 29 章

多民族问题

精彩看点

人口日益复杂——美国化问题——外语学校——双重国籍——太平洋地区各国之间的合作

夏威夷群岛的工业发展，尤其是制糖业的快速发展，吸引了大量移民来到夏威夷群岛的种植园工作。在不同时期，夏威夷政府曾试图控制外来人口的涌入。因此，19世纪80年代，夏威夷政府试图阻止中国人涌入夏威夷群岛。19世纪90年代，夏威夷政府试图限制日本移民的涌入。并入美国前不久，夏威夷政府采取措施限制日本移民登陆夏威夷群岛，因为夏威夷政府认为，如果继续这样下去，夏威夷群岛将成为日本殖民地。并入美国消除了夏威夷群岛成为日本殖民地的危险。然而，日本移民的涌入一直持续到了1907年。随后，美国和日本之间所谓的"君子协定"阻止了更多日本移民涌入夏威夷群岛。

为了阻止东方移民涌入夏威夷群岛，夏威夷政府投入大量资金从南太平洋诸岛和欧洲引入移民。并入美国后，夏威夷准州政府的移民政策主要是为了吸引葡萄牙人、西班牙人和俄罗斯人来到夏威夷群岛定居。1905年到1914年，夏威夷准州移民委员会引进了一万五千多名葡萄牙人、西班牙人和俄罗斯人。但欧洲移民表现出了一个趋势，即只要能存下足够的钱，他们就会移居加利福尼亚。现在，夏威夷群岛的葡萄牙人主要是戴维·卡拉卡瓦统治时期早期的葡萄牙移民。

虽然夏威夷政府竭力从南太平洋诸岛和欧洲引进移民，但历史表明，满足夏威夷工业劳动力需求的主要是东方移民。夏威夷群岛曾出现三次东方移民潮，第一次是中国人，第二次是日本人，第三次是菲律宾人。1906年，菲律宾人开始涌入夏威夷群岛，目前仍有很多菲律宾人来到夏威夷群岛。

早期，许多人认为，东方移民不会成为夏威夷群岛的永久居民，待上几年后会返回自己的祖国。一些东方移民确实回到了自己的祖国,但大多数东方移民对夏威夷群岛的生活条件和就业机会感到满意,留了下来,将夏威夷群岛作为自己的家园。夏威夷王国时期,几百名中国人入了夏威夷国籍。但从那时起,夏威夷政府禁止中国人和日本人入籍。然而,所有在夏威夷群岛出生的孩子都属于美国公民。结果,日本人和中国人几乎占了夏威夷群岛总人口的一半,其中只有不到50%属于外国人,其余在夏威夷群岛出生的中国人和日本人都属于美国公民。随着时间的推移,华裔和日裔夏威夷人不断增加。华裔和日裔夏威夷人不仅是美国公民,还是选民,有权协助夏威夷准州政府管理夏威夷群岛。1924年,三千七百多名华裔和日裔夏威夷人登记选民。未来,这个数字必定会增大。

然而,华裔和日裔夏威夷人并不能说明夏威夷群岛复杂的人口情况。除了日本人和中国人,夏威夷群岛还有七万多名来自六个不同民族的高加索人,四万二千名夏威夷人和混血夏威夷人,以及四万名菲律宾人和六千名韩国人。

由此可以看出,夏威夷的工业发展带来了一个亟待解决的问题,但也提供了一个难得的机会,从而证明东西方人能够相遇和融合。挑战和机会并存。挑战一般指美国化问题,通常表述为:如果夏威夷准州希望继续成为美国的一个自治政区,复杂的外国血统公民必须美国化。因为这些公民的父母来自东方国家,意味着成千上万夏威夷儿童拥有东方文化背景,所以必须将这些儿童培养成具有美国典型社会理想和政治理想的公民。可以做到吗?夏威夷人相信自己可以做到,并正在积极努力。公立学校是实现美国化最大和最有效的机构。夏威夷准州的公立学校制度是根据美国的理念发展起来的,并且大部分由美国人建立,甚至在夏威夷王国时期就是如此。由于义务教育法的实施和人民的共同利益,几乎所有夏威夷儿童都进入学校就读。并入美国并没有使夏威夷群岛的学校制度发生根本性改变。夏威夷准州政府需要做的是扩大和完善现有教育制度,解决近年来因人口快速增长、东方血统儿童所占比例持续上升引发的难题。教育管理部门承认夏威夷准州拥有美国最好的学校制度。在很大程度上,美国化的成功归功于夏威夷准州优秀的学校制度。夏威夷大学正在以美国方式培养多种族学生的领导才能,竭力达到预期的效果。

夏威夷大学校徽

此外，夏威夷准州还有其他美国化机构，如公共图书馆、教堂、新教青年会和新教青年妇女会、美国退伍军人协会、国民警卫队、童子军，以及各种俱乐部和社会组织。夏威夷准州的精神是美国精神。所有有进取心的行业领导人大多是受过美国教育的男性，并且毫无例外地赞成美国理想。夏威夷人将夏威夷群岛的友善传统、热情好客精神和爱铭刻在了所有人心中，并且在打破种族偏见和促进不同民族融合方面做出了巨大努力。

美国化面临一些障碍，其中一个障碍就是人数问题。需要接受美国理想教育的人很多，但通过继承拥有美国理想的人很少。另外两个障碍是外语学校和双重国籍问题。

夏威夷准州的外语学校与美国其他州的外语学校一样，以相同的方式、同样的原因创办起来。早期，除了英语学校，外语学校包括汉语学校、德语学校和葡萄牙语学校。1896年，一名信奉新教的日本人在自己的民族当中从事宗教工作，创办了第一所日语学校。夏威夷群岛早期的所有日语学校都是在新教教徒的赞助下开办的，但后来许多日语学校与佛教寺庙建立了联系。1919年，夏威夷准州有一百八十五所外语学校，其中一百六十三所是日语学校，约有二万名学生。

起初，没有人反对外语学校，因为外语学校似乎有很多用途。然而，随着时间的推移，尤其是第一次世界大战结束后，许多有思想的人开始认为外语学校存在缺陷。1919年到1920年，美国国家教育部的一个委员会对夏威夷准州的教育情况进行了调查。调查结果是：由于所用教科书的性质、一些教师的资格和学习外语对儿童学习英语的干扰，外语学校成了美国化的"直接障碍"。

鉴于上述事实，夏威夷准州政府试图控制和管理外语学校，以消除或减少外语学校带来的不利影响。夏威夷人希望外语学校不再是美国化的障碍，期待外语学校在适当的时候消失。

双重国籍问题的产生是因为每个国家制定了关于公民身份的法律，没有考虑其他国家的法律。美国《宪法》规定，所有在美国出生的人都是美国公民。一些国家的法律规定，公民的子女是其父母所属国家的公民，无论子女出生时父母居住在哪里。直到最近，日本的法律规定依然如此。结果，夏威夷群岛并入美国后到1924年12月，所有在夏威夷出生的日本人既是美国公民，也是日本公民。1924年，夏威夷准州超过六万名日本人拥有双重国籍。这种情况引发的问题是，年满十八岁后，日本年轻人必须服从征召回到日本服兵役。在夏威夷群岛出生的大多数日本人并不希望成为日本公民，但很长一段时间里，他们别无选择。

双重国籍问题引发了很多问题和不满情绪。夏威夷人和日裔夏威夷人都敦促日本政府修改法律。1916年，日本通过了一项法律，为夏威夷群岛的日本人定居国外开辟了道路。从那时起，日本人可以放弃日本国籍。然而，这项法律还远远不够，日本移民的不满情绪依然没有消除。1924年，日本政府通过了一项非常自由的定居国外的法律。新法律规定，1924年12月1日以后，在美国出生的日本人的子女，除非父母立即申请日本国籍，否则不会成为日本公民。此外，拥有双重国籍的日本人可以随时定居国外，放弃日本国籍。日本政府试图鼓励具有双重国籍的日本人定居夏威夷群岛。日本驻夏威夷准州大使尽其所能，将法律条文解释清楚，并且鼓励日裔美国公民利用这项法律。

长期以来，有远见的夏威夷人一直努力培养太平洋地区不同国家人民之间的友好感情。1907年，新成立的一个委员会派一名代表访问太平洋各个国家，唤起了人们期待合作的情感。1910年，沃尔特·M.弗里尔呼吁在火奴鲁鲁召开会议，促成了环太平洋俱乐部的形成。后来，环太平洋俱乐部发展成为泛太平洋联盟。这项运动的领导人深信，在太平洋形成和谐关系将为全世界提供一个合作榜样，从而促进世界和平事业。

在泛太平洋联盟的主持下，以及在夏威夷准州立法机构与各界组织和个人的协助下，一系列大型会议在火奴鲁鲁召开。这些会议是召集科学、教育和商业领导人的一种途径。1920年，火奴鲁鲁召开了一次科学会议，1921年召开了一次教育会议，1922年召开了一次商业会议。1924年，夏威夷准州再次主办了一次食物保护会议。来自太平洋地区的几乎所有国家代表都参加了这些会议。

了解太平洋数千座岛屿上的植物、动物和人种，是促进太平洋地区民族团结的另一种途径。1914年开始，美国、加拿大、日本、澳大利亚和新西兰的科学机构与政府联合起来，派探险队探索太平洋，绘制新地图，撰写了很多文章和书籍。为了讨论已经完成的工作和计划其他工作，科学家们在不同地方召开了会议。这些会议被称为太平洋科学大会。1915年，在旧金山，第一届太平洋科学大会召开。1918年，第二届太平洋科学大会在加利福尼亚州帕萨迪纳召开。1920

帕萨迪纳

年，第三届太平洋科学大会在夏威夷准州火奴鲁鲁举行。1923年，第四届太平洋科学大会在澳大利亚举行。1926年，科学家们将在日本再次相聚。毕晓普博物馆是组织召开太平洋科学大会的领头者。

1924年成立的太平洋关系研究所可能会成为消除太平洋周边国家之间误解、建立友好关系的关键机构。1925年7月，在火奴鲁鲁举行的第一届太平洋关系研究会议上，一百多名代表出席了会议，包括来自日本、韩国、中国、菲律宾、澳大利亚、新西兰、美国、加拿大、英国和瑞士的杰出编辑、大学教授、科学家、商人和宗教领袖。太平洋关系研究所的宗旨是坦诚讨论生活在太平洋及其周边地区民族之间的移民、种族偏见、商业关系和宗教分歧等问题。

第30章

新时代的旧问题

精彩看点

防治麻风病——大风子油——公共健康和社会福利组织——宅地和重建项目——示范农场——教育问题

麻风病是所有疾病中最可怕、最难防治的疾病之一。在夏威夷群岛，麻风病虽然没有像一部分人认为的那样广泛传播，但一直是一个令人头疼的难题。在其他国家，麻风病的传播情况可能更糟，但在美丽的夏威夷群岛上，麻风病只要存在，就是一个严重问题，值得投入时间和资金去研究、攻克。与麻风病做斗争的故事听起来可能并不惊心动魄，但与充满刀枪鼓声和热血的战争故事一样重要。世界各地的科学家和医务人员共同为战胜麻风病努力，最终在夏威夷群岛取得了成功。

夏威夷群岛并入美国时，莫洛凯岛的麻风病人安置点已经存在了三十多年。在一块只有几平方英里的三角形土地上，居住着约一千人。麻风病问题引起了美国国会的注意。1905年，美国国会通过一项法律，计划在夏威夷淮州建一个麻风病研究站，目的是研究麻风病并找到治疗方法。从那时起，美国政府和夏威夷淮州政府为消灭夏威夷群岛上的麻风病做了很多努力。约二十年中，许多麻风病人被治愈。莫洛凯岛安置点的麻风病人减少到了不足1900年的一半。

麻风病研究站的突出成就是改进了治疗麻风病的大风子油。大风子油是生长在亚洲的一种树的产物，多年来，被世界各地的人用来治疗麻风病。1890年，夏威夷人开始用大风子油治疗麻风病，但后来不再使用大风子油。1905年，莫洛凯岛麻风病人安置点的常驻医生W. J.古德休重新开始使用大风子油。此后，大风子油一直被用于治疗麻风病。以前，大风子油的味道非常难闻，并且容易使患者感到胃不舒服。因此，研究人员将大风子油与其他可食用物混在一起，让麻风病人服用。研究发现，将混合物注入肌肉组织，疗效更好。这种治疗方法被用在了很多病人身上。1905年到1915年，越来越多麻风病人通过肌肉注射大风子油混合物痊愈。

一些科学家和医务人员认为，大风子油中含有一种能杀死麻风病细菌的活性成分。因此，他们试图通过化学实验提取大风子油中的活性成分，将其转化成一种更有效、患者更易接受的药品。1916年，火奴鲁鲁麻风病接收站卡利希医院的哈里·T. 霍尔曼医生开始使用大风子油制成的化学药品。在夏威夷学院的实验室里，这种药品由医院院长兼化学教授A. L. 迪安指导配制，并且疗效优于以往治疗麻风病的任何药品。此后，各学院和大学继续研究治疗麻风病的药品，后来从天然大风子油中提炼出了疗效更好的药品。

用大风子油制成的药品疗效显著。虽然医生们不敢承诺所有麻风病人都能被治愈，但如果治疗及时，并且有勇气和毅力坚持下去，就有很大希望痊愈。麻风病患者看到了希望。人们相信，夏威夷群岛的麻风病很快会被完全消灭。最近，研究人员在治疗麻风病的过程中使用了镭，并且在一些患者身上取得了令人鼓舞的效果。

涉及麻风病的研究工作是在夏威夷准州政府的支持下进行的，还有一些项目有关夏威夷人的特殊利益，是私人捐助的结果。

路纳利罗家园是为贫穷、年老和残疾的夏威夷人建的。无家可归的老人和残疾人可以在路纳利罗家园作为"客人"生活。路纳利罗家园是根据威廉·C. 路纳利罗的遗嘱建立的，是一个老年人聚居地。在路纳利罗家园，老年人行动自由，可以随意接待访客。每年1月31日，即威廉·C. 路纳利罗的生日，路纳利罗家园都会举行宴会。利留卡拉尼女王在世时，习惯在这一天拜访路纳利罗家园。

卡皮奥拉尼母婴医院是王室赞助成立的另一个机构，用来纪念卡皮奥拉尼王后，即戴维·卡拉卡瓦的妻子。卡皮奥拉尼王后与建立这家医院有很大关系。卡皮奥拉尼母婴医院的历史可以追溯到1890年，但脱胎于一个更早的组织，目标是确保夏威夷种族的延续。

利留卡拉尼女王也想为夏威夷种族谋取福利。在遗嘱中，她将大部分财产交给了"利留卡拉尼信托基金"，用于维持以她的名字命名的孤儿院。

经过半个多世纪的发展，王后医院进入服务范围更广的崭新领域。1922年到1924年，王后医院新建了一座耗资五十多万美元的宏伟大楼，增加了新的科室，扩大了医疗服务队伍。夏威夷准州的另一个重要医疗机构是火奴鲁鲁日本医院。1909年，考伊科奥拉尼儿童医院成立。多年来，与考伊科奥拉尼儿童医院有关的国家组织"神秘圣地"一直致力于残疾儿童的服务工作。1900年，"利希之家"成立，主要工作是照顾肺结核病人。这些大型医院都位于火奴鲁鲁。此外，夏威夷准州各地有许多规模较小的医院，在减轻患者痛苦方面做了很多有效工作。

夏威夷准州最重要的福利组织是帕拉马定居点。1896年，帕拉马定居点成立，但当时叫帕拉马教堂。在中心联合教会和夏威夷委员会的管理下，帕拉马教堂运行了十四年。1906年，帕拉马教堂改名为帕拉马定居点。1910年，帕拉马定居点获得了特许状，变成一个慈善性质的独立公司。随着火奴鲁鲁人口的增长和变化，帕拉马定居点的工作范围逐年扩大。现在，帕拉马定居点涉及医疗和牙科工作、教育和娱乐工作、体育运动、婴儿营养、新鲜空气营地和其他活动，以满足生活在城市拥挤社区中人们的需要。

宅地通常指一块公共土地，在上面生活一段时间并支付小笔费用后，居住人可以将其作为私人财产。在美国，占用宅地一直是一种非常普遍的处置公共土地的方法，也是激励农民促进农业发展的重要方法。但夏威夷群岛的宅地制度并不完善。

夏威夷群岛并入美国后，每年都有一些宅地被私人占用。然而，由于现行宅地制度不够完善，根据"基本法令"，只要有二十五名公民提出要求，希望获得可用的公共土地，政府部门就必须通过调查划分宅地。实际得到宅地的人不一定是签署申请文件的人。宅地以抽签方式分配，政府部门不能拒绝那些看起来不合适或不可靠的人的申请。此外，大片公共土地签订了长期租约，无法用来修建住房。1916年，夏威夷准州五分之三的农业用地以这种方式租赁，实际上，许多租约已经到期。

与此同时，许多有思想的人正在想办法保护和增加夏威夷原住民。这个问题与宅地问题联系在一起，通过广泛讨论产生了"重建项目"。

1919年，立法机构通过了一项决议，同意修改"基本法令"中与土地有关的部分。根据决议，夏威夷准州政府将对宅地所有人进行一定限制。经过认真考虑，1921年7月9日，立法机构对"基本法令"进行了修正，通过了《夏威夷住房委员会法案》。

《夏威夷住房委员会法案》根据夏威夷种族的需要制定。法案规定，夏威夷准州的一部分公共土地将被预留出来，划分为夏威夷原住民的宅地，同时将以每年一美元租金的名义出租九十九年。起初，夏威夷原住民的宅地限定在夏威夷岛和莫洛凯岛上。

重建项目由一个委员会管理。重建项目委员会由夏威夷准州州长和其他四名成员组成，其中三人必须是夏威夷本地人。重建项目委员会的职责是为在公共土地上安置宅地定居者做好准备。因此，在公共土地上，重建项目委员会修建了道路，建起了栅栏，清理了土地，修了水利工程，然后选出了第一批宅地定居者。第一个定居点在莫洛凯岛上，叫卡拉尼亚诺勒定居点，以纪念约拿·库希奥·卡拉尼亚诺勒。约拿·库希奥·卡拉尼亚诺勒是重建项目委员会的第一批成员，对重建项目非常感兴趣。1922年，第一批定居者在卡拉尼亚诺勒定居点定居下来。1924年年底，卡拉尼亚诺勒定居点的人口已经接近三百人。

与此同时，夏威夷准州政府还建了一个示范农场，负责试验水果、蔬菜和家畜。就土壤的改良和耕作问题，一位农业专家提出了建议。夏威夷大学的专家与专员一起挑选合适的农作物，帮助宅地定居者取得了可观收益。宅地定居者通过贷款开始耕作。借贷给宅地定居者的资金来自夏威夷准州甘蔗田地的租金。

夏威夷准州现行的教育制度是一个世纪以来，夏威夷群岛教育制度发展的结果。过去二十五年中，由于具有东方血统的儿童数量迅速增加，夏威夷准州的教育问题变得越来越复杂。虽然学校制度没有发生根本性变化，但为了完成教育目标，夏威夷准州政府改进和完善了教育制度。夏威夷准州的学校分为公立和私立两类。除了外语学校，夏威夷准州有四五十所私立学校。公立学校受到夏威夷准州公共教育部门的管辖。此外，夏威夷准州没有县或地方教育制度。

最重要的两所私立学校是根据伯妮斯·帕瓦希公主的遗嘱成立的卡美哈梅哈学校。伯妮斯·帕瓦希公主的愿望是："普通英语学校能为夏威夷儿童提供良好教育，在道德和实用知识方面提供教学，培养善良勤劳的夏威夷人。"1887年，夏威夷群岛成立了一所男子学校，1894年成立了一所女子学校。这两所学校都是按照伯妮斯·帕瓦希公主的意愿成立的，非常注重实用知识教学，一直是夏威夷儿童教育的重要组成部分。

夏威夷群岛并入美国后，普纳侯学校迅速发展，成为夏威夷最大的学校之一。圣路易学院是一所性质与普纳侯学校相似的学校，也是夏威夷准州最重要的天主教学校。圣路易学院成立于19世纪80年代初，近年来发展迅速。1925年，开始规划在凯穆基新建一座大规模工厂。其他重要的私立学校有中太平洋学院、圣公会学校、圣安德鲁斯女子修道院和伊奥拉尼男子学校。这些学校都位于火奴鲁鲁。还有一所重要学校是希洛寄宿学校，其历史可以追溯到早期传教时代。

夏威夷准州的公立学校拥有五万多名学生、近一千六百名教师。公立学校的特点是种族混杂，无论是教师还是学生。

夏威夷准州师范学校主要负责教师培训。近年来，夏威夷准州存在师资力量严重不足问题，并且许多教师从来没有上过八年级。这一缺陷已经得到弥补。夏威夷准州师范学校和夏威夷大学为教师提供了很多专业培训机会。夏威夷准州从美国其他地方引入的教师越来越少，说明夏威夷准州师范学校的规模正在不断扩大，效率正在提高。短期内，在培训教师方面，夏威夷准州将实现自给自足。

夏威夷大学是夏威夷准州最"年轻"的教育机构之一，也是最重要的教育机构之一。夏威夷大学完善了夏威夷准州原本不完善的教育体系。夏威夷大学的前身是根据1907年立法机构的法案成立的夏威夷学院。夏威夷学院是一所"土地赠予学院"，受到美国政府一定数额的资金援助，开设的课程主要有农业、机械、实用科学和英语。一开始，夏威夷学院的规模并不大，但教学计划涉及广泛。

1919年，立法机构通过了成立夏威夷大学的法案。早期的夏威夷学院更名为应用科学学院。通过一系列扩建活动，夏威夷大学在设备和学生人数方面发展迅速。夏威夷大学的学生来自夏威夷准州居民中的所有种族。

夏威夷准州的教育目标是将分化严重的种族塑造成美国公民。这一目标不仅需要学校教育来实现，还必须通过职业培训。直接或间接与农业相关的职业为公立学校中的广大年轻人提供了机会，尤其是学习手工、烹饪、缝纫、修建房屋、建造花园，以及养殖猪和家禽等课程的学生。学习这类专业的学生应该增加。

夏威夷准州虽然面临许多美国其他州无须面对的困难，但拥有相应优势。夏威夷群岛一年四季阳光充足，为户外活动提供了良好的自然条件。夏威夷人的健康体质和良好的精神状态是在阳光下运动和工作的结果。

附录 夏威夷群岛的统治者

一、夏威夷群岛的统治者

（一）本地统治者

姓　名	出生日期	即位日期	逝世日期
卡美哈梅哈一世	1758年	1795年	1819年5月8日
卡美哈梅哈二世	1797年	1819年5月20日	1824年7月14日
卡美哈梅哈三世	1814年3月7日	1825年6月	1854年12月15日
卡美哈梅哈四世	1834年2月9日	1854年12月15日	1863年11月30日
卡美哈梅哈五世	1830年12月11日	1863年11月30日	1872年12月11日
威廉·C.路纳利罗	1832年1月31日	1873年1月8日	1874年2月3日
戴维·卡拉卡瓦	1836年11月16日	1874年2月12日	1891年1月20日
利留卡拉尼女王	1838年9月2日	1891年1月29日	1917年1月11日

1893年1月17日，利留卡拉尼女王退位，夏威夷王国灭亡。

（二）临时政府总统：桑福德·B.多尔（任期：1893年1月17日到1894年7月4日）

（三）夏威夷共和国总统：桑福德·B.多尔（任期：1894年7月4日到1900年6月14日）

（四）夏威夷准州州长

姓　名	任命总统	任期开始	任期结束
桑福德·B.多尔	威廉·麦金利	1900年6月14日	1903年11月23日
乔治·R.卡特	西奥多·罗斯福	1903年11月23日	1907年8月15日
沃尔特·M.弗里尔	西奥多·罗斯福	1907年8月15日	1913年11月29日
卢修斯·平卡姆	伍德罗·威尔逊	1913年11月29日	1918年6月22日
查尔斯·麦卡锡	伍德罗·威尔逊	1918年6月22日	1925年7月5日
华莱士·R.法灵顿	沃伦·G.哈定	1921年7月5日	1925年7月5日
华莱士·R.法灵顿（第二届）	卡尔文·柯立芝	1925年7月5日	—

二、夏威夷群岛的人口

年　份	夏威夷人与半夏威夷人	外国人		总　计
1832				130,313
1836				108,579
1853	71,019	2,119		73,138
1860	67,084	2,716		69,800
1866	58,765	4,194		62,959
		出生在夏威夷、非夏威夷血统	国外出生	
1872	51,531	849	4,517	56,897
1878	47,508	947	9,530	57,985
1884	44,232	2,040	34,306	80,578
1890	40,622	7,495	41,873	89,990
1896	39,504	12,844	56,672	109,020

续表

年 份	夏威夷人与半夏威夷人	外国人		总 计
		出生在夏威夷或美国其他地方、非夏威夷血统	国外出生	
1900	37,656	25,565	90,780	154,001
1910	38,547	59,610①	93,752	191,909
1920	41,750	126,921②	87,241	255,912

注：①包括4,890名波多黎各人和2,361名菲律宾人。

②包括5,602名波多黎各人和21,031名菲律宾人。

三、夏威夷商业的增长

年 份	进口总额/美元	出口总额/美元	出口的国内产品/美元
1844	350,347	169,641	109,587
1850	1,035,058	783,052	536,522
1860	1,223,749	807,459	480,526
1870	1,930,227	2,144,942	1,514,425
1880	3,673,268	4,968,445	4,889,194
1890	6,962,201	13,142,829	13,023,304
1899	16,069,577	22,628,742	22,324,865
1905	14,718,483	36,174,526	36,126,797
1915	26,416,031	62,464,75	62,195,586
1925	81,802,547	105,599,819	105,504,292

四、夏威夷政府概览

（一）"基本法令"

"国会制定的'基本法令'是夏威夷准州的《宪法》。一个州的人民有权制定自己的《宪法》，但美国国会制定法律，规定所有州的治理模式。一个州的人民可以修订自己的《宪法》，但夏威夷人不能修订作为《宪法》的'基本法令'。夏威夷准州可以向国会提出修订《宪法》的请求，也可以提出修改建议。国会可以随时改变夏威夷准州的治理模式……国会控制了夏威夷准州的一切政务，包括准州政务和地方政务。"①

(二) 行政部门

1. 经美国参议院建议和同意，由美国总统任命行政部门的官员。

1.1 州长：

1.1.1 任期：四年。

1.1.2 资格：州长的年龄应不低于三十五岁，必须是夏威夷准州公民，得到任命前在夏威夷群岛居住至少三年。

1.1.3 权力和职责：类似于各州州长的权力和职责。夏威夷准州州长也是美国总统的个人代表和美国政府的执行官员，每年向美国内政部长做一次汇报。

1.2 州长秘书：

1.2.1 任期：四年。

1.2.2 必须是夏威夷准州公民。

1.2.3 职责：记录和保存立法机构的所有法律和程序，以及准州州长的所有行为和行动，并发布准州州长的公告。

1.2.4 在州长去世、免职、辞职、残疾或不在夏威夷准州内的时候，担任代理州长。

2. 夏威夷准州州长任命的官员：

2.1 总检察长：在当事方或有利害关系一方的所有案件中，总检察长是夏威夷准州的法定代表人，是所有部门负责人和其他官员的法律顾问。以前，总检察长负责所有刑事诉讼。县政府的成立解除了总检察长的这一职责，但总检察长仍然可以在认为合适的时候干预地方案件。总检察长也是卫生委员会的成员。

2.2 财务主管：全面监督夏威夷准州的财政事务，负责执行所有税收法律、

---

① K.C.利布里克：《美国基本理想和制度》，第55页到第56页。——原注

征收税款、管理和支付公共资金,也是夏威夷准州的银行审查员,审计各县的财务账簿,每两年向立法机构做一次汇报。

2.3 审计员:是夏威夷准州的总会计师,对夏威夷准州的所有账目进行全面监督,有权在必要时否决拨款,防止非法挪用公共资金和防止支付超过特定拨款的公共资金。审计对夏威夷准州提出的索赔要求,并且下达支付命令,每年向准州州长做一次汇报,每两年向立法机构做一次汇报。

2.4 公共土地专员:管理夏威夷准州拥有、使用和控制的所有土地,但法律特殊规定的除外。以最有利于保护夏威夷准州农业和公共福利的方式,租赁、出售或以其他方式处置公有土地与其他财产,但这项权力受到法律的种种限制。批准与颁发政府土地或房地产的专利证、租约、让渡证书和其他产权转让证书,同时保存记录。

2.5 公共工程督察:监督与管理夏威夷准州的内部改善工作,担任港口专员委员会主席,负责公共建筑的修建与维修工作,以及监督港口、码头疏浚和引航等工作。

2.6 公共教育部主任:是公共教育部门的负责人,主持公共教育专员会议并签署公共教育部门的所有正式文件,每年向准州州长做一次汇报。

2.7 勘测员:做官方勘测,绘制地图等,是土地法庭的顾问。

2.8 高级治安官:现在的职责主要是负责夏威夷准州监狱。以前的权力比现在大得多,但自县政府成立以来,高级治安官的普通职责已经由县治安官接替。对总检察长负责。

在夏威夷准州参议院的建议和同意下,上述官员和各委员会的所有成员由准州州长任命。所有官员必须是夏威夷准州公民,并且得到任命前必须在夏威夷居住至少三年。上述官员的任期为四年。

3. 夏威夷准州州长任命的委员会:

3.1 卫生委员会:由七名成员组成,包括总检察长与两名医生。主席是执行官员,领取薪金,负责、监督和关注公共卫生、检疫、医院、生命统计等。卫生委员会的条例经夏威夷准州州长批准,具有法律效力。

3.2 农业和林业委员会：由五名成员组成，通过研究、试验、收集和出版有关林业、昆虫学、植物病理学和普通农业的信息，负责和扩大森林面积与促进农业发展。可以制定检疫与其他条例，防止植物病害、有害植物或昆虫的传入。经准州州长批准，这些条例具有法律效力。

3.3 港口专员委员会：由公共工程总监和其他四名成员组成，拥有一切权力并履行"由夏威夷准州或在夏威夷准州内依法行使的与所有港口、港口改造、口岸、船坞、码头有关的管理职责"。

3.4 公共事业委员会：由三名成员组成，对公用事业，如运输、电报、电话、照明、电力、供热、供水和煤气公司等，拥有广泛权力和控制权。有权提高或降低费率，但必须向夏威夷准州最高法院上诉。

3.5 公共教育专员：共有六名专员，与公共教育部门负责人一起组成公共教育部门，全面负责管理和控制除夏威夷大学外的所有公立学校。

3.6 夏威夷大学董事会：由七名成员组成，包括大学校长和农业与林业委员会主席，管理学校各项事务。

3.7 立法机构授权的其他许多不太重要或临时性质的委员会。

(三)立法机构

1. 参议院：

1.1 十五名参议员分配如下：

第一选区(夏威夷岛)：四名参议员。

第二选区(毛伊岛、莫洛凯岛、拉奈岛和卡霍奥拉维岛)：三名参议员。

第三选区(瓦胡岛)：六名参议员。

第四选区(考爱岛和尼豪岛)：两名参议员。

1.2 任期：四年。

1.3 资格：必须是美国公民，不小于三十岁，必须在夏威夷群岛居住不少于三年，并且有资格在其当选的地区投票选举参议员。

2. 众议院：

2.1 三十名众议员分配如下：

第一选区（夏威夷岛东部）：四名议员。

第二选区（夏威夷岛西部）：四名议员。

第三选区（毛伊岛、莫洛凯岛、拉奈岛和卡霍奥拉维岛）：六名议员。

第四选区（瓦胡岛，努瓦努街道以东以南及延伸至莫卡普角的地区）：六名议员。

第五选区（瓦胡岛，第四选区以西、以北地区）：六名议员。

第六选区（考爱岛和尼豪岛）：四名议员。①

2.2 任期：两年。

2.3 资格：必须是美国公民，不小于二十五岁，必须在夏威夷群岛居住不少于三年，并且有资格在其当选的地区投票选举众议员。

3. 立法机构会议：

3.1 每两年在奇数年举行常会，会议在奇数年2月的第三个星期三开始。

3.2 立法机构的特别会议，或仅准州州长要求举行的参议院特别会议。

3.3 程序类似于其他立法机构的程序。

4. 立法权：在不违反美国《宪法》及可适用于本地法律的情况下，适合所有合法的立法主体，但美国国会有权否决夏威夷准州立法机构的任何法案。

（四）司法部门

1. 准州法院：

1.1 最高法院：由一名大法官和两名陪审法官组成，经美国参议院建议和同意，由总统任命，任期四年。必须是夏威夷准州公民，得到任命前必须在夏威夷居住至少三年。

1.2 巡回法院：

1.2.1 第一巡回法院（瓦胡岛）：四名法官。

第二巡回法院（毛伊岛、莫洛凯岛、拉奈岛和卡霍奥拉维岛）：一名法官。

第三巡回法院（夏威夷岛西部）：一名法官。

---

① 根据"基本法令"，在每次人口普查结束后，立法机构根据每个地区的公民人数，重新分配参议院和众议院的议员人数。迄今为止，夏威夷准州的立法机构还没有这样做过。——原注

第四巡回法院（夏威夷岛东部）：一名法官。

第五巡回法院（考爱岛和尼豪岛）：一名法官。

1.2.2 任命、任期和资格与最高法院法官相同。

1.2.3 第二巡回法院、第三巡回法院、第四巡回法院和第五巡回法院的法官及第一巡回法院的第四位法官都是少年法院的法官。少年犯罪案件由少年法院在分庭审理。

1.2.4 第一巡回法院的第四位法官是巡回法院家庭关系司的法官。

1.3 地区法院：夏威夷准州分为二十七个司法区，每个司法区任命一名或多名地区治安法官。地区治安法官由最高法院大法官任命，任期两年。地区治安法官相当于美国各州的治安官。

1.4 土地法院：

1.4.1 土地法院"对在夏威夷准州内以绝对保有权持有和拥有土地所有权、地役权或土地权进行登记申请，具有专属的原始管辖权，有权审理和裁定所有此类申请引发的案件"。土地法院的法令"直接对土地生效，以确立土地所有权"。

1.4.2 土地法院的法官是最高法院大法官指定的第一巡回法院的法官之一。

1.5 税务上诉法院：

1.5.1 每个县或市都设有一个税务上诉法院，由准州州长任命的三名人员组成，任期一年。

1.5.2 税务上诉法院审理和裁决对估税员确定的财产或应纳税估值提出上诉的案件。每年7月开庭。税务上诉法院提高或降低估税员的评定时，纳税人或者估税员都可以向最高法院提起上诉。

2. 联邦地方法院：

2.1 两名法官，任期六年，经美国参议院的建议和同意后由总统任命。必须是夏威夷准州公民，并且得到任命以前必须在夏威夷居住至少三年。

2.2 联邦地方法院与美国各州联邦地方法院的不同之处在于，除了普通裁判权外，还对联邦巡回法院可以受理的所有案件拥有裁判权，并且在案件中以与联邦巡回法院相同的方式裁判。

(五)公民身份和投票

1. 公民身份：夏威夷准州的所有公民身份和入籍问题都由美国《宪法》和法律决定。"基本法令"第四条规定："凡在1898年8月12日为夏威夷共和国公民的人，特此被宣布为美国公民和夏威夷准州公民。"关于谁是夏威夷共和国公民，"基本法令"第十七条第一款规定，所有在夏威夷群岛出生或入籍并受夏威夷共和国管辖的人都是夏威夷共和国的公民。

2. 投票：为了获得投票资格，一个人应当："第一，成为美国公民。第二，在提出登记日前居住在夏威夷群岛不少于一年，在提出登记日前居住在提出登记的代表地区不少于三个月。第三，年满二十一岁。第四，在每次定期选举前，在法律规定的登记时间内，将自己的名字登记在所在地区的选民代表册上。第五，能够用英语或夏威夷语说、读、写。"

(六)联邦官员

1. 国会代表：由夏威夷准州的选民选举产生，任期两年，享有与夏威夷准州参议院议员相同的资格，在夏威夷准州众议院有一个席位，有辩论权，但没有投票权。

2. 联邦地方法院的法官：见上文，联邦地方法院。

3. 联邦地方检察官：由总统任命，任期六年，必须是夏威夷准州公民，并且得到任命前必须在夏威夷群岛居住至少三年。

4. 联邦司法区执政官：由总统任命，任期六年，必须是夏威夷准州公民，并且得到任命前必须在夏威夷居住至少三年。

5. 夏威夷准州的其他联邦官员：禁酒司法人员、国内税收征收员、关税征收员、移民稽查员、邮政稽查员、邮政局长，以及农业部、商业部和内政部的所有官员。

(七)地方政府

1. "基本法令"第五十六条规定："立法机构可以在夏威夷准州内设立县、镇、自治市，规定其政府，并且视情况依据准州州长与立法机构规定的方式，任命或选举所有官员。" 根据这项权力，立法机构为准州各地区设立了地方政府。立法机构可以变更或撤销地方政府。

2. 县：

2.1 夏威夷县，包括夏威夷岛，政府位于希洛。

2.2 毛伊县，包括毛伊岛、拉奈岛、卡霍奥拉维岛和莫洛凯岛，麻风病人安置点除外，政府位于怀卢库。

2.3 考爱县，由考爱岛和尼豪岛组成，政府位于利胡埃。

2.4 卡拉瓦沃县，包括莫洛凯岛的麻风病人安置点。

3. 县政府：

3.1 卡拉瓦沃县：由夏威夷准州卫生委员会管辖和控制，有一名卫生委员会任命并支付薪金的县官员，即县治安官。

3.2 夏威夷县、毛伊县和考爱县：

官员：监察委员会、治安官（兼任验尸官）、县办事员、审计员、县检察官、司库。

3.3 县官员由选民选举产生，任期两年。

4. 火奴鲁鲁市：

4.1 包括瓦胡岛和夏威夷准州内不属于任何县的所有岛屿。

4.2 政府是一个改进型的市政府。

4.2.1 官员：市长、监察委员会、治安官（兼任验尸官）、市办事员、审计员、司库、市检察官。

4.2.2 市官员由选民选举产生，任期两年。

译名对照表

Abraham Armand	亚伯拉罕·阿曼德
Acteon	"阿克特翁"号
Adelaide	"阿德莱德"号
Aigle	"艾格勒"号
Ajax	"阿贾克斯"号
Akala	阿卡拉
Akamai	"阿卡迈"号
Alapainui	阿拉帕努伊
Alaska	阿拉斯加
Albatross	"信天翁"号
Albert	"阿尔伯特"号
Albert Edward Kauikeaouli	阿尔伯特·爱德华·考伊柯奥乌利
Albert Pierce Taylor	阿尔伯特·皮尔斯·泰勒
Albert S.Willis	阿尔伯特·S. 韦利斯
Aldebaran	毕宿五星
Aleutian Islands	阿留申群岛
Alexander Adams	亚历山大·亚当斯
Alexander Andreyevich Baranov	亚历山大·安德烈耶维奇·巴拉诺夫
Alexander Liholiho	亚历山大·利霍利霍
Alexander Simpson	亚历山大·辛普森
Alexis Bachelot	亚历克西斯·巴舍洛
Aliiolani Hale	阿莱伊奥莱尼希勒大楼
Alofa	阿洛法
Aloha	阿洛哈

American Legion	美国退伍军人协会
American samoa	萨摩亚群岛
Amos S.Cooke	阿摩司·S.库克
Andrew Johnson	安德鲁·约翰逊
Andrew Johnstone	安德鲁·约翰斯顿
Anglo-Saxons	盎格鲁－撒克逊人
Anomala Beetle	圣甲虫
Antarctic Ocean	南冰洋
Anthony Ten Eyck	安东尼·坦恩·艾克
Archives of Hawaii	夏威夷档案馆
Arctic Ocean	北冰洋
Army and Navy Y.M.C.A.	陆军和海军新教青年会
Aroha	阿啰哈
Arsenius Walsh	尼乌斯·沃尔什
Artemise	"阿特米斯"号
Asa Thurston	阿萨·瑟斯顿
Atlantic Ocean	大西洋
Austral Island	南岛
Australia	澳大利亚
Bartimeus	巴蒂米厄斯
Basalt	玄武岩
Battle of Mokuohai	莫阔亥战役
Battle of the Nuuanu	努瓦努战役
Bechet	"贝克特"号
Benicia	"贝尼西亚"号
Benjamin Harrison	本杰明·哈里森
Bering Sea	白令海
Bering Strait	白令海峡
Bernice Pauahi	伯妮斯·帕瓦希
Bill of Rights	《权利法案》
Binnacle	罗经柜
Black Shining Road of Kanaloa	卡纳罗阿神的暗光路
Black Shining Road of Kane	凯恩神的暗光路

Blitish Columbia	不列颠哥伦比亚省
Boki	博基
Borabora	波拉波拉岛
Bordeaux	波尔多
Borneo Island	婆罗洲岛
Boyd	博伊德
Boys in Blue	蓝色男孩
Brewer & Company	布鲁尔公司
Bright Road of Kane	凯恩神的亮光路
Britannia	"不列颠尼亚"号
Burns	伯恩斯
Byron's Bay	拜伦湾
Cabbage tree	巨朱蕉
Caleb Britnall	迦勒·布林特纳尔
Calvin Coolidge	卡尔文·柯立芝
Camp McKinley	麦金利营地
Canada	加拿大
Cane-Borer	甘蔗螟虫
Canoe steerers' Stars	独木舟舵手星
Cape Horn	合恩角
Caroline Islands	卡罗林群岛
Carysfort	"卡里斯福特"号
Celebes	西里伯斯岛
Celluloid	赛璐珞
Celso Cesare Moreno	塞尔索·切萨雷·莫雷诺
Central America	中美洲
Central Female Boarding Seminary	女子寄宿中心学校
Central Union Church	中心联合教会
Charles C.Harris	查尔斯·C.哈里斯
Charles Clerke	查尔斯·克拉克
Charles H.Judd	查尔斯·H.贾德
Charles R.Bishop	查尔斯·R.毕晓普
Charles Sumner	查尔斯·萨姆纳

Charles Titcomb	查尔斯·蒂特科姆
Chatham	"查塔姆"号
Chatham Islands	查塔姆群岛
Chaulmoogra Oi	大风子油
Chile	智利
Christopher Columbus	克里斯托弗·哥伦布
Claus Spreckels	克劳斯·斯普雷克尔斯
Clementine	"克莱门汀"号
College of Ahuimanu	阿惠马努学院
Colombo Murphy	科伦坡·墨菲
Columbia	"哥伦比亚"号
Comet	"彗星"号
Connecticut	康涅狄格州
Continental Islands	陆边岛
Cook Islands	库克群岛
Coral Islands	珊瑚岛
County of Kalawao	卡拉瓦沃县
Covent Garden Theatre	科文特花园剧院
Crown Lands	王室领地
Daedalus	"代达罗斯"号
Daniel Chamberlain	丹尼尔·张伯伦
Daniel Dole	丹尼尔·多尔
Daniel Webster	丹尼尔·韦伯斯特
David B.Lyman	戴维·B. 莱曼
David Kalakaua	戴维·卡拉卡瓦
David Kawananakoa	戴维·卡瓦纳科阿
David L.Gregg	戴维·L. 格雷格
David Porter	戴维·波特
Diamond Head	戴蒙德角
Diamond Head	钻石海岬
Discovery	"发现"号
Dolphin	"海豚"号
DuPetit Thouars	杜珀蒂·图阿尔

Earl of Aberdeen	亚伯丁伯爵
Earl of Sandwich	桑威奇伯爵
Earth Mother	大地之母
Easter Island	复活节岛
Edward Belche	爱德华·贝尔彻
Edward M.McCook	爱德华·M. 麦库克
Edward Russell	爱德华·拉塞尔
Eleanora	"埃莉诺拉"号
Elisha H.Allen	以利沙·H. 艾伦
Elisha Loomis	以利沙·卢米斯
Elizabeth Kīna'u	伊丽莎白·基瑙
Ellice Islands	埃利斯群岛
Embuscade	"伏击"号
Emile Perrin	埃米尔·佩兰
Emma Rooke	艾玛·鲁克
Episcopal Church	圣公会教堂
Erronan Island	埃罗南岛
Ewa	埃瓦
Ewa Plantation	埃瓦种植园
Fair American	"美国公平"号
Fanning Island	范宁岛
Fanny Major	"范妮·梅杰"号
Ferdinand Magellan	斐迪南·麦哲伦
Fiji	斐济群岛
Fire plow	火犁
Flax	亚麻
Ford Island	福特岛
Forester	"福雷斯特"号
Fort Armstrong	阿姆斯特朗堡
Fort DeRussy	德鲁西堡
Fort Kamehameha	卡美哈梅哈堡
Fort Ruger	鲁格堡
Fort Shatter	夏特堡

Francisco de Paula Marin	弗朗西斯科·德·保拉·马林
François Guizot	朗索瓦·基佐
Franklin Pierce	富兰克林·皮尔斯
Frederick Byng	弗雷德里克·宾
Frêre	弗雷尔
Funafuti Island	富纳富提岛
Futuna Island	富图纳岛
Gambier Group	甘比尔群岛
Gassendi	"加森迪"号
Georg Schaffer	格奥尔格·沙费尔
George Anson	乔治·安森
George Beckley	乔治·贝克利
George Brown	乔治·布朗
George Dewey	乔治·杜威
George Gordon Byron	乔治·戈登·拜伦
George Hamilton-Gordon	乔治·汉密尔顿－戈登
George III	乔治三世
George IV	乔治四世
George Paulett	乔治·保利特
George R.Carter	乔治·R. 卡特
George R.Carter Library	乔治·R. 卡特图书馆
George Simpson	乔治·辛普森
George Vancouver	乔治·温哥华
Gerrit P.Judd	格里特·P. 贾德
Gilbert Islands	吉尔伯特群岛
Government Land or Public Land	政府土地或公共土地
Great Mahele	土地分配法令
Grover Cleveland	格罗弗·克利夫兰
Haleakala	哈雷阿卡拉火山
Hale-o-Keawe	哈勒奥基韦
Hamakua	哈玛库亚
Hamilton Fish	汉密尔顿·菲什
Hanalei	哈纳莱

Hannahrourah	汉纳鲁拉港
Harbottle	哈博特尔
Harold M.Sewall	哈罗德·M. 苏埃尔
Harry T.Hollmann	哈里·T. 霍尔曼
Hawaii	夏威夷
Hawaii Kingdom	夏威夷王国
Hawaii National Park	夏威夷国家公园
Hawaiian Allied War Relief Committee	夏威夷盟军战争救济委员会
Hawaiian Feather Cloak	夏威夷羽毛斗篷
Hawaiian Historical Society Library	夏威夷历史学会图书馆
Hawaiian League	夏威夷联盟
Hawaiian Sugar Planters' Association	夏威夷甘蔗种植园主协会
Hawaiian-Anglo-Saxon civilization	夏威夷－盎格鲁－撒克逊文明
Hawaii-loa	夏威夷罗亚
Hawaiki	夏威基
Heiaus	海奥斯
Henry A.P.Carter	亨利·A.P. 卡特
Henry A.Peirce	亨利·A. 皮尔斯
Henry Hudson	亨利·哈德森
Henry Opukahaia	亨利·奥普卡哈亚
Henry P.Baldwin	亨利·P. 鲍德温
Herbert E.Gregory	赫伯特·E. 格雷戈里
Herwahwa	赫瓦赫瓦
Hibiscus syriacu	木槿树
Highway of Kanaloa	卡纳罗阿神的路径
Highways of Navigation Stars	导航星星路径
Hilo	希洛
Hilo Boarding School	希洛寄宿学校
Hinckley	辛克利
Hiram Bingham	海勒姆·宾厄姆
Hoapili	霍阿皮利
Honolulu	火奴鲁鲁（檀香山）
Honolulu Free School	火奴鲁鲁免费学校

Hooulu Lahui	霍卢拉惠
Huckleberry	越橘
Hui Kalaiaina	惠卡拉伊纳
Humehume	休姆休姆
Iao Valley	伊奥山谷
Idaho	"爱达荷"号
Ieie	蔓露兜
Indian Ocean	印度洋
Inter-Island Steam Navigation Company	岛际汽船航运公司
Iolani Palace	伊奥拉尼宫殿
Iron Cable	铁索
Isaac Davis	艾萨克·戴维斯
Jackal	"豺狼"号
James Cook	詹姆斯·库克
James D.Dole	詹姆斯·D.多尔
James H.Blount	詹姆斯·H.布朗特
James J. Jarves	詹姆斯·J.贾夫斯
James King	詹姆斯·金
James Monroe	詹姆斯·门罗
James Young	詹姆斯·扬
Japan	日本岛
Japanese Hospital in Honolulu	火奴鲁鲁日本医院
Japanese Islands	日本群岛
Java	爪哇岛
John Chloé	约翰·艾伊
John Coffin Jones	约翰·科芬·琼斯
John Davis	约翰·戴维斯
John Honolii	约翰·霍诺利
John Kendrick	约翰·肯德里克
John Kidwell	约翰·基德韦尔
John L.Stevens	约翰·L.史蒂文斯
John M.Kapen	约翰·M.卡佩纳
John Meares	约翰·米尔斯

John Montagu	约翰·蒙塔古
John Percival	约翰·珀西瓦尔
John Ricord	约翰·里科德
John Rives	约翰·里夫斯
John T.Morgan	约翰·T. 摩根
John Wilkinson	约翰·威尔金森
John Young	约翰·扬
Johnston Atoll	约翰斯顿环礁
Jonah Kūhiō Kalaniana'ole	约拿·库希奥·卡拉尼亚诺勒
Jonathan S.Green	乔纳森·S. 格林
Jonathan Winship	乔纳森·温希普
Joseph Jajczay	约瑟夫·亚伊科扎
Jules Dudoit	朱尔斯·迪杜瓦
Kaahumanu	加休曼努
Kaakaukukui Reef	卡考库伊礁
Kaawaloa	卡瓦洛亚
Kaeokulani	凯奥库拉尼
Kahauiki Reservation	卡豪伊基保留区
Kahekili I	卡赫基利一世
Kahului	卡胡卢伊
Kaiana	凯亚纳
Kaikioewa	凯基奥埃瓦
Kailua	凯卢阿
Kalanianaole Settlement	卡拉尼亚诺勒定居点
Kalanikupule	卡兰尼库普勒
Kalanimoku	卡拉尼莫库
Kalaniopuu	卡拉尼奥普乌
Kalihi	卡利希
Kalihi Hospital	卡利希医院
Kamakau	卡马克
Kamamalu	卡玛玛鲁
Kamanawa	卡马纳瓦
Kamchatka	堪察加半岛

Kameeiamoku	卡米亚莫库
Kamehameha	卡美哈梅哈
Kamehameha Twin Canoe	卡美哈梅哈双体独木舟
Kaoha	卡奥哈
Kapihe	卡皮赫
Kapiolani Maternity Home	卡皮奥拉尼母婴医院
Karika	迦理迦
Kau	卡乌
Kauai	考爱岛
Kauikeaouli	考伊柯奥乌利
Kauikeolani Children's Hospital	考伊科奥拉尼儿童医院
Ka'ula	考拉岛
Kauluwela School	卡鲁韦拉学校
Kaumakapili Church	卡乌马卡皮利教堂
Kaumualii	考穆阿利伊
Kawaiahao Church	卡瓦雅豪教堂
Kawaihae	卡韦哈伊岛
Kealakekua Bay	凯阿拉凯夸湾
Keaweaheulu	克阿韦阿胡鲁
Keawemauhili	基瓦沃希利
Keeaumoku	基奥莫库
Kekāuluohi	凯考卢奥希
Kekuanaoa	基库纳奥
Kekuaokalani	柯夸奥卡拉尼
Kekuhaupio	凯库霍皮奥
Keliimaikai	凯利迈凯
Keopuolani	基奥普奥拉尼
Keoua	凯欧阿
Kilauea	基拉韦厄
Kingdom of Denmark	丹麦王国
Kingdom of Great Britain	大不列颠王国
Kiwalao	基瓦劳
Kohala	科哈拉

Koko Head	科科角
Koloa	科洛阿
Kona Storms	科纳风暴
Koolau Range	科奥劳岭
Koolaupoko	库劳波科
Kosrae Island	库赛埃岛
Kuakini	库亚基尼
Kuamoo	夸莫欧
Kuhina Nui	库希纳·努伊
Kuini Liliha	库伊尼·莉莉哈
Kukailimoku	库凯里莫库
Kukui	石栗树
Kuriles	千岛群岛
La Bonite	"金枪鱼"号
La Comète	"彗星"号
Ladd & Company	拉德公司
Lady Washington	"华盛顿夫人"号
Lahaina	拉海纳
Lahainaluna Seminary	拉海纳鲁纳神学院
Lanai	拉奈岛
Laupahoehoe	劳帕霍霍
Laysan	莱桑岛
Le Havre	勒阿弗尔港
Le Héros	"英雄"号
Leaf-Hopper	叶蝉
Leahi Home	利希之家
Leilehua Plains	雷莱华平原
Lelia Byrd	"莱利娅·伯德"号
Leonore Portal	利奥诺·波特尔
Liholiho	利霍利霍
Lihue	利胡埃
Likelike	"利凯利凯"号
Liliuokalani	利留卡拉尼女王

Lono		洛诺神
Lord Howe Islands		豪勋爵群岛
Lorrin Andrews		洛林·安德鲁斯
Lot Kapuāiwa		洛特·卡美哈梅哈
Louis Désiré Maigret		路易·德西雷·迈格雷
Louis Tromelin		路易·特罗姆兰
Loyalty Island		洛亚蒂岛
Luke Field		卢克机场
Luther Severance		卢瑟·塞弗伦斯
Lydia Brown		莉迪娅·布朗
Lydia Kamaka'eha		莉迪娅·卡玛卡依哈
Mahoe		黄槿
Mai Pake		霉帕壳
Makalii		马卡里
Makatea		马卡泰阿岛
Malay Peninsula		马来半岛
Maliko Canyon		马利科峡谷
Mallet		马莱特
Mamaki		马马基
Mamalahoe Kanawai		碎桨法令
Mana		马纳
Manila Bay		马尼拉湾
Manini		马尼尼
Manoa Valley		马诺阿山谷
Manono		玛诺诺
Manuia		曼努亚
Maoris		毛利人
Marianas Islands		马里亚纳群岛
Marquesas Islands		马克萨斯群岛
Marshall Islands		马绍尔群岛
Martin Frobisher		马丁·弗罗比舍
Massachusetts		马萨诸塞州
Maui		毛伊岛

Maui	"毛伊"号
Mauna Kea	冒纳凯阿火山
Mauna Loa	冒纳罗亚山
Mayberry	悬钩子
Melanesia	美拉尼西亚
Melchior Bondu	梅尔基奥·邦迪
Mele	梅莱
Mexico	墨西哥
Micronesia	密克罗尼西亚
Midway Island	中途岛
Mindanao	棉兰老岛
Moi	莫伊
Mokapu Point	莫卡普角
Mokolii	莫科利岛
Molokai	莫洛凯岛
Molokini	莫洛基尼岛
Moluccas	摩鹿加群岛
Moo	穆奥
Mormon Wars	摩门战争
Mormons	摩门教
Mount Haleakala	哈雷阿卡拉山
Murray	"默里"号
Musical Bow	弓琴
Mystic Shrine	神秘圣地
Na Island	纳岛
Nantucket	楠塔基特
Nathan Winship	南森·温希普
Nauru Island	瑙鲁岛
Nawiliwili	纳威利威利
Nettie Merrill	"内蒂·梅里尔"号
New Bedford	新贝德福德
New Caledonia	新喀里多尼亚岛
New England	新英格兰

New Guinea	新几内亚岛
New Haven	纽黑文
New Hebrides	新赫布里底群岛
New London	新伦敦
New Testament	《新约》
New Zealand	新西兰群岛
Niihau	尼豪岛
Niue Island	纽埃岛
North Star	北极星
Nose Flute	鼻笛
Nukuor Island	努库奥岛
Nuuanu	努瓦努
Nuuanu Pali Lookout	努阿努帕里大风口
Oahu College	瓦胡学院
Oahu Island	瓦胡岛
Oceanic Islands	大洋岛
Ohia	桃金娘树
Ohn O.Dominis	约翰·O.多米尼斯
Okhotsk	鄂霍次克海
Okuu	蜗枯
Oli	奥立
Oloa	奥洛阿
Olokele Ditch	奥洛克勒渠
Olopana	奥洛帕纳
Olowalu Massacre	奥洛瓦卢屠杀
Ontong Java Islands	翁通爪哇群岛
Our Lady of Peace	"和平女神"号
Outrigger Canoe	浮架独木舟
Paao	帕奥
Pacific Ocean	太平洋
Pacific Rim Club	环太平洋俱乐部
Pacific science congresses	太平洋科学大会
Paia	帕亚

Paki	帕基
Palama Chapel	帕拉马教堂
Palama Settlement	帕拉马定居点
Palmyra	帕米拉岛
Palmyra Island	帕尔迈拉岛
Palolo	帕洛洛
Panama Canal	巴拿马运河
Pandan	露兜树
Pan-Pacific Alliance	泛太平洋联盟
Papua Island	巴布亚岛
Pasadena	帕萨迪纳
Patrick Dillon	帕特里克·狄龙
Patrick Short	帕特里克·肖特
Peacock	"孔雀"号
Pearl Harbor	珍珠港
Pearl River scheme	珍珠河计划
Pele	佩莱
Peleleu Canoe	佩勒鲁独木舟
Pensacola	"彭萨科拉"号
Persian rug	波斯地毯
Peter C.Jones	彼得·C.琼斯
Philippines	菲律宾群岛
Pierre-Simon Laplace	皮埃尔-西蒙·拉普拉斯
Pizarro	《皮萨罗》
Planters' Labor and Supply Company	种植园主劳动力供应公司
Pleiades	昴宿星团
Pohnpei Island	波纳佩岛
Pohukaina School	波胡凯纳学校
Polynesia	波利尼西亚
Polynesian Newspaper	《波利尼西亚人报》
Ponape	波纳佩岛
Portsmouth	朴次茅斯
Pottwal	抹香鲸

Poursuivante	"普苏万特"号
Prince Lee Boo	"李·博王子"号
Prince Regent	"摄政王"号
Puna	普纳
Punahou	普纳侯
Punchbowl	庞奇鲍尔
Purslane	马齿苋
Puukohola	普乌可霍拉
Puukohola Heiau	普乌可霍拉神殿
Raised Coral islands	凸珊瑚岛
Ralph S.Kuykendall	拉尔夫·辛普森·凯肯德尔
Rangi	兰吉
Rapa Island	拉帕岛
Rapa-nui	拉帕努伊岛
Rarotonga	拉罗汤加岛
Reformed Catholic Church	归正天主教会
Regulus	轩辕十四星
Rennel Island	伦内尔岛
Resolution	"决心"号
Restless	"无眠"号
Richard Armstrong	理查德·阿姆斯特朗
Richard Charlton	理查德·查尔顿
Richard Hergest	理查德·赫格特
Richard Thomas	理查德·托马斯
Robert C.Lydecker	罗伯特·C.莱德克
Robert C.Wyllie	罗伯特·C.怀利
Robert Gray	罗伯特·格雷
Robert L.Stevenson	罗伯特·L.史蒂文森
Robert R.Hitt	罗伯特·R.希特
Robert W.Wilcox	罗伯特·W.威尔科克斯
Robinson Crusoe's Island	鲁宾孙·克鲁索岛
Royal Hawaiian Agricultural Society	夏威夷皇家农业协会
Royal School	王室学校

Rufus Anderson	鲁弗斯·安德森
Russian Empire	俄罗斯帝国
Sag Harbor	萨格港
Samuel G.Wilder	塞缪尔·G. 威尔德
Samuel Kamakau	塞缪尔·卡马克
Samuel Parker	塞缪尔·帕克
Samuel Ruggles	塞缪尔·拉格尔斯
Samuel T. Alexander	塞缪尔·T. 亚历山大
Samuel Whitney	塞缪尔·惠特尼
Sandwich Island Gazette	《夏威夷群岛公报》
Sandwich Islands	桑威奇群岛
Sanford B.Dole	桑福德·B. 多尔
Scandinavia	斯堪的纳维亚半岛
Schofield Barracks	斯科菲尔德军营
Scolia Wasp	土黄蜂
Selective Service Law	《选征兵役法》
Serieuse	"赛雷厄斯"号
Shelby M.Cullom	谢尔比·M. 卡洛姆
Shell Trumpet	螺号
Sherman Peck	谢尔曼·派克
Siam	暹罗
Siberia	西伯利亚
Simon Metcalfe	西蒙·梅特卡夫
Single Canoe	独木舟
Sirius	天狼星
Sky Father	天空之父
Smooth Cayenne	无刺卡因
Smyrniote	"斯摩尔尼奥特"号
Society Islands	社会群岛
Solomon Islands	所罗门群岛
South America	南美洲
Southern Cross	南十字星座
Spanish–American War	美西战争

St.Louis College	圣路易学院
State of Washington	华盛顿州
Stetson & Company	斯特森公司
Stewart	斯图尔特
Stone Age	石器时代
Sulphur	"硫黄"号
Sumatra	苏门答腊岛
Taa-roa	塔阿罗阿
Tachinid Fly	寄蝇
Tahiti	塔希提岛
Tahitian chestnut	塔希提栗子
Taiwan	台湾岛
Tangiia	"丹吉亚"号
Tapa	塔帕布
Tenedos	"忒涅多斯"号
Texas	得克萨斯州
Thaddeus	"撒迪厄斯"号
Thelma K.Murphy	西尔玛·K.墨菲
Theodore Boissier	西奥多·布瓦西耶
Thetis	"忒提斯"号
Thomas Charles Byde Rooke	托马斯·查尔斯·拜德·鲁克
Thomas G.Thrum	托马斯·G.瑟鲁姆
Thomas H.Hobron	托马斯·H.霍博恩
Thomas Holman	托马斯·霍尔曼
Thomas Hopu	托马斯·霍普
Thomas J.Farnham	托马斯·J.法纳姆
Thomas Jones	托马斯·琼斯
Thomas N.Staley	托马斯·N.斯特利
Thomas R.Foster	托马斯·R.福斯特
Thomas R.Gould	托马斯·R.古尔德
Timor Island	帝汶岛
Timothy Haalilio	蒂莫西·哈里里奥
Titus Coan	提图斯·科恩

Tonga Islands	汤加群岛
Tongans	汤加人
Tongareva	汤加雷瓦环礁
Torres Strait	托雷斯海峡
Tuamotus	土阿莫土群岛
Tubuai	土布艾岛
Tukuiho	"土奎霍"号
Tuscarora	"塔斯卡罗拉"号
Twin Canoe	双体独木舟
Uenga	"尤恩佳"号
Ulysses S.Grant	尤利西斯·S.格兰特
United States	美国
University of Hawaii	夏威夷大学
Valentine Starbuck	瓦伦丁·斯塔巴克
Valparaiso	瓦尔帕莱索
Vancouver Island	温哥华岛
Vasco Núñez de Balboa	瓦斯科·努涅斯·德·巴尔沃亚
Vavau Island	瓦瓦乌岛
Viapple	野苹果
Victoria	"维多利亚"号
Victoria Kamamalu	维多利亚·卡美哈梅哈
Volcanic Islands	火山岛
Waiahole	威阿霍勒
Waianae Range	怀阿纳埃岭
Waikiki	怀基基
Wailuku	怀卢库
Waimea Bay	怀梅阿湾
Waimea Canyon	怀梅阿峡谷
Waipio	威庇欧
Wallace R.Farrington	华莱士·R.法灵顿
Walter F.Frear	沃尔特·F.弗里尔
Walter M.Gibson	沃尔特·M.吉布森
Waverley	"韦弗利"号

Westminster Abbey	威斯敏斯特大教堂
William Baffin	威廉·巴芬
William Brown	威廉·布朗
William C.Lunalilo	威廉·C.路纳利罗
William Ellis	威廉·埃利斯
William H.Seward	威廉·H.苏厄德
William Heath Davis	威廉·希斯·戴维斯
William Hillebrand	威廉·希勒布兰德
William I.Kip	威廉·I.基普
William Kanui	威廉·卡努伊
William L.Lee	威廉·L.李
William L.Marcy	威廉·L.马尔西
William McKinley	威廉·麦金利
William Miller	威廉·米勒
William N.Armstrong	威廉·N.阿姆斯特朗
William O.Smith	威廉·O.史密斯
William P.Jarrett	威廉·P.贾勒特
William Pitt Leleiohoku	威廉·皮特·勒莱奥霍库
William R.Broughton	威廉·R.布劳顿
William R.Shatter	威廉·R.夏特
William Richards	威廉·理查兹
Williams & Company	威廉姆斯公司
Wooden Trumpet	木制喇叭
Woodrew Wilson	伍德罗·威尔逊
Yale College	耶鲁学院
Yankee	"美国人"号
Yeddo Bay	江户湾